名师工程

思想者系列

今日教育之民间立场

子虚 （扈永进） 著

西南师范大学出版社

全国百佳图书出版单位

国家一级出版社

《名师工程》
系 列 丛 书

编者的话

当前，以人为本的教育理念正在逐步深化，素质教育以及基础教育课程改革不断推进。在这场深刻又艰苦的教育改革中，涌现了无数甘为人梯、乐于奉献的优秀教师。他们积极探索、更新观念、敢于创新、善于改革，在实践中创造性地发展、总结了很多先进的教育思想、教育理念；创造性地开发了很多新的教学模式、教学内容和教学方法。这些新思想、新模式、新方法在实践中极大地提高了教学质量，是教育改革实践中的新内涵和宝贵财富。这些优秀教师就是我们的名师，这些新内涵就是名师的核心教育力。整理、总结、发展、推广这些教育新内涵，是深化教育改革、完善教育体制、提高教育质量、提升教师水平的一件大事。

教育，是民族振兴的基石；教师，是教育发展的根基。

胡锦涛总书记在全国优秀教师代表座谈会上指出："教师是人类文明的传承者。推动教育事业又好又快发展，培养高素质人才，教师是关键。没有高水平的教师队伍，就没有高质量的教育。"十七大报告又进一步强调了必须加强教师队伍建设，不断提高教师的素质。当今世界，社会进步一日千里，科技发展日新月异，知识更新的周期越来越短。教师作为"文明的传承者"更要与时俱进、刻苦钻研、奋发进取，尽快提升自身素质和能力，为推动教育事业的健康发展贡献自己的力量。

基于以上，西南师范大学出版社策划、组织出版了大型系列教育丛书——《名师工程》。希望通过总结名师的创新经验、先进理念，宣传名师的核心教育力，为广大教师职业生涯提供精神源泉和实践动力，在教育实践层面切实推动从教者职业素养的提升。通过《名师工程》实现"打造名师的工程"。

丛书在策划、创作过程中力求实现以下特色：

一、理念创新，体现教育的人本精神

教师角色在以人为本的教育理念下发生了重大的变化，教师的素质和能力也面临更高的要求。如何弘扬、培植学生的主体性、增强学生的主体意识、发展学生的主体能力、塑造学生的主体人格等问题成为教师在目前教育中亟待解决的难题。丛书以教育管理者和教师为主要读者对象，通过教师综合素质的提高而将人本教育的思想落实到教育实践中，真正实现教育培养人、塑造人、发展人的本质要求。

二、全面构建，系统提升教师的教育能力

丛书选题的最大特点就是系统、全面地针对教师教育能力的提升而展开。施教者的能力决定教育的效果，教育改革的落实、教育效果的提高无不体现在教师身上。丛书针对不同教育能力、不同教学要求、不同教育对象，有针对性地设置选题。棘手学生、课堂切入、引导艺术、班主任的教导力、互动艺术、课堂效率、心灵教育等等，这些鲜明的主题从教育的细节出发，从教育实际情况出发，有针对性地解决问题，让教师在阅读中学有所指、读有所获。

三、科学权威，体现教育的时代前沿性

丛书邀请全国各地著名的教育工作者执笔，汇集在教育改革与实践中涌现的先进理念、成果和方法，经过专家认真遴选、评点总结而成，代表了目前教育实践中先进的教育生产力，具有时代前沿性，是广大一线教师学习、借鉴的好素材。

四、注重实践，突出施教的实用价值

丛书采用了通俗的创作方法，把死板的道理鲜活化，把教条的写法改变为以案例为主，分析、评点为辅，把最先进的教育理念和方法融入有趣的情境中。经典的案例，情境式的叙述，流畅的语言，充满感情的评述，发人深省的剖析，娓娓道来、深入浅出，让教师更充分地领会先进、有效的教育方法。

在诸多教育、出版界同仁的支持与努力下，《名师工程》陆续推出了《名师讲述系列》《教学提升系列》《教学新突破系列》《高中新课程系列》《教师成长系列》《大师讲坛系列》《教育细节系列》《创新语文教学系列》《教育管理力系列》《教师修炼系列》《创新数学教学系列》《教育通识系列》《教育心理系列》《创新课堂系列》《思想者系列》《名师名课系列》《幼师提升系列》《优化教学系列》《教研提升系列》《名校长核心思想系列》《名校系列》《高效课堂系列》《班主任专业化系列》等系列，共120多个品种，后续图书也将陆续出版。

丛书在出版创作过程中得到各地、各级教育部门与教育工作者的大力支持与帮助，在此一并表示感谢！

教育事业是全社会共同的事业，本丛书的出版一方面希望能对广大教育工作者有所帮助，共绘先进成果；另一方面也是抛砖引玉，希望更多的教育工作者参与到出版创作中来，百家争鸣、百花齐放，为促进教育事业的发展共同努力！

目　录

CONTENTS

序　言

教育理念之民间立场篇

教育管理之民间立场篇

教师角色之民间立场篇

学生培养之民间立场篇

序 言
PREFACE

教育之于民间

亚里士多德与孔子，生前的境遇都不能算很理想，但人类教育自他们而始，确属毋庸置疑之历史。可以做这样一个判断，真正具有解放之光的教育，本来起于民间。

艾恩·兰德说："文明就是把人从人类行为中解放出来的行为。"在这里，"人"更多代表着一种来自个体、源自个人心愿的力量。"类"，作为群体生存必要的组织形式，当"人类以外"的威胁基本消弭以后，渐次成为进步所需要克服的对象。于是，人类文明史或可解读为层出不穷的个人及其心愿不断萌发、弥散直至达成共鸣的过程。

保守和滞后乃所有社会组织无法凭自身力量克服之痼疾，在这里，个人和社会的关系便构成了如下一组悖论：一方面，个人蒙社会庇护以生存和发展；另一方面，个人又构成社会现状的唯一颠覆力量。不必惧怕这种力量，因为，它是社会得以永葆"人味"从而得以自我更新的革命性力量。

民间之于教育的最初及最终价值，或在于此。

民间教育之于官方教育

民间与官方的关系，就其本质来讲，理应是民间为本。按照现代民主政体之普世原则，只有"最广泛地"代表了民间利益的"官方"，其本身才会具备法理价值上的"真正合法性"。"官方"对"民间"的任何压制和反动，都属于"官方"的异化。也就是说，"官方教育"实乃"民间教育"之延伸。

在专制时代，教育作为整体专制之有机组成部分而存在。民主以降，教育成为民主达成之利器。这是官方教育之大背景。在今天，人民为主，政府为仆，已成为普世之共识。任何鄙夷"民间"的教育，首先体现出某种无知的可笑。

当然，上述所谓"民间教育"，实属理想中的民间及其教育，可理解为"形而上"意义上的界定。至于当下中国，特定时空里的"民间教育"，我想，其自我定位的重要，远甚于旗子和旗子上的字眼。

民间组织之于民间立场

和官方教育相较，就其组织属性而言，民间教育属于"社会亚组织"范畴。一般而言，社会亚组织是无法杜绝的，正如个人与社会的目标永远无法同步。真正的民主，绝非某种体制可以保证每一个社会成员"想要什么就有什么"，而是有一种体制，可以最大限度地保护"异端"的存在，并保障他们自由言说和"自行其是"的权利。

作为社会"主流组织"之外的组织而存在，民间组织首先应该规避的一个定位，或许在于不以"支流"自居，不抱有"千流归海"的愿景。中国是一个有着漫长专制历史的国度，一般国民心目中，总有一种顽固的惯性，那就是"分久必合"。这类思想与孔子所倡导的"合而不同"尚有巨大差别，更遑论什么批判与多元等相对现代一点的概念。

由此，我在想，成立一个民间组织或许并不难，难的，在于一以贯之地持有一种"民间立场"。

何谓"民间立场"

关于教育的民间立场，我觉得要点有二：一是尊重并坚守作为"个人"对教育的敏锐感受；二是尊重并坚守"底层"的教育权利。

从根本上来说，思想只能是个人的事情。民间是个团体概念，跻身于"民间教育"的每一个参与者都得扪心自问，我能代表某个团体吗？在这个意义上，所谓"民间的"似乎首先应该解释为"个人的"。现代政体中有一组概念——民主与自由，究竟是自由应从属于民主呢，还是民主应从属于自由？其正解为：民主作为自由的保障而存在。自由不是抽象的，它必须基于对"个人"的最大限度的尊重。我想，这里面的依据存在于三个方面。其一，社会幸福最后必须落脚在社会中每一个"个人"的具体感受之上；其二，社会共同目标必须建立在尊重每一个"个人"的普通心愿和利益之上；其三，民主作为一种理想与现实冲突中的必要妥协机制而存在。

故此，尊重"个人"感受理应成为教育的一个基本出发点。就教育本身的要素而言，涉及教育者、受教育者以及相关社会成员的心愿、感受和利益。为教育利益圈中每一个"个人"争取言说权，应作为今日民间教育立场的基本诉求。

社会进步与否有诸多指标，但这些指标并非全部等值。比如，一个国家的残疾人所拥有人权的多寡和质量，自可成为衡量该国人权状况的一个指标。弱势群体在教育中的处境，呈现着一个国家教育进步的程度。对我国教育的"弱势群体"，大家或许首先会想到"贫困生"及其家庭，这是对的。同时，我们必须看到，在中国的教育机制没有发生根本性改变的今天，"学困生"及其执教者业已沦为"次弱势群体"。

故此，对中国教育弱势群体的界定，起码可从物质和精神两个层面予以考量。以人权为标准，参照世界其他国家教育和社会的发展轨迹，怀有同情心地审视我们的教育，孜孜不倦地寻找中国教育尊崇人道、尊重人性的道路，应作为今日民间教育的基本立场。

"民间立场"之意识要素

第一，真理面前人人平等。

出于这样的考量，我不太赞成民间教育作为官方教育"必要补充"的这一定位。前几年，遇到一位谈民办教育的政府人员，他的话引起了民办教育者们广泛的感动。他演说中的关键词是——"视同己出"。意思是，民办学校和公办学校一样，都是"自己的儿子"。我听到这句话时一点儿也没感动，只觉得一丝悲哀——这位管理者从根本上就没有把民办学校的位置摆正。可以想象，很多民间教育者也会摆不正自己的位置。我想，最核心的是不要自卑，不要自设障碍。思考教育是每一位教育工作者的职业权利，在这里，教育部部长和一位小学教师应该等值。

第二，"多元"之价值认定。

多元乃世界之常态，生命之本源。就教育而言，关涉各方利益，存在多重主体，承受八面来风。即使微观到了教学，也存在一个多元的问题。我这里所要强调的，是两组关系。其一，民间与官方——只有一个声音的社会是危险的，只有一个声音的教育自然不能例外。也就是说，最可怕的声音就是只有一种声音。所以，和官方教育相对，民间教育应该有自成一元的自我期待，不可将自己和官方教育的关系沦为"进言和纳谏"的渊薮。其二，民间教育自身，更应该是一个多元的思想体和实践体。"众虎归水泊"是《水浒传》中的壮观，但绝对不会成为学术和教育的天堂。保持民间教育自身的多元探索和多元立场，做起来也非常艰难。

第三，人道主义之下的教育。

就教育谈教育是中国教育研究与教育实践的大麻烦。无论学校报告或政府评价，堆砌一些旨在"务虚"的花边修饰之后，足以自豪的关键词依然会落在"升学率"之上。中国教育保障了一批成功者（或云"受益者"），使之自我感觉良好。同时，也让更多的学子怀抱浓重的失败感走向了社会。

教育和艺术一样，都应该成为"工具社会"的反动力量，而目前的中国教育，其工具性被强调到了一个惊人的程度。学生、教师、学校乃至整个教育全部被工具化，"以人为本"成了一个大家都在喊可谁也不去思考、无法实现的乌托邦。学校的最高使命成了"提高教学质量"，质量的现实定义成了"分数"，教育所承载的社会历史使命逐层剥离，向现实全面投降，投降得越彻底，教育就越成功。

真正的民间立场，大约得祭起一面古老的旗帜——人道主义。

教育理念之民间立场篇

一 个自我塑造的时代已经来临

　　引发事物变化的因素，无非有三：物质、能量和信息。AIDS 抑或 SARS 病毒，属于物质，人体一接触，就存在染病致死的可能。馒头、米饭与汽油，其中蕴涵着能量，纳入人体或内燃机系统后，人可延续生命，车可维持运动。所谓"人是铁，饭是钢"，说的就是这个理儿。暗恋中的青年，一听到心上人的名字，或会心头撞鹿血脉贲张，这是信息的魔力。

　　教育的特质，不在物质的拥有，不在能量的汇集，而在信息的传递。每所大学都有饭堂，但饭堂绝对不等于大学，这是个简明的道理。清华前校长梅贻琦言："所谓大学者，非谓有大楼之谓也，有大师之谓也。"说的也是这个道理。当然，用生化眼光看去，大师无非碳水化合物也。但谁都知道，大师之大，实在是他脑子里的学问大，而非肉身凡胎之巨大也。学问是什么？无非一些信息——能够揭示客观世界与人类心灵奥秘的信息，以及拥有这些信息的方法与道路而已。

　　大师育人，采用的主要方式无非说话。采用的主要媒介，无非语言。口语谆谆，诲人不倦，但时空和精力均相当有限。于是，大师们得借助于书面语言，即文字。文字写得多了，便成了书。于是，我们经常把学习称为读书。一个人在学习过程中，会遇到形形色色的大师。在我看来，在需要的时候遇到需要的人，那人就是你的大师。所谓大师，其实不必迷信，帮助你学习长进的人而已。如果你在幼儿园就遇上陈景润，我看未必是好事。

　　现在一说起学习，人们自然想到学校。似乎没有学校这个因素，学习便成了一桩不可思议的事了。在我看来，学校依赖症算是当今的一大文明病。

患者众多，病得不轻。学校的出现，乃人类生产力发展与社会分工之必然，为人类文明的快速推进立下了汗马功劳，怎么高度评价都不为过。但，我对于学校依赖症的评价，却一点都不高。

学校有什么？前面说了，大楼小楼，均不能算做学校的内涵。对学习者来说，学校的核心含义在于教材和教师。鉴于教材不通过学校也能拿到，于是，我宁可极端一些，把学校的本质内涵说成教师。教师是干什么的？韩愈说"传道，授业，解惑"，无知无畏且自信满满。今天，教师被视做学生学习的服务者，起一种引导、组织、帮助的作用。我比较赞同这种说法。

司马迁的历史故事，读起来总觉得更像小说。他写的张良拜师的故事，便很有这种调子。张良的老师黄石公很牛，把鞋子扔到桥下叫张良给他捡起来。现在的老师读到这里，将会大肆感慨人心不古。其实，人心都是肉长的，只是情形不同了而已。黄石公之所以那么牛，那是因为他手里有一册孤本兵书《太公兵法》——没准，当时地球上就那一本。也就是说，当时的教师不只掌握着怎么教，更重要的是拥有教材。如果张良及其同学人手一册《太公兵法》，还会那么老实巴交么？我看不会。

这里面，传达着两个结论：其一，教材的作用远比教师重要，黄石公就是"人以书牛"的嘛；其二，学生是可以自学成才的，司马迁并没有记载过黄石公诲人不倦的哪怕一点儿蛛丝马迹。相反，基础教育改革总拿"教学方法"说事，很少考虑"教什么"。另外，中国教育至今没把培养学生的"自学能力"放在一个战略制高点的地位去下工夫。还有，一些教师对学生成才表现出过分的自豪感，实在不能算做很聪明。这是题外话。

现在是一个怎样的时代？我想，只要不是100％的文盲，都知道"信息时代"四个字。报纸上经常报道某某村庄的农民，通过网络卖出多少水果拿回多少人民币的消息。但据我所知，关于时代，我们的教育、学校和教师却很少想到"知识迁移"四个字。典型的小事清楚，大事糊涂。当然，学校和教师也都是受害者，他们有责任，但不应该负主要责任。

教室是学校的主要建筑，学生的学习活动主要在教室中进行。但我要说，师生们整天置身其中的六面体钢筋水泥建筑，并不是最好的教室，最好的教室在网络上。网络教室是无限的，开放的。有形的教室，一般只有两扇门作为入口。网络教室的入口，无限。比如百度，比如谷歌，就是两扇门。键入"自我塑造"百度一下，找到相关网页约 77，700 篇，用时 0.005 秒。

信息如海，这里面，便有了一个"信息筛选"的命题。

网上更有无数的教师，其中不乏大师。大师们无私地拿出自己的讲义，一天 24 小时摊开着。比如，我的收藏夹里，便存有王怡的麦克风、童大焕中国日记、薛涌博客、茅于轼博客等近百个网址。李泽厚、袁伟时、秦晖、贺卫方、朱学勤、林贤治、徐贲、章立凡、刘军宁、傅国涌、朱大可、连岳、余世存、崔卫平等人的文字，随时可以阅读。博客时代，只要你想学习，想交流，有一台连接着互联网的电脑，就足够了。惬意之余，仿写陈凯歌的一句话：人，怎么可以富有成这样呢！

罗素说："参差多态，乃幸福之源。"其实，参差多态，亦为学习之源。咱不拜名师，不入名校，照样学习，照样幸福。那些味同嚼蜡不能让人幸福的学习，咱不掺和。只要拥有了基本的阅读能力，照我看，简直人人可以成尧舜。人类文明积淀了几千年之后，终于迎来了神奇的互联网时代。有人说，互联网是一个草根狂欢的世界。我要说的是，在学习方面，互联网使得草根与栋梁终于站到了同一起跑线上。可喜可贺！

20 年前，电视普及。中国出现了广播电视大学，帮助一些民间的学习者得到了"社会承认"。如今，学习的途径更加便捷，资源更加丰富，只要你慧眼有加，按自己的趣味塑造自己，已不再是呓语和神话。只是，很多人还没尝到其中的滋味，怀抱金山哭穷，哭得稀里哗啦。此种悲情，实在悲得不应该啊！

课堂上，我给学生说过这样一段话：发现资源，筛选资源，占有资源，利用资源，是一生都需要拥有的能耐，且还得不断更新这种能耐。互联网时代，首先得做好一种人，那就是资源人。有形的财富，在于物质与能量。中东的阿拉伯人，只是用石油换回了绿莹莹的美钞，换回了日本的汽车，中国的电脑，还有韩国的游船。问题是，脑子换了没有，更新了没有，升级了没有？这，才是最重要的。

别 以礼貌的名义强迫你的孩子

　　远远看见你们一家三口，你，你的妻子，还有你3岁的女儿。你的小女儿长得很乖，粉嘟嘟的，小嘴像花骨朵儿。你知道么，我看到你们的第一感觉，竟然是一个"躲"字！你知道的，我们是朋友，不是冤家。那么，我为什么要躲呢？

　　楼下路并不宽，我躲无可躲，只有硬着头皮迎上去，冲你们笑笑。照例，你开始嘱咐你的小女儿喊伯伯。喊伯伯没错，我比你大几岁嘛。我注意到，小女儿开始皱眉头啦。显然，她并不乐意对一个自己并不亲近的男人喊什么伯伯。这时，你，还有你的妻子，俩人一起对孩子发出道德指令："小孩子要有礼貌！"终于，孩子喊了一声。我赶快答应一声，落荒而逃。

　　你，你妻子，你们都是和蔼的人，都是好人。我和你，由于机缘的关系，尚未有机会交成密友，但相互关系的确不错。路上偶见，彼此总能很快进入话题。对一些社会公共概念，彼此之间有着默契。你娶妻生女，我曾在心里给予过默默的祝福。可近来，我越来越怕见你们了，你知道么？

　　礼貌？这是一个问题。中国人不善于怀疑，其实，这个世界上，所有的概念都是需要重新审视的。西哲云："未经审视的生活不值得过。"诚哉斯言。走在路上，我往手机上写了一行字：别以礼貌的名义强迫你的孩子！注意，我在这句话的后面，加上了一个感叹号。如果是用毛笔手书，连字体也会处处着重的。当然，这些你们并不知晓。

　　3岁的小女儿，花骨朵儿般的孩子，她有思想么？我想是有的。我不知道，我在她小小的心灵里，会投下一个怎样的怪影。我说"怪影"，并非危言耸听。孩子玩得正好，突然被打断，同时被告知，你得停下自己手中心中的玩意儿，去喊一个陌生人"伯伯"。我想，那时我在孩子心目中，肯定不会是一个祥和的物件。

很多东西，我并不在乎。但在一些领域，我很在乎自己的形象。比如，作为事实上的"伯伯"的我，在你3岁小女儿心目中的形象。我不想自己有多么辉煌伟大，但，我有我的底线——我不想成为一个讨人嫌的家伙！

社会理念上，你和我都是自由的拥趸。我有理由相信，对于任何戕害自由的行径，你内心深处无不深恶痛绝。但你知道么，你对自己强迫孩子喊伯伯的行径，却了无反思。要说明一点，我们都是中国人，都是在社会这个大染缸里出生成长的。你今天所做的，我也曾做过。比你大几岁，反思得也比你早了点，于是，我想把我的心路历程与你分享。

世界上人很多，人与人之间的交往，都是由机缘决定的。上课时，我曾经给学生说过一句话："所谓缘，就是那些美好的偶然！"至今，我还是很得意于自己的诠释，纯粹即兴的诠释。你的孩子长大了，最重要的社会关系，当建立于她的同龄人之中。至于我，她的这位伯伯，可有可无。除非她有幸或不幸做了我的学生。这是事实。

如果她做了我的学生，她自有大把的机会结识她的这位伯伯。我相信，只要我保持着一位知识者的睿智与良心，自然可以在她心目中替她爸爸的朋友赢得一个不错的位置。如果今后我不幸变成了一个人所不齿的废物，那小女儿的厌弃甚至鄙弃，当为应有之义。一句话，让我和孩子之间可能建立的关系，像清风明月一样自然而然，好么？

打断正在玩耍正在想心事的孩子，无论怎么说，都是一种粗暴。我们都渴望自由，渴望自己的国家、民族和人民，沐浴在自由纯净的阳光之下。我想，这些理想并非只是一个抽象的政治概念。让3岁的小女儿不受干涉，不受胁迫，这是我们能够做到的，也值得去做。以前，我比较迷信国家层面的政治改革，现在看来，日常生活的自主自由，家庭人际的平等民主，或许，正是这一切的最初的生长点所在。

孩子的感受是值得尊重的。去年，我曾经写过一篇文章，叫做《一个人变坏的初始标志》。我写道："一个人变坏的初始标志，大约，无不从漠视他人感受始。"对不起，叫我一说，你成了坏人了！我要强调的，只是"感受"二字。孩子喜欢什么，得有理由——来自她自己感受到的理由，而不能来自于命令。哪怕，这种命令披着一件"道德律令"的外衣。

让孩子自由地去感受生活，认识生活，自己去作出关于生活的一切结论。"伯伯"这个概念，并不构成亲近的理由，只有一个和蔼可亲的大人，才是孩子乐于接近、乐于接受的。一个从小就培养起良好感受力的孩子，才可能抵达并享有幸福。我们大人可以做的，我想就在于保护并支持他们自己去感受生活的权利。让孩子尊重自己的感受，远比让孩子去接受一些自己并不理解的生硬概念重要得多。

胡适先生说过："替你自己争自由，就是为国家争自由。"同理，保护自己女儿自由感受的权利，就是在保护每一位国民自由感受的权利。山西黑砖窑事件的发生，当然与当事人自己的经济地位有关，但我要说的是，这与少部分人漠视他人基本权利有关。那样的工作，竟然有人要去接受。那样的境遇，竟然会存在！

每个人，无不生长在"社会关系的总和"之中。于是，个人意志不断衰微，社会意识无以复加。从小，我们就被告知，一定得和大家搞好关系，一定得想方设法变得"圆滑"。我们的孩子，还得在这样的规则下"惯性成长"么？我想，大可不必。

最后，我翻开词典，查到了"礼貌"一词的正解——言语动作谦虚恭敬的表现。谦虚，是一个人走向博大以后，面对无限时空的终极慨叹。恭敬，是一个灵魂对另一个灵魂遥相致意的隆重礼赞。所有的谦虚，所有的恭敬，都与"叔叔伯伯"与否无关。当然，更与"处长局长"与否无关。相关的基本指标，在我看来，只有是否真诚，是否值得。

施 虐的链条

　　不算太久以前，一个下午，北方有所学校，锅炉房前，烧锅炉者老富师傅在象棋摊前搏杀。老富的姓不错，其实很穷。自己干着一份烧锅炉的工作，带着老婆，还有儿子一家，在城里艰难地混着一口饭。据我观察，老富什么都不在乎，唯有象棋例外，棋摊上，谁都不让。当然，老富的棋艺是不赖的，曾经拿过这所中学的第三名。这个第三名，是老富终生的骄傲，经常拿出来炫耀。或许，这便意味着锅炉工老富的脑袋并不比那些所谓的知识分子差。

　　那天下午，老富宿舍门前，照例摆开了棋摊。我过去观战的时候，发现，老富眉头紧锁。我想，大约是战局不利吧。一看，果不其然，老富军情告急。我们都知道，这样的时候，最好别和老富开玩笑。别看老富平时笑呵呵的，输棋的时候，暴躁异常，谁都不认。老富的小孙子还没长到看懂大人脸色的年纪，不断在旁边玩弄因吃被弃的棋子儿。老富忍无可忍，便给了他一脚，小孙子哇哇大哭，一会儿，发现没人理，便飞起小脚丫，踢飞了一个小方凳。无辜的小方凳滚了好几滚，滚到了旁边的小沟里。

　　一些时候，我经常想起这个故事。在我看来，这个故事可以作为很多类似情景的一个"故事原型"。这个故事里，存在着老富、小孙子和小方凳三个施虐及受虐主体。老富是整个流程的"第一原动力"。他对小孙子施虐，属于纯粹的施虐者。小孙子先受虐再施虐，兼备两重身份。小方凳比较亏，只是一个被动的受虐者。四川诗人钟鸣写过一句话："杀鸡给猴子看，最后，让猴子也学会了杀鸡。"小孙子之谓也！任何让别人"学会"的故事，基本上，都可以作为一则教育故事来看。你说是么？

老富、小孙子和小方凳，构成一个施虐链条。其中，小孙子的角色颇耐人寻味。作为一个孩子，喜欢往大人跟前凑，这是他意欲进入"社会生活"的重大信号，没任何错。即使拿起爷爷旁边的"废子"摆弄摆弄，也没什么不对。或许，他做梦都没想到的是，平日慈祥有加的爷爷，今天突然变得不可思议，难以捉摸，居然给了他一脚！当然，无论是老富的一脚，还是小孙子的一脚，似乎都可以用心理学上的"移情"给予基本的解读。问题是，那是我们"教育人"解读的终点么？我觉着不是。

陇东人民有句话："狗戴帽子，学人行事。"如果你乐意，将此理解为教育的基本原理，我看也没问题。这里的"狗"，对应着受教育者，即儿童。"戴帽子"，对应着通过教育获得的人类行为。"人"，对应着教育者一方，也就是成人。儿童看见成人"戴帽子"，自己也学着戴。这里面，蕴涵着儿童的一个基本判断——凡人，都应该戴帽子的。或表述为，戴帽子是人类在某种情境下别无选择的选择，属于人类的基本行为，天经地义，毋庸置疑。可不是咋地，儿童成长中的所有"习得"，不就是一次次的"戴帽子"行为么？

说了半天儿童，似乎与成人无关？不是的。佛教言及"果报"，如果不刻意将其迷信化，我乐意使用"因果链条"这样一个词汇来界定。老富欺负了无辜的小孙子，小孙子接着"现世报"，欺负了无辜的小方凳。就这么简单。当然，一些"报应"没那么立竿见影。因为，"行事原则"的确立相对比较隐性，加之条件的各异，"果报"并不一定现场呈现。但是，一顶"帽子"已经有了，那就是"可以施虐"——并不以为施虐的施虐。只要天时地利准允，便会如病灶般发作。

近日来，媒体已经报道了三起校园暴力案件。基于这三起案件都是"学生施虐教师"的类型，于是，一些只会直线思维的主儿，大概又在思谋着如何"教育学生"了。其实，最应该思忖的，或许在于，学生们是从哪里捡回这顶"暴虐的帽子"的？这顶帽子，最初是谁交与他们收藏起来的？收藏在价值观的哪个区位？在我看来，只有这样想事儿，沿着暴虐时间的起始点，沿着新闻事件的起点，一路想过去，才叫思考教育。只想着现在该怎么办，只看到这件事是学生做的，只想学生的责任……这类想法，是想不出正解的。

"种瓜得瓜，种豆得豆。"老富成功地教会了自己的小孙子如何施虐，现场直播了一场"从受虐到施虐"的活报剧。表象上的滑稽可笑，并不能遮掩其后的腾腾杀气。我在想，或许有一天，已经修炼得道的小孙子，会飞起"降爷十八脚"，踹得他爷爷老富屁滚尿流。"虐待狂"是怎么炼成的？再次重温老富与他的小孙子的故事，令人后脊骨阵阵发凉。把这个"故事原型"推荐给我的教师同人和家长同道，应该也是有价值的。关于充斥于校园的各种暴力事件，大家不要只看到媒体上暴露的显性的刑事案件。我想，关注各种"软暴力"——无论是针对学生的还是针对老师的，将其消泯于未然，才是唯一的整饬之道。"施虐链条"，必须从第一环节就斩立决！

请 让我来控制你

　　世界上有比始皇帝更显赫的君王么？就算有，也少，少之又少。世界上有比嬴政更可怜的儿童么？就算有，也少，少之又少。当我思考暴君这个千夫所指的概念之时，我想，一定得把所谓道德义愤先放逐到爪哇国去，否则，抵达真相的难度，绝不亚于骆驼穿针眼儿。正如道德人士们说起马加爵，除了义愤填膺，便是骂骂咧咧。经由对人性弱点的轻拢慢捻，我不想说范跑跑。同理，出于对人类恶习的见怪不怪，我也不想提郭跳跳。如果有人倡导道："让郭跳跳们跳得更猛烈些吧！"我没意见。

　　很多年前，与一位刑警队长聊天。至今，聊天的背景理由甚至他的长相，均已没了印象。只有他的一句话，想忘都忘不了。他说："你相信么？刑事案件中的杀人犯，绝大部分都是胆小鬼。"那时，正是神州大地流行《少年壮志不言愁》的季节，全社会的人们，由衷地抑或人云亦云地哼哼着那首流行歌曲。警察当然是光荣的，"为了母亲的微笑，为了大地的丰收！"多么充分的理由啊——除非你小子不吃奶也不吃饭！于是，我听到刑警队长的说法后，瞬间感觉他像一头猩猩。

　　猩猩之于警察，当然，互为赝品。警察冒充猩猩，自然不属猩猩的光荣。而猩猩冒充警察，当然堪称警察的耻辱。那位姓徐的刑警队长，仪表堂堂，功业赫赫，周遭地界的大小地痞流氓无不望风披靡。经他这么一表白，敢情他小子整天战天斗地的对手，居然是一批胆小鬼！我没有戴眼镜的天赋，但绝对大跌眼镜！我们都是无神论者，但我们从小都瞧不起那些胆小鬼。世界上很多事都需要胆子，哪怕是温存缱绻的偷情活动，心细之外，还得胆大，缺一不可。关于杀人犯，我并没有直接的经验，但从电影小说到法制故事中得到的印象，任哪一个，都和胆小鬼无干呀！

很久很久以后，我终于明白，那位徐姓刑警队长，实在是高。一个整天"和魔鬼打交道"的人，居然年纪轻轻，从刀口舔血的职业生涯中，领悟到了某种"准宗教情怀"，不容易啊！佛云："放下屠刀，立地成佛。"不妨想想，放下的前提为何？很简单，拿起在先呗。丛林时代远未完结，即便衣冠楚楚，亦难掩杀气腾腾啊！由是，令我推想释迦当年，菩提悟道之前。我想，血气方刚之年，如何步出粉妆玉砌的温柔乡？内中，该有多少难以复原的故事及故事的发生发展和高潮呢？个人的成长经验是无法还原的，无论他是孔夫子，抑或释迦牟尼。

在骄子荟萃的云南大学，马加爵同学不幸充任了一个弱者的角色。标志之一是，所有女生——漂亮的不漂亮的——都绕着他走；标志之二是，居然，有男生往他被褥上撒尿。好了，不需要别的指标了，不需要。我的课堂上，曾经提到过可怜的马加爵同学——注意，我用了"可怜"二字。我上课的目的之一，就是要把一个显然穷凶极恶的杀人犯还原为一个饱受屈辱的无助的孩子。那节课，我成功了。但马加爵同学没有成功，也没有成仁，他成了杀人犯。连带效应在于，那些曾经往马加爵同学被褥上撒尿的同学，永远的被剥夺了撒尿的权利。

回到控制。这个概念，现代人应该不会感到陌生。所谓"老三论"中，就有控制这一论存在着。工程控制的成果，俯拾即是。比如各类自动化开关，声控光控，均属工程控制范畴。其原理，无非信息反馈修正，再反馈，再修正。造福于"懒惰些再懒惰些"的当代文明。动物间，人群间，其历史，无非一"控制——失控——再控制"的循环往复，所谓"太阳底下无新鲜事"是也。其实，即使其乐融融的和睦家庭里，也无时无处不存在着控制。夫妻之间，亲子之间。是是非非，一言难尽。

社会层面，控制更是一桩大学问。基督教传说中的天堂，大约不需要控制。我想，这与性恶性善的干系并不很大。关键在于，资源。在我看来，天堂之所以为天堂，就在于那里流淌着三条河。河里，源源不断地流淌着牛奶蜂蜜葡萄酒。意味着，人类曾经有过一个不愁吃穿的黄金时代。天堂里的人们没事可干，做爱不失为一个愉快的选择。孩子越来越多，人均资源占有量便越来越少。另一条线在于，吃的肉越来越多，后来，更是养成了吃熟肉的恶习。直接的结果是，大脑发育越来越完善，人类越来越聪明。

聪明是什么？起码，包含着推想力的发达。人口增长，可资源有限，于是，食物安全便成了一个问题。明天还有饭吃么？不一定。于是，尽可能丰富地占有资源，便成了大家至为理性的选择。聪明的另一个定义，便是好逸恶劳。人性趋乐，与觉悟无干。让别人干活，我来享受，这是每一个人理性的结论。酋长出现，领主出现，诸侯出现，皇帝出现。他们说，给我理论吧，于是，理论出现。东方韩非，西方马基雅维利，秉持"性恶论"，著述甚丰。黑灯指路，皇帝为皇之路，大众为奴之路。所有的路标上，都只有两个字：控制！

"人人生而自由"的尚未普世的日子，是谓人类历史的黑铁时代。黑铁真铁，黑铁真黑！皇帝及其喽啰们的广播喇叭里，只播放一首流行曲，曲中言道："请让我来控制你，感觉就像关爱你！"按键循环，地久天长。久而久之，大家习惯且喜欢起来。愣是有一些主儿，神魂颠倒，受虐之至，做奴才之至。仿鲁迅所言之境界，其必曰："做奴才做出快感来了！"弗洛姆写过一本不厚的书，名曰《逃避自由》。其中所解剖的，无非"做出快感"的外在社会机制与内在心理机制。当然，社会这本大书，其细节标点，还是由一地鸡毛的生存琐屑书写成的。

中国社会在一定程度上体现出无序，但中国人对规律的崇尚与憧憬，却远胜其余。古语云："天不变，道亦不变。"当今的教科书中，依然以最大的耐心，尊崇着并不一定存在的所谓规律。在我看来，有关人类历史规律说的所有论述，无非是要做好大众的思想工作，让大众逆来顺受，不要做任何非分之想。还有，只要是规律，必可预测，请问，汶川地震你预测得出来么？还有，很久很久以前一位青年"彼可取而代之也"的随机感喟，你预测得出来么？

总有这样那样一些形形色色的"蝴蝶翅膀"，随机扇动着，轻轻摇摆着，美轮美奂，风情万种，掀起热带风暴，席卷全球，搅扰历史及历史学家。当每一只蝴蝶都觉着，扇动翅膀是自己不可交易的权利的时候，我们说，乐见其成，多么OK！这样的时代，是韩非们真正的噩梦，马基雅维利面临终结。控制者们及其形形色色的变种，第一次，结结实实地，被钉在人类观念与价值的耻辱柱上，风光不再。当然，极度乐观是肤浅的，肤浅得如同极度悲观。历史之所以历史着，意味着，形形色色的始皇帝的变种，依然繁衍着，生长着。"黑暗是永恒的，永恒到，如同光明！"如斯，之谓。

　　嬴政同学是一个羸弱之至的孩子。和很多长大后心肠忒硬的孩子一样，嬴政同学有一个羸弱之至的父亲——法律意义上的父亲。嬴政的世界，从一开始构筑就是破碎的。给他肉身的父亲，给他身份的父亲，两个男人之间，存在着一个肉欲和权力"两手都要抓"的贪婪的女人。要命的是，这个女人就是嬴政的母亲。后来，伪宦官醪毐又掺和其中。少年登基的嬴政，他的世界就是这样，混乱，不可信，不可控。想到这里，我似乎明白了，嬴政同学为什么那么残暴那么孜孜于控制大众，甚至，闹出"几家人合用一把菜刀"的笑话。笑话一点儿也不可笑。缺乏安全感的孩子，信任感荡然无存的孩子，除了控制，还是控制。所有登峰造极的控制，或许，只传达着，觅求安全的小小诉求。你想，他还能做出点别的什么吗？好吧，文章写完了，主题才开始——暴君嬴政，一个没有过安全感的孩子，请我们从这里开始面对。

只 要你不认为《牛郎织女》不适合学生

"我一直认为，《雷雨》并不适合做中学教材。"今天，听 CX 先生讲课。给我震撼最大的一句话，是他讲《雷雨》的时候，不经意间说出来的。下午做主题发言的时候，他又说了一次，还是那么不经意。

在我的经验中，公开发言中的"主题话语"虽然处心积虑，但往往并不能透出说话者的本我。相反，那些貌似漫不经心随口而出的"边角语言"，却往往投射出说话者的内心真意。于是，听课与听报告的时候，我的记录本上，无一例外总是记载着那样一些"似乎随便"的说法。我给它们一个界定——公共知识之外的说辞才真正属于言说者自己的"个人化知识"。

CX 先生是中国语文教学界大名鼎鼎的腕级人物，他的话应该具有相当的代表性。可以肯定地讲，他关于中学教材的画地为牢式的"自律意识"，在一定意义上，早已作为整个中学语文教学界的"他律规范"。当然，把这一切都归咎于 CX 先生，显然不符事实。只是，CX 先生作为中国语文教学界炙手可热的人物之一，他所抵达与可能企及的高度，未免令人心有不甘，忧心忡忡。

《雷雨》为什么不适合做中学教材？CX 先生没详尽解释，我也没去打听。想来，最重要的因素，或在于充斥其中的"恋情"乃至"畸恋"吧。周朴园与鲁侍萍，未婚先孕，始乱终弃。周萍与繁漪，与四凤，畸恋不伦。这一切，非但不能作为青年楷模，简直精神污染，言其玷污青年学生的纯洁心灵或未为过。一句话，《雷雨》中的人物关系，简直乱七八糟，一团漆黑。

先让我们假设 CX 先生的判断是正确的，那么，下一个问题就是——哪些文章才适合做中学教材呢？

小学时，乏书可读，拿妈妈当年上中学的文学课本当小说看。里面，就选入了《牛郎织女》。当时看去，只觉得爱情美丽，神话神奇，清爽纯净，纤尘不染。现在，如果也"不惮以最坏的恶意"来推测，麻烦还真不少。想想，老牛开口，有违进化宏论；仙女飞天，无视牛顿定律；牛郎盗纱，岂止小偷小摸；织女裸奔，冲破男女大防；王母金钗，宣传封建迷信……再这样瞎扯下去，我都不好意思啦。打住！

我不想展开论证《雷雨》入选中学教材的所谓合理性。很简单，只要你不认为《牛郎织女》属于三级片，就用不着我来论什么证。我所关心的，是这样一个命题——究竟什么文章，才可以入选中学语文教材？我知道，这个命题的实质，是中学生该不该面对隐藏于《雷雨》以及《牛郎织女》文本背后的，我们这个世界的奥秘与真相。

一方面，世界的奥秘往往蕴藏于悖论之中。人生的真相，往往显现于残忍之时。出于对中学生的"善意的保护"，我们的教育和教师，往往恨不得制作一个绝对无菌的"生物圈3号"出来，以保障我们学生的"健康成长"。如此下去，我们也当充分原谅鲁迅所言的"在瞒和骗中生存"的中国人，充分谅解中国"无悲剧"的悲哀。

另一方面，我们的教育，对中学生的感受力和理解力表现出极大的藐视。

CX先生说话时，经常提及一种担忧，怕什么东西"讲深了"，中学生"理解不了"。在他的眼里，中学生就是中学生，成人世界的矛盾与纠葛，中学生是断然难以理解的。正像他说的"刚毕业的大学生做教师，估计难以理解《雷雨》"，并以自己"40岁以后才读懂"为例来予以实证。

对此，我还是难以认同。我和CX先生，虽说无法"道相若"，估计尚可"年相似"，我不能认可他的武断结论。我可以负责地说，不用到40岁，照样可以拆开《雷雨》的那点儿局。

我向来不小觑学生，无论中学生小学生。正如我向来不高估研究生，无论硕士还是博士。既然，十三四岁的林黛玉同学贾宝玉同学就可"读懂"儿童不宜的《西厢记》，那么，当代十六七岁的高中生自然可以读懂比《西厢记》次好几等的《雷雨》。再说那部《红楼梦》——以宝哥哥和林妹妹的"早恋故事"为主线，宝二爷毛病不少，和秦可卿不清不楚，对秦钟情有独钟，也名列"四大名著"，学校和教师天天号召中学生去读。居然！

好了，不说了。老说语文惹人烦，惹自己烦。老说中国也一样，估计。这样吧，咱换换话题，说说美国——美国的学生，美国学生的历史教育。下面所引用的，是一位著名网友的文章。文章记载了他女儿在美国波士顿一所公立中学上学的事儿。看完那篇文字以后，我的感觉是，国人关于美国学校"轻松"的说法是有问题的。从文章中不难发现，美国中学教师布置的作业，一点儿也不比中国教师布置的少。美国教师的视野和胸怀，还真比中国顶尖教师们的更为开阔。经常如此这般做作业的美国学生，估计遇到《雷雨》这样的剧目，想理解不了都难！看看，相信你自有结论。

列举一：美国历史作业题——关于南北战争

1. 你是否同意林肯总统关于美国不能存活除非它全部解放或全部奴役的声明？解释。

2. 解释为什么北方白人反对奴隶制，南方白人拥护奴隶制，但他们却都感觉自己在为自由而战？

3. 自由对于黑人意味着什么？

4. 林肯总统和格兰特将军表示，在内战后南方不应被粗鲁地对待。为什么这是一个聪明的做法？解释。

5. 在内战期间，女人开始担任很多以前男人的工作。你能对由于内战造成的社会、经济和政治冲突的问题做出怎样的概括？

6. 构想一次讨论，运用历史证据来支持或反对下面的观点：美国内战是地区差别不可避免的结果。

列举二：世界历史作业题——关于菲律宾问题

1. 什么样的美国人可能会同意 Josiah Strong 的"我们的国家"？什么样的人会不同意？他们为什么会同意或不同意？

2. Bryan 如何将"帝国主义"同获得西班牙领土联系起来？你认为他联系得对吗？为什么？

3. Lodge 对获得菲律宾这件事的辩词是如何反映美国的传统政策的？

4. 你认为有比麦金利总统的以控制菲律宾来处置菲律宾的命运更好的选择吗？

从 《香水有毒》 开聊现代教育源流

现代教育源流，多么学术的话题呀！和《香水有毒》这样一首很入时却不入流的流行歌曲有关系么？当然有啊！我认为，所谓聪明，即联系的能力——建立普遍联系发现潜在联系。中国人爱说深刻二字，我小学时，总是一再地写检讨，总是一再地被打回来，理由是写得不够深刻。曾经痛心疾首地想啊想，怎样才能拥有深刻的能力呢？后来的后来，才发现，那些要求我写得深刻一点再深刻一点的人，百分之二百地不晓得深刻是个什么东西。

学生犯了他们认为的所谓错误——比如迟到——便一定要把自己说成个大恶棍才算深刻，才能过关坐到教室里听课。否则，一句不够深刻，我就得从本子上再撕下一张纸，站到秋风萧瑟抑或春风荡漾的教室外面，重写检讨书。这样的局面一直维持到上大学之前，实在不好意思。上大学的最大好处，就是再没人让你写检讨。中文系里，读小说还受表扬，对我而言，史上第一次不因为看小说而备受煎熬。怪不得我那么喜欢中文系啊！

现在，我已经不用过分查词典了，因为，很多词我已经胆敢自己解释了。比如深刻，叫我说来，不就是发现潜在联系的能力么？我说的不是跑官者善攀超远房亲戚密切联系领导什么的，当然也不是一些无知兼恐惧的乡亲们到处认老乡妄想出门靠朋友的那种——所谓的关系。我说的，是纯粹思维的与智慧接近的抑或已经算得上智慧的那些个非常非常之好玩的东东。我颠三倒四地扯了好半天，就是不知道你听懂了没有？

不过，听不懂也没关系。再说一句，为自己说话别人听不懂找找借口。我说，一个讲座还是一节课，什么问题都解决了都豁然开朗了，只存在三种可能：其一，那是神话，演讲者是巫师，听讲者被蛊惑，着了道儿啦！其二，那些问题本来就不是问题，名之伪命题算是绝对客气。其三，那是中国式教育而非西方式教育——中国教育下课后学生觉得问题都解决了，西方教育下课后学生觉得问题更多了。明白没有，最好的教育在于学生能够生成更多更新的问题，而非所有问题都陡然消失了。

希望讲什么？这很简单。高中学校最希望的，是你讲出明年高考题目——各科都讲出来，统统的有！初中学校和小学与此同——中考考题及小升初考题，那简直是一定的！当然，只跟他们讲，不跟别人别校讲。废话！这还用得着讲么？不用。一封电子邮件，发给校长即可。金票大大的有，区区讲课费怎能望之项背！当然，试题是不知道的，于是，从本质上讲，大家带着失望的心情来听讲，那也没有办法啊！

退而求其次，方法吧！方法，不很久以前的中国，女人是要裹脚的。我没操作过此项活动，但推测得出来，裹脚也需要方法，方法也是需要训练的。妻子曾经训练过我包粽子，愚夫不可教，愣是没学会。反思一下，对了，还是训练的次数少了，至多一年一次。如果像题海那样重复训练，怎样的粽子包不会呢，怎样的小脚裹不成金莲呢？不过，既然方法让我想到了裹脚与裹脚布与裹脚工作的流程，便觉着恶臭逼人便不讲。所以呀，最后的最后，还是讲方法之前吧。方法之前，等号左边，应该是价值才对。好了，就说说价值吧。比如，创新。

现在，中国人特推崇的概念之一，就是创新。多少学校的办学理念中，都写着其实谁都不懂的创新二字。说人家不懂，你很懂么？对不起，他们说的创新，我也不懂，更不懂。惹不起还躲不起啊？这伎俩我会的。于是，我说："孔子说过，'不知生焉知死'。"化用孔子的话，鹦鹉学舌说一句，不知旧焉知新！教育要创新，听起来很美。问题是，说这句话是要有资格的。现在是2008年的教育，站在2008年，你知道1998年的教育么，你知道1008年的教育么？我并不是说我知道，我知道的是我想知道起码不拒绝知道。说法很狡猾？对了，就这么狡猾。呵呵！

我觉得，我已经后悔了。因为，一说到创新我已经傻了。偷换概念吧，公然偷换，大家谅解，宽容是美德啊！大家都有美德，都比我高尚，太好啦！没话可说的时候，讲故事。想想，大脑空白，居然没故事可讲，惨啊！好了，想起了暑假，那次卡拉OK！吃饭，饱了，妹夫说去唱歌吧，我说好啊好啊。于是去，于是一同去！鬼哭狼嚎不算，令我接近震惊的，是我的外甥女，12 岁，刚上完初一。她唱了什么，大家猜猜看。我知道大家猜不着，又不是"文化大革命"中猜戏名，可不止 8 个啊！对了，是一首流行歌曲，《香水有毒》！

《香水有毒》我会唱，但我不唱，现在不！小外甥女唱着，居然声情并茂，吓人！为什么吓人？简单，听听歌词——你身上有她的香水味儿，都是我鼻子犯的罪。不该嗅到她的味，擦掉一切陪你睡！我不往下叙述了。总而言之言而总之，几乎所有的臭男人——包括我在内——都不拒绝听这首歌。一次，往学校饭堂的路上，就听到前面几个臭男人一起哼着唱着，有理想啊！在座的大多是女教师，请问各位，有这样比大海还宽阔的胸怀么？据我所知，没有。笑！笑也没有。这首歌，哼哼是可以的，当真是不可以的。身体力行是非常麻烦的，不信谁试试！

青春的时候，没少唱流行歌曲。当时一首歌名叫《迟到》。回忆回忆歌词。你到我身边，带着微笑——一个女孩子来了，好啊，抒情主人公是男性；带来了我的烦恼——为什么呢，或言，怎么会这样子呢？我的心中，早已有个她——哦，明白了，这位男孩已经名草有主啦！最后呢？结局令导演编剧们失望之至，简直，连一点儿绯闻都没有，太不成功啦！甚至，连鲁迅所嘲笑的张资平氏的三角形都搭建不起来，听听这种没出息的歌词——哦，对你说声抱歉！没办法，那个时候的流行歌曲，就这么土老冒，没治！

放在这里对比一下：《迟到》显然比较旧，属于旧歌；《香水有毒》则相对新，算是新歌。多元世界，标准各异。再说，艺术作品，有它的规则和标准，不好整齐划一地去实施评价。但是，如果拿道德标准去衡量，如果拿适不适合中学生尤其是初一女生唱的标准去衡量，你说，新的好呢，还是旧的好？如果哪天，中国女性都认同《香水有毒》的主题思想以及背后所传达的生存方式了，一定是她们自己的幸福么？一定是所有中国男人的福音么？我不知道，大家可以想象一下，推断一下。当然，我所要大家推断和想象的，还要回到教育话题上来。比如，100 年前的道尔顿中学与现在的中国应试教育，想想新与旧，想想价值。

开场白说完了，现在，开讲现代教育源流。当然，香水香不香，是一回事儿。香水有毒没有，是另一回事儿。第一次让教育走向民间的是谁，孔子还是亚里士多德？不重要。重要的是，教育终于从贵族走向了平民……现代教育源流，不妨，从香水有毒侃起——以下省略 100 万字，如此而已！

听 了窦桂梅课之后的心得体会

关于窦桂梅，留下的第一印象，并不是语文教学，并不是听听看看写写想想，甚至，不是她主导的清华附小难能可贵的课程革命。

一个酷爱课堂的教师，上午十点多开讲，一直把听众耽误到将近午后一点。结果，作为主讲人的她，还是意犹未尽。最后的半小时，是手忙脚乱的有序，连珠炮般的声音。还好，似乎没人想走，更没人想起该吃饭了，包括我。

关于教师是否臻于优秀，我有一个最基本的判断——看他或她会否一上讲台就兴奋。学校招聘的时候，这是我内心秉持的一个潜规则。一上课就眼睛放光欲罢不能的教师，基本上就是好教师。窦桂梅来过我们学校应聘么？没有。

从职业维度推崇一个教师，自是不难。比如，推崇一个解题如流水的数学教师。将眼花缭乱的语文教学返璞归真为听听看看写写想想，并不容易。但，这些个东东，还属职业范畴的事体。它只能说明，窦桂梅是一个合格且优秀的语文教师。

窦桂梅上课的内容是一本书，《这是我的爸爸，他叫焦尼》，图文并茂。首先感觉到的是，窦桂梅对"读图时代"的敏感。我想，最初人类是读图的，后来进入了文字符号阶段。现在，随着信息技术提供的方便，似乎要进入一个高级的读图时代了。

语文老师们上惯了一篇篇的文章，所谓课文。印象中形成的定式是，所谓课，就是文。这个定式，在窦桂梅那里被打破了。不是一篇，是一本。不只文，还有图。而这些，均可和小学生的认知能力与阅读爱好丝丝入扣，值得刮目相看。

剔除一些相对前卫的元素，窦桂梅的课堂，属于经典的语文课堂。表情，细节，情境，体验。给五幅画面题词——奔抱举牵搂五个动词。广播剧式的氛围营造，课件精美，程序流畅，不露瑕疵。美貌，优雅，舞台感，夸张，幽默，铺陈空白，张文质说。丰富的背后——纸上只言片语，心中风起云涌，肖川说。

个人能力是无法复制的。尤其，无从全盘复制。套用相声演员的说法，窦桂梅的说学逗唱工夫，样样精通，全然拿得出手。讲座临终了的时候，她清唱了半首电视剧《三国演义》的主题曲，端的专业水准。但我的关注点却不在这里，我注意的是那些能够复制的东西。比如，贯穿本节的一句话——简单的表达，丰富的感动。

在我看来，这首先是一个教学策略，一个讲座策略。她在 PPT 上依次展开的那本书，就是这样子的。简单的表达首先是本节课教材文本的典型特征，如此，就给上课者提供了广阔的发挥空间。学生，同理。诠释与发散，越充分越需要时间，而这个时间从哪里来？一句话，教材文本越简单越好。

策略是一个中性词，绝不等同于阴谋。于是，这里没有任何贬低窦桂梅的意思。我还想请她来我校传道呢，岂敢得罪！我想说的是，一个能够不显山不露水地把上千人的会场搞定的人，肯定是有策略的。当然，并不一定就是我说的这个。而策略意识，很多老师是比较欠缺的。

感动是窦桂梅课堂的核心词，大家有目共睹。从大屏幕里，我们清晰地看到有孩子哭了。且有孩子整个课堂都噙着热泪。眼泪是一种证据，证明着感动的发生，不容置疑。这个信息我发现得很早，一上课我就注意到了，便不自觉地揣摩起来，感动作为一个概念，在作为社会人的窦桂梅的价值谱系中，位置若何呢？

一般而言，每个人都会固执地觉着，他所秉持的原则抽象着宇宙的真相——我不想用真理这个词汇。所以，听取演讲的时候，我很在意演讲者是否"真的相信"他所推介的原则。要辨别这种场合的口是心非者，其实不难。我要说的是，窦桂梅的课以及演讲，我是认真地听了下来。

听下来，直至结束。我的结论是，她信。感动是她面对世界的基本姿态，甚至可以说，业已深深地渗入了她的价值观念和行为方式的根部。这一

教育理念之民间立场篇

点和我不同，我的课堂，应该是那种充斥着质疑的话语在主导着。而窦桂梅的课堂，明显地，在孜孜不倦地培植着坚信，或言，那类长得像坚信的植物。

窦桂梅最后亮出来的清华附小的推荐书目中，有一本《苏菲的世界》。这本书，就与窦桂梅的课堂的氛围不同。我怀疑，这样的书会冲淡窦桂梅的课堂。抑或，窦桂梅的学校里，这本书没法读下去？我在想，《这是我的爸爸，他叫焦尼》叫我来上，会怎么上呢？首先蹦进焦尼的小儿子的脑海且令其百思不得其解的问题，是什么呢？

中经济学的毒深了，遇见任何人际关系，我都习惯先拿"利益分析"的解剖刀游刃上一番。宗教与传说之后的婚姻，夫妻之爱的真相，或许用"利益共同体"来界定更为确切。哪怕夫妻之间互相提供的肌肤快感，都是一种利益。当然，即使我是焦尼，这些话，我也不能讲给我的小儿子。将来可以，现在不能。

我的说法是，焦尼在回避着核心问题，奔抱举牵搂五个动词很令人感动，但不能解开儿子的心结。整个过程中，看不到焦尼和儿子的语言交流。所有的，只有一句。问题是，既然"他是最好的儿子"，那又能怎么样呢？焦尼和儿子共处的一天中，儿子得到了心智上的成长没有？我的结论是，基本没有。

爱是人类永远的梦，不爱即永远的痛。智慧不能提供快感，但却能提供对不快的解读。昨天，我约定了山西的一位学者来讲学，他的话题是《爱智统一的教育》。说来话长，不说了。我想，大家可以来一起思考一下这个问题：窦桂梅那天的那节课，还有别的路径和主题可以考虑么？

"我们很多女人和丈夫吵架，就是因为小时候没有拥有柔软的语言。"就此，窦桂梅还举了自己的例子，动用"柔软语言"的大杀器使夫君就范的鲜活案例，博得满堂彩。那句话，我没有加入鼓掌者的行列。因为，窦桂梅的经验的可复制性是有限的。

张文质用了美貌一词给窦桂梅，绝非夸张恭维。我想再通俗铺陈一下——窦桂梅是一个漂亮的女人，也是一个聪明的女人，还是一个有影响力的女人，一个能赚钱的女人。拥有这四大优势的窦桂梅，不是一般女人能够相比的。不知窦桂梅看到这里会做何想？我想，我的话，起码是可以理解为善意和好评的。你说呢？

听课手记：高潮缘何迭起

似乎，高潮迭起是一节好课的硬指标。起码，在一些人看来，那简直是一定的。读了不少书，其中一些挺教育学的，比如《论语》。于丹把《论语》演绎成了心灵鸡汤，且属于那种永远是刚出锅的滚烫沸腾的鸡汤。捏住你的鼻子，灌将下去。你要鬼哭狼嚎呢，还是要大喊欧耶呢？臆想中，绝大部分时候，孔夫子的讲学应该是从容淡泊的。想不明白的是，于丹口中的《论语》怎么就那么煽情那么高潮迭起呢？

在我看来，上课属于人类正常的生活情境，没什么需要稀奇的，更没什么需要寻死觅活的。可面前这节课，就是寻死觅活，就是高潮迭起，没治！问啊问，千万次地问。说咄咄逼人，大约不够厚道，但，硬是问得你喘不过气来。欧欧欧，只要学生说点儿什么，教师便夸张极致地欧起来，连连不断。我不知道台上的学生什么感受，反正，坐在台下的我，感到非常非常的非常。

年少无知的时候，看了一些非礼勿视的东西。现在想起来，那些演员们的敬业，就如同金庸李安们演绎的空中飞人一样，夸张大于纪实，大很多，不成比例。柔情总是缱绻的，缱绻的如同一声悄悄的问候。激情是存在的，但这个世界，只有一个珠穆朗玛峰，不能时时处处都是世界屋脊呀！这属于基本的常识。

真正的素质，我想，起码有一个基本的维度，那就是真切。据说，叫得最欢的，都属职业选手，穿着皮靴配超短皮裙的那类。前日，网上遇到CCTV内部晚会，下载，看，笑翻。原来，倪萍是会用正常嗓子讲话的，白

岩松朱军等人也会。嬉笑怒骂，爱我所爱，骂我所骂，痛快啊痛快！之后，我想，我本真纯，人都是好人。假嗓子伪高潮，原来均非人之本原。

出于对准名人的好奇，或许还怀有百分之零点一学习的奢望。听了一节课——不确，半节，半路溜号啦！实在累得慌，自己累，替人家累，替学生累。出得来礼堂，还好，树还是那样，雨后，绿得沁人心脾。木棉，一片叶子没有，大朵的红花，纯粹地怒放着，触手可及的真切。绿色和红色，都不是谁涂上去的，真正的原色。再说，即使怒放如木棉，过几天，还得凋谢的——美好的凋谢哦！枝头不谢的，肯定是塑料花。再见，塑料花；再见，高潮。错，不再见，坚决不，永别！才对。

王石演讲：N 个细节的教育学诠释

　　毫无疑问，王石是一个有话说且会说话的人。

　　这十多年来，从企业家到登山家、探险家，体现着他作为一个人不断丰富自身生命的不懈努力。而近些年来，王石俨然已经跻身社会活动家之列。探险极地，手持绿旗，上书"承担保护自然的使命"，猎猎招展，为证。在我校的演讲中，更以"能力有多大，责任就有多大"作为结束语，为证。

　　身骨劲道，精力充沛，笑容灿烂，"7＋2"排名全球第八；文思激扬，文笔流畅，《道路与梦想》悍然跻身畅销书排行榜；作为"行业领跑者"，万科的房子早就需要"摇号"才排得着，够专业。套用一句教育学术语，王石堪称一个"全面发展"的人——生命、文化、社会、专业四个维度，一个也没少。

　　话说回来，有关王石其人其事的汉语表述，在这个文字泛滥的时代，何止汗牛充栋。正所谓"多之一篇不见长，少之一篇不见短"。不过，听了还是说点儿什么的好。从哪儿说起呢？想来想去，还是回到自己的专业视角。王石演讲，最不缺的就是宏大叙事，咱呢，不妨关注关注几个细节。再说，有名人早就说过：文化在于细节。好吧，就这么着。

"一言堂"一定无效么

　　从北大、中大到哈佛，王石做的演讲多了去了。据我所知，"深入"基础学校开讲，应该还是第一次。本来，规划了最后一个环节为"现场交流"

的，由于路况的关系推迟了开讲的时间，预想中的"对话"便被取消了。整个演讲，成了王石的"一言堂"。

"一言堂"一定不好么？置身新时期新教育，这种"新"，似乎首先就应该体现在对教师的"讲"的严厉打压之上。江苏有一个洋思中学，规定教师每节课只能讲10分钟，否则就是不合格的教师。当然，洋思或许有它的理由，但在我看来，任何"一刀切"的作为，大约都是和作为世界真相的"多元性"相背离的。在这个意义上，我个人对洋思经验持严重怀疑态度。

王石来了，讲了，独霸讲坛式的讲。效果怎么样呢？据我所知，听众——无论是教师还是学生——无不好评如潮。在台上演讲的时候，王石就是教师。这个教师，对企业、登山、探险乃至似乎很抽象的"成功"等概念，无疑比台下的"学生们"更有发言权。在相关的知识、思维及阅历方面，他和台下的我们之间，存在着巨大的落差。我想，教育的能量或许就产生于这段落差之中。

当然，我不是要鼓吹中国教育应该重新回到"满堂灌"的时代。我只是想说，作为教师，大可不必过分忌讳"一言堂"。怎么说呢？只要能引发学生心中的共鸣，只要能让学生受益，不妨抛开忌讳，当讲则讲。学生坐在下面，自然怀有"听讲"的渴望——希望听到自己人生经验之上的感受和思索。作为教师，大可不必如履薄冰，只要我们讲得"有料"，照样可以收到良好的教育效果。不是这样么？

王石的"学生主体"

"学生主体"是新时期中国基础教育的一个关键词。在我看来，很多时候，人们的理解趋于表面和形式。比如，误以为"学生主体"就得一个劲儿让学生说，说呀说，这个说了那个说，一直说到下课才对。得承认，一些课型，是应该以"学生说"为主。还有一些课型，应该让"学生练"为主。但，是否每一节课都得这样炮制呢？我觉得，答案应该是否定的。

王石在演讲中贯彻了"学生主体"精神没有？如果作为一个问题提出来，估计王石自己也当一头雾水。因为他不是此道中人，不明白这个新词汇。但王石的演讲，却很是注意到了对"学生已有经验"的观照和尊重。演讲"正文"开始之前，他提到超女。屏幕上，是超女们同场PK的火暴场景。这部分内容，应该是专门为来我校准备的，为"对付"中学生而特意准备的。演讲结束以后与学生的交流中，我提请他们注意王石的"工夫"。我说，你看，他显然专门为来这里做过功课的，教育学术语叫做"备学生"。

我想，他之所以提及这个话题，就是为了和听众"套近乎"。"客户至上"的企业家精神还是挺精诚的嘛！目的是否能够达到，靠得上靠不上并不重要，重要的是，让你的客户感觉到你在努力地向他们靠拢。"学生主体"的精神实质或许并不在于抛出问题让"学生发言"，而在于，教师抛出的问题是否尊重学生的感受和经验，是否接近于学生的"最近发展区"。同理，即使教师整节课都在向学生抛出"问题"，似乎很"学生主体"，但如果这些问题无法引发学生的共鸣，大约还是不能算做"学生主体"吧。

"公共知识"与"个人知识"

演讲开始的时候，王石在屏幕上打出一个"公式"：成功 100% ＝运气 90% ＋理想主义 5% ＋激情 2% ＋坚韧意志 2% ＋控制力 2% ＋自省力 2% ＋平常心 2% －浮躁 1% －懒惰 1% －贪婪 1% －依赖 1% －没有同情心 1% 。看到这个公式，我心里一阵失望。这个开头，似乎和我预期中的精彩存在距离。

为什么这样想呢？因为，上面那个"公式"，正确则正确，问题是，正确到足以消弭任何个性。几乎在所有的励志类读物中都能找到，我们还不如去读书，听什么演讲啊！好在，我的担忧很快便被王石的"下文"给消解了，别的不用罗列，单是对"运气"的解释，就独此一家，别无分店。他说："运气就是大势，就是个人改变不了的时代主题和相应的个人角色。我要是早出生 30 年，那就没机会做一个企业家。那个时代，兵荒马乱，是一个出军事家和土匪的年代。"听到这里，我乐了。

"运气"，这个被巫婆神汉用烂了的词汇，出自王石之口，颇觉意外。结果，客观上它成了王石运作出来的一个"局"。他轻松而精辟的"个人化解读"，使得这一似乎庸俗之至的"公共知识"立马出彩。我们常说要"培养个性"，其实，所谓个性，大约就包含着个人对世界的独到定义。当然，这种定义并不是想做就做得出的，其后，隐匿着一个人的从情感、思维、观念到阅历的宏大背景。说起来，教师抵达此等境界的"条件"还真是比较匮乏。这意味着，我们所要付出的努力也将更为艰巨。

教育学上，"照本宣科"绝对是一个贬义词。我想，其中的核心大约在于此类教师"个人知识"的匮乏。说起来，这种匮乏是一种假象。更多的或许在于，教师缺乏"对公共知识予以个人化诠释"的意识和动机。"一百个读者便有一百个哈姆莱特"，所说的大约就是这个理儿。其实，世界上本来就没有"标准化"的哈姆莱特，阅读本来就是一种"再创造"嘛！至于理科，似乎特别"标准化"，其实，我们都知道，那些个"特有才"的教师，总是能够在不经意间，给学科知识打上浓重的个人印记，从而引导学生独辟蹊径。

"少说一句话"的魅力

王石在演讲中，谈到在一次单独行动中遇险的事儿。故事比较惊心动魄。故事讲完之后，他总结道，那次能够活着回来，纯属侥幸。从那以后，在登山队里他就很乖了：听教练的话，严格训练，严格遵守规则。在那里耍老板脾气，那是找死。就这样，为后来的登山活动打下了坚实的基础。他说，登山队是一个团队，大家就是一根绳子上的蚂蚱。基本功，技能，合作精神，缺一不可。

至此，这个话题说完了。王石没有施展一些演讲者惯有的"语重心长大法"，没有后缀一句诸如"同学们一定要听老师的话，一定要遵守纪律"云云。这点，我没担心。用古龙的经典句式来表述，王石毕竟是王石！王石告诉我们，有时"少说一句话"并不会减弱我们所期待的教育效果，相反，使得我们抵达"教育意图隐蔽"的胜境，从而收到更好的效果。

最清新的空气，应该是我们感觉不到空气有多么清新。最真挚的爱，大约也用不着整天挂在嘴边。可以肯定的是，作为曾经的学生家长，也作为一个有责任感的长辈，王石讲述这些"老百姓自己的故事"的时候，肯定是含有其"教育意图"的。只是，他没有把这些意图赤裸裸地暴露出来，没有任何倡导，更没有任何指责。给我们的印象是，王石只是在讲自己的故事，自己的一次危险的近乎愚蠢的失败。当然，话不说透的另外一个心理背景，或许在于，他相信下面的学生和老师，都是具有基本感受力的，都是能听懂话的。

幽默：深谙人类局限之上的善意的自嘲

王石的核心话题，当然是登山和探险。登顶珠峰，自然是演讲的高潮所在。讲到登珠峰临登顶时发现氧气不够了，他说："当时没怎么想，只是做了一个手势——上去！"这，显然是一个很"英雄主义"的手势，很合青年学生的口味。演讲越来越出彩，听众越来越狂热，掌声不时响起，王石的表情也越来越生动了，越来越在状态了。到了这个时候，掀起一场"造神"运动的条件，似乎也将降临。但，王石没有这样做。他话锋一转，开始转述登顶成功以后与记者的对话。

有记者问他当时怎么想，他说："没怎么想，反正氧气不够了，下撤登顶都不够，还不如选择登顶。反正，我也不知道当时的勇敢之举，是出于坚强的意志呢，还是由于高山反应——那个高度，人的智力只相当于 10 岁孩子。"按照我们对英雄主义的"惯性期待"，似乎，王石不应该对自己冒着生命危险坚持登顶的勇敢做出"高山反应"四个字的解读。在王石的演讲中，处处晃动着一个"真人"的身影，没有任何力图拔高自己的努力。比如，娓娓谈及"熊猫爸爸"潘教授对自己人生目标的启迪，提到自己那次自以为是差点丧命的愚蠢。总之，整个演讲中，王石呈现给听众的形象，始终是"一个人"而非"一尊神"。人是可以理解并学习的，而神，却只有让人膜拜和崇仰的份儿。

"我也不知道当时的勇敢之举，是出于坚强的意志呢，还是由于高山反应。"就这句话，让我感到了王石的幽默——那种渗入骨髓的深刻的幽默！尽管，春节晚会上赵本山得票很高，但我总是感觉不到他有什么幽默。作为"曾经的农民"，他的小品中所充斥的，往往是对农民的讽刺挖苦，而真正的幽默绝非如此。关于幽默，留在我记忆中的诠释，是这样一句话——基于洞悉人类局限的善意的自嘲。这里面，阐明了幽默者之所以幽默的三个要素：慈悲之心；无恶意；拿自己说事而非他人。幽默习惯披着智慧的外衣出现，其对于人生的价值远远超乎智慧之上。

教育和幽默有联系么？不需要思考。我只是在想，是人的幽默抑或幽默的人足以催进教育呢，还是，教育的最终价值之一，在于增进人的幽默感，抑或，造就具备幽默感的人？

教 材革命：不准革命与静悄悄的革命

今日教育之民间立场

世界上存在过"被准允的革命"么？启动大脑生物芯片，快速搜索，结论是，没有。泛泛说革命，抑或不准革命，显然比较空洞。于是，我想到了阿Q先生，以及他的革命境遇与革命道路。

在我看来，阿Q先生的革命愿景，并非单纯的拿东西、报私仇、找女人。内中，颇有些相当意识形态的东东。譬如，获得姓赵的权利；譬如，享受未庄威权人士赵太爷等称呼一声老Q的快意，不一而足。总之，阿Q先生蠢是够蠢，但作为一个人，饮食男女之外之上，总还是有些"精神追求"的。

当然，我们大可以自由设想一个"不蠢不穷"的老Q去革命。问题是，如果那样，他就不是阿Q了，没准，改名叫黎元洪，《阿Q正传》里假洋鬼子称洪哥的那位。小说人物形象最可贵的"这一个"，也就不存在了。没钱，没性，没尊严，阿Q俨然一个"三无人员"，构成了他"革命"的最强大原动力。

原动力接近于本能，与智商无干。于是，阿Q死乞白赖要革命了。尽管革命的结局不很美妙——革了自己的命，但阿Q参与了"革命"，却是不争的事实。

其实，我是要说基础学校教师的——大学老师咱不说，没承想，阴差阳错，居然想到了阿Q。首先要解释一下，中小学教师诸兄诸弟诸姐诸妹们看到这里，千万别动火，千万别以为俺大不敬。破除了必然论之后，俺的大脑便信马由缰了——据说这就是混沌学，怨不得咱呀！

中学教材需要革命么？废话！这个世界上的任何物件，总是一部分人希望革命，一部分人不准革命，包括目下的房价都一样的。去年高峰时段花天价买了房子的住家炒家，无不心急如焚，巴望着房价涛声依旧。而一些没买房或没有房的主儿，无不盼着房价跌了再跌，最好跌到地下室，咱再去从容扫货。

既然，"被准允的革命"属于废而又废的废话，那么，何妨置之不理，当其透明的好。我要说的其实只有两点：其一，指望教材出笼后再出台"革命号召"，无异于指望谁搬起石头砸自己的脚，别指望啦！其二，就教师而言，教材本来就是一件"混饭吃的行当"，与饭碗无异，于是，如果真有教师居然"冒饭碗之大韪"，思谋革教材的命，没准，其中还真有着大智慧大高尚在。

欲扬先抑了半晌，图穷匕见，还不是要吹捧咱老师自己？嘿嘿！与阿 Q 先生比照一下，不难发现，教师们基本温饱，有钱——虽然不多！有尊严——老师好！有性——包括其升华物爱情，多好啊！按照阿 Q 的革命愿景，老师们实在没有必要去革教材的命。由此可见，老师们的"革命动机"确和阿 Q 先生不同，简直太不同啦！

我向来反对"我代表"之类大而化之、言之不详、形迹可疑之说辞，且明确界定，没有明确授权之前，我不会让任何人代表我，也不会去代表任何人。于是，尽管我轻而易举地把关于教材关于革命的话题——不显山不露水——忽悠到了教师头上，但是，下面的话，还是自说自话的好。

新世纪以降，教育部对于我们的大一统教材给了一个具体形象又颇具概括力的界定——繁难偏旧！我认为此条是中国教育所做出的"最深刻"的自我批评之一。也正是这个时候，推出了新课程，做出了对校本课程的授权。××出版社天大不乐意，因为，全国统编被好几套省编教材替代了，为人民服务的范围缩小了，从全国人民那里拿利润的空间也缩小了。是可忍孰不可忍！最不喜欢考试改革的，没准就是一些大大小小的教育机构，都"革命"了，谁还会拿他们当回事呀！诸如此类。

如果说"教材革命"属于一种恶习，那么，就我而言，这种恶习由来已久。刚教书的时候，便开始给学生们印发诗歌——顺便发表一下自己没处发表的歪诗，呵呵！现在看来，那不就是校本教材么？不过，当时，并没有校本课程这个概念。自己喜爱，所以推荐给学生，"很教育"的理由嘛，永远站得住脚的理由。

　　坚持下去的理由，并非只来自自己，更重要的支撑，在于学生喜欢。就以"每周一页"作为教材的总标题，主要是杜绝自己偷懒。当时没有电脑没有喷墨打印机，钢板铁笔蜡纸，一张张地刻写，手腕酸痛。印刷的时候，弄得满手油墨。诗经楚辞汉赋唐诗宋词，惠特曼海明威聂鲁达北岛舒婷顾城，顺便发表自己和一些学生的习作。居然使得相当一批学生跟着我瞎折腾，成了不可救药的文学少年、文学青年。

　　来到广东以后，恶习难改，继续折腾，继续蒙受学生的青睐。不过，范围还是局限在文学里，名曰"文学欣赏"。直到有一天，校长发现了，便叫时任语文组组长的我往全校推。推广的时候，颇有点失落，大家都做了，我便觉着不那么好玩了。其中的心路历程，不作分析。总之，是推广下去了。于是，前面的课程，其实叫做"我本课程"，现在，才算是"校本"了。不过，教材还是不予统编，我反对任何形式的"大一统"。依据是，老师们自己喜欢的，才值得推荐，才能够讲出彩来。

　　当然，这种静悄悄的革命，大部分语文教师都玩过的。不足为奇。

　　我向来认为，教书是一桩非常"个人化"的事情。一个教师自己的成长道路，往往会成为他教书生涯中最重要的参照坐标和职业资源。我自己从小就不幸蒙受文学的蛊惑，后来上了中文系，更是变本加厉。初入行，脑子里根本没有教育，只有文学。后来，渐渐地滋生了教书育人的感觉。当然，这与我从事语文教学有莫大关系，并不冲突嘛。

　　一个正常人的生命，总是会由局部走向开阔，呈持续开放态。文学不止情感，慢慢地，你会开始琢磨书里书外人物的命运。这时，世界与历史，会以一种前所未有的速度，在你面前铺展开来。哲学、社会学、法学、心理学、历史学、军事学甚至经济学，在你的眼前此起彼伏，身形踊跃。你会发现，人类文明在发展过程中创造的所有学问，都是有价值的。这种价值呈普遍关联态存在。我想，这大约就是一个教师从职业人走向文化人的过程吧。

　　正是在这样的时候，学校设立了教科室。我开始有了相对自由而充裕的时间，思索并筹划一些教材改革的事情。说起来，得感谢我的校长，或许，她并不能滔滔不绝地讲出什么正规系统的教育理论来，但凭着她自己的成长和领悟，凭着她对我的"核心竞争力"的判断，授权让我开始课程改革的工作。我呢，便成了学校专职开课的人了。开出的第一门课，就是专题讲座，后来正名为"高中文化专题课"。记得，那是 2000 年秋天。

文科出身的我，开出的第一批课程，竟然是《信息论》《控制论》与《系统论》，还有《热力学第二定律》与《耗散结构理论》。自然科学的窗口，是兰州一位名叫张志国的英语教师给我打开的。20 世纪 80 年代，经由与张志国若干次持续的聊天之后，我知道了孟德尔、爱因斯坦，破除了"唯有文学高"的偏见。以后，离开张志国了，但关注自然科学经典与新进展的好习惯却养成了。便想，世界本来就是混沌的、偶然的，如此，为什么不能"有意"地打开好多好多扇窗户，让每一个学生都来探头探脑，万一对上眼儿了，不也就蛊惑终身了么？

以上，可以视做我从事"教材革命"的自发阶段。渐渐地，便发展到了"自觉"阶段。比如，学校参加"环境与可持续发展"课题，我便策动课题组专家，成功地运作出了一门《可持续发展》课程，在初一开设。到了 2004年，新课程运动如火如荼的年代，我并没有像一些人那样，只是感到"新"。因为经过多年的思索和实践，新课程理念在我心目中，早已成为应有之义，该做，但不新鲜。于是，积极投入。

文件上说，国家课程之外，校本课程拥有 20％以上的空间。政策啊！于是，我义无反顾地抓住来之不易千载难逢的机遇。于是，综合拓展课、英语特色课、学科前备课、学科拓展课、综合活动课一并出笼，丰富多彩，异彩纷呈。下面举几个例子吧。

文化专题课，给学生以课程选择权，无疑有其价值。动员数十位老师参与，为学生提供"可选择的商品"。在"宗教与文化"栏目下，列出了"基督教、佛教、伊斯兰教、品牌定位——广告的奥秘、摇滚神话"等一干专题；在"流程管理"栏目下，列出了"流程的要素、流程程序化应用举例、大型活动背后的流程管理、4R 流程管理"等管理学专题；在"中国著名企业与世界级著名企业的差距"栏目下，列出了"从核心竞争力战略角度对比联想与戴尔的差距、从持续战略角度对比华为与思科的差距、从竞争战略角度解析格兰仕与沃尔玛的差距"等案例剖析；在"透过心理学之眼"栏目下，列出的是"人是如何感觉这个世界的、思维、你的情绪、爱与依恋、愤怒与攻击"等专题。文化专题课涉及哲学、经济学、管理学、心理学、社会学、法学、文学、新材料、新能源、生物学前沿等数十个系列数百个专题。

构建和优化英语特色课，在核心课、听力阅读和口语课、口语活动课课程格局的基础上，引入朗文英语教材和全国外语学校协编教材，努力达成英语教材教法的校本化。为了强化学生的国学底子，开设高一语文拓展课，开讲《老子》《论语》《庄子》《韩非子》和《墨子》。为培养学生的科学意识，在初一年级开设了《科学发现史话》，从科学史上选取重大而有趣的科学发现为教材内容。在学生进入物理、化学课学习之前，初二、初三分别开设《趣味物理》和《趣味化学》等学科前备课，以激发学生的学习兴趣。初二开设《国际理解》课程，通过"雅典城邦——民主的雏形，光荣革命——明智的妥协，明治维新——向西方学习，以色列——犹太人的 2000 年复国之路，印第安人——美洲本来的主人"等 16 个专题，荟萃世界民族优秀文化遗产，培养学生的世界视野和现代意识。

伟人说过："革命不是请客吃饭。"我明白的还有，我绝非"客人"。如果说中国会存在所谓"教材革命"，那么，在"肉食者鄙"的大背景下，为什么不能从一个个我们开始呢？等着"上面"发话，不错。问题是，如果上面不发话呢？是否，我们就只有怨天尤人的份儿了？我不认为。无论是在教师岗位、主任岗位，还是在校长岗位，只要想做事，我想，还是有事可做的。即使这个世界上有太多"不准革命"的借口，但我们还是要寻找"革命"的理由，制造"革命"的契机，哪怕"革命理由"多么勉强多么微茫，哪怕"革命前景"多么黯淡多么有限！

一句话，现实就是用来不满的。另一句话，现实就是用来改变的。我的意思是，让每一个教师的脑袋都得到尊重，让每一个教师的学养和判断力都得到尊重，中国教育才有盼头，中国学生才可能真正受益。

自上而下的改革，不能说没有意义。毕竟，校本课程这个概念已经出笼。至于往这个"空筐"里填什么货色，那还真是有赖于基础学校校长和教师的眼界和智慧。在镣脚铐手的情形下，是否就只有混吃等死呢？我的结论是，不必。中国教育本来就没有什么救世主，也没有神仙皇帝。改变中国教育，必须包含改变中国教材。而这项伟大光荣的革命，请从我们自身做起。我很会原谅自己，也很会迁就自己，但我相信一句话——"寻求可能的改变"。好吧，让我们开始吧！并不敲锣打鼓，推动静悄悄的革命。从细微处，开始我们最神圣的工作。谢谢！

校本课程开发：个人感悟 12 条

校本课程是中国基础教育的新生事物。设计实施校本课程，本身就是一桩震撼灵魂的奇妙经历。它与此前的职业经历存在重大区别。在此，写下一些"类个人化"的感受和领悟。为交流计，不惮贻笑于大方之家也。

当代教育潮流：人本化、民主化、个性化

在学习和工作中，越来越感觉到，当代社会，人本、民主与个性化，乃不可阻挡的历史潮流。从世界到中国的课程改革洪流，其实，是教育对社会变革的主动回应。

基于此，对校本课程的理解是：人本，即必须考虑师生成长的需求；民主，课程权力下放，要用好这个权力；个性，得允许教师自主开课，允许学生自主选择。

"教什么"比"怎么教"更为重要

在中国基础学校，传统的教育教学研究，无非是在"怎么教"这个方法论层面的范畴里面打转。其实，在研究"怎么教"之前，首先应该进行思索和价值判定的，在于"教什么"，即教学内容。

校本课程，其实就是给了普通学校和教师以"教什么"的有限决定权。一所学校的办学理念，应该已经预设了设计课程的方向和价值判定的标准。

于我校，即"世界视野"与"现代意识"。对教学内容的宏观乃至微观的处理，均与此密切相关。

当然，学校办学理念是否具备"终极价值"，是需要思忖论证的。

引发变化的因素有三：物质、能量、信息

教育即成长，那么，怎样才能促成师生的健康成长呢？就教育而言，可能提供的实质性的"成长因素"，不在物质和能量，仅在信息。

我国基础学校的教材，正如人们所言，多年来"繁难偏旧"，与时代脱节。这里，正好存在着校本课程生发成长的巨大空间。

多样化乃生物界欣欣向荣的奥秘所在，教育亦然

校本课程的设计，不必画地为牢。自然界给人类的启迪是，只有多样化，才是繁荣之源。设计课程，必须秉持"兼容并包"的老北大精神。

这里面，自然含有对师生个人追求与学术个性的承认。有了这种承认，方可能提供相对自由自主的空间，给他们去激扬文字，给他们去指点江山，给他们去张扬个性。从而，成为他们想要的自己。

让我们想象，一个由不同的"这一个"构成的学校，是多么的丰富而美好！

校本课程不必雕虫小技，尽可大气磅礴

我校的校本课程里，动辄会有《爱因斯坦与相对论》以及《支配现代世界的观念》等宏大命题。为什么呢？因为，我们觉得，校本课程开发，一定要破除基础学校教师惯常形成的那种"自我矮化"的自我期许。

世界是大学的，也是中学的。认知宇宙与真理，是不需级别的。中学生毕业的时候，已经是将近20岁的青年了。人类最震撼的思想，应该适时交给他们，而不一定要等到"大学时代"。

没有特色课程支撑的特色，是牵强的

现在，几乎所有的基础学校，都有着自己的办学理念。当然，里面不乏

连自己也"不知所云"者，这不属于讨论之列。但就认真拟定者来说，很多学校并没想着去落实和践履，只把它作为一句似乎好听的口号，成了一种只说给别人听的公关语言。

还有些学校，想落实，但找不到相应的工作平台。我们认为，没有特色课程做支撑做保障的所谓"特色"，是牵强的，因而也是"不成立"的。花气力，打造践履办学理念的课程平台，是必要的。

素质教育不能只是等，改变小气候是有可能的

素质教育这个概念的提出已经很久了，但效果却并不乐观。我们觉得，其中最重要的原因之一，就是大家都在等，耐心等待自上而下的由政府推动的改革。其实，政府给了政策，我们领会然后发挥即可。

我们认为，校本课程政策，就是政府提供给各个学校实施"素质教育"的大好机遇，只要抓住机遇，便是在推动素质教育。寻找空间，制造机遇，可以做的事很多。

给学生打开尽可能多的窗户

给学生打开尽可能多的窗户，没准，就有人一头撞进去。这是一句通俗的话，但这正是我们做这项工作时的真实想法。中国基础学校里，很多学生在"应试"的压力之下，闭目塞听，信息占有相当有限。可以说，不知道这个世界上有哪些学问真正好玩，真正有用，真正会成为自己所爱。

所以，校本课程的开设，一定要丰富多彩。在这个意义上，不必忌讳浅尝辄止，介绍的点可以多一些，哪怕相对"浅一些"，让学生发现自己真正的需要，才是最要紧的。发现以后，他们自己会去钻研的，用不着我们天天语重心长。

学生对教师：与其从一而终，不如博采众长

让学生在单位时间内见到更多的优秀教师。教师，乃学生成长的重要资源。传统体制中，一个学段之中，学生往往只能"从一而终"。而我们提出

的这种资源配置方法，可以使学生在单位学段之内同时领略多个优秀教师的学识、气质和风范，客观上，也构成多位教师"同台竞争"争取学生眼球的壮观场景，有利于互相切磋与良性竞争。好事。

选择本身就是一种至关重要的能力，要学会为自己的选择负责

这句话，针对学生"选课"而言。先不说"选什么"，选择本身就是一种能力，至关重要的能力。选择，并为自己的选择负责。这是我们设计课程运作的一个重要初衷。

重点放在初中和高一，不直接影响"考试"大局

发展，学校、学生和教师都要的。但，发展的前提是生存。在中国目前的教育体制和高考遴选体制之下，我们的校本课程，重点应放在初中和高一学段，高二以上的学生，核心功课很紧，加上高考压力，没有时间和空间。这个问题必须要处理好。

教师在校本课程开发的过程中成长

现在，只谈学生的"自主成长"，而很少有人说教师的自主成长。其实，没有健康成长的教师，何来健康成长的学生？与学生一样，教师也存在一个"全面发展"的命题。我们开设校本课程，最先受益的，应该是那些担任课程开发和课程实施的教师。

向学科前沿进发，向学科之外延伸，尽可能地拓展自己的学术边界。这是校本课程开发者的最基本的资格。教师，因而成长，狭义的"专业化成长"之外的成长。

中国教育改革：巧，妇，米，炊

编完新一期《成长文摘》，已经是凌晨了。一个问题：我为什么要编写这份读物呢？

形式上的灵感，来自我在大学读书时流行一时的《活页文选》。已经记不得是哪个出版社出的了。估计 1980 年左右入学的大学生们应该都会有点儿印象。内容充实，阅读方便，价格低廉，与"穷学生"们最相宜不过了。

内容与价值的确定，首先来自于自己对阅读的喜好。为什么喜好？很简单，有好处，有效阅读会开阔人的视野，让人受益。自己尝过甜头，于是便想让别人也甜蜜甜蜜。当然，学养与工夫的关系，甘蔗是否够甜，还不敢说。其次，是理论上的界定。所谓——引发事物变化的原因有三——物质、能量和信息。阅读干什么？答曰：占有信息。如此下去，在第一期前言中，讲了一通大道理。

编完第二期以后，坐在桌旁发了发呆，品味了一会儿"完工"的惬意。突然觉着，其中的意义还存在深化和延展的必要与可能，越想越不应该就此睡觉。好吧，上午再睡。

想到中国教育改革，想到一个成语，从中抽出"巧，妇，米，炊"四个字。写下去。

一、巧

中国向来信奉"中体西用"，发散之，有时往往可称为"旧体新用"。世

纪之交曾经搞得轰轰烈烈的教育改革,从一开始,"方法主导"的色彩就浓得化不开。

基础教育界有一个冠冕堂皇的新词汇,叫做"学生主体"。稍微有点哲学底子有点文明常识的知识者,都应该不难发现,"人本、民主、个性"必将成为其应有之义。而这些概念在各民族文明史上出现时,往往伴随着非常具体的语境和障碍。中国教育提出这个概念,自然存在其深刻的社会、历史和文化根源,需要郑重面对。

而我们的教育改革,却再次把这等"大事"给"化小"了,化得很是成功。

学生主体仅仅成了"课堂教学层面"的一个命题。到了教师那里,平庸化为"学生上课回答问题是否积极""师生配合得好不好"等"纯方法"命题。

再缩小一些,"学生主体"这样一个关涉教育领域"人的解放"的宏大命题,终于变成了有关"调动学生学习的积极性与主动性"这样一个"伎俩概念"。

一句话,无论投什么机,咱都得取巧。

一场本来可以期待的伟大变革,终于沦为又一桩末流之技!

二、妇

如果把教育喻为做饭,那么,做饭之"妇"当然就是教师。

中国教师中,能够定位"教育价值与方向"者,本来寥寥——自然,这话得罪人,千万别拍砖大骂,我自己也没这个能耐,先自申明——而理由一直充足的"应试"更是让你不敢清醒一丝一毫。

女人饭做得不好,自然是厨艺不够精湛,首先是没有像刘兰芝那样"鸡鸣入机织"。如果你"夜夜不得息"还没有教出"成绩"来,那就更是证明了你非但是一个谬种,简直还是一个智商低下之至的谬种。

王阳明说心中有花山中始才有花,米卢教练说态度决定一切……仿朱自清说道理是人家的我什么也没有!

荒年灾年时,河南、河北的妇女个个洗红薯拌麸皮,"瓜菜代",挖空心思提高为人民服务之能力,可烹饪出来的硬是没法认作精美佳肴,任你级别恁高的美食家也无法从中品味出肉味儿，更别提山珍海味儿。

丈夫孩子包括人民公社大锅饭周围簇拥着的全村老小，都异口同声地声讨这些个"无能"的职业炊事员。可就是没人想起来中国文化中最通俗常用的成语之一——"巧妇难为无米之炊"。

越看越想越觉得她们命苦，苦得就像我等人民教师。

三、米

米，或者是一个象征，或者是一个比喻，或者是一个借代。

教育语境中的"米"，照我的粗浅理解——绝对不是"怎么教"的问题，而是"教什么"的问题。

教师的教师们——现在的和以前的——教给我们的就是一个字：书。

这个概念本身无法涵盖教育的内容、价值和意义，即使退一万步回到"书"这个词汇本身来看，也是空泛之至的，起码，"书"本身没法说明"书的内容"。正像"葫芦"和"葫芦里装的药"两个概念一样，前者并不能等同于后者。

没有米，巧妇们再巧，做出来的，肯定也无法成为真正意义上的饭。同理，没有好的教材，即使老师们再卖力地教书，还是无从唤起学生们"高涨的学习热情"。

当然，这里所说的"米"，绝非单指具象的"课本"，它是一个涵盖着所有教育资源的概念。

思想、观念、知识全面陈旧的教材，加上思想、观念、知识无从更新的教师。

中国教育大餐桌上的"米"的确有限得可以，其中，尚且不乏霉米糙米甚至谷糠，更别提珍馐海鲜啦！

于是，找米下锅便成了一个问题。延伸之，种谷碾米也成了一个问题。

四、炊

米——做饭的材料。广义喻指一切教育资源，狭义喻指教育中的知识、思想资源。

妇——做饭的人。一般喻指为学生和社会提供教育服务的从业者——教师。

巧——做饭的技巧。一般喻指教师的教育能力。

炊——做成的饭。一般喻指教育的结果（有时说：成果、后果甚至恶果）。

合乎唯物辩证法的我们古老的民族智慧——"巧妇难为无米之炊"！

课本就像现代化养鸡场的饲料，足以撑死谁，营养却不够。

广东农民将随地放养供自家食用的鸡叫做"走地鸡"，这种鸡有漫步大地自主啄食石子虫子有机物矿物质等大量和微量元素的自由。要是拿出来卖，也比养鸡场那些从一出生就被圈养起来的鸡值钱，因为它们的肉蛋均较后者要鲜美得多。

中国基础教育在各种无法摆脱的因素下，依然无法由"本本主义"进化到真正的"人本主义"，教育所能占有的知识、思想资源极度匮乏。由此，导致教育者和受教育者双重贫血。

敬业的中国教师，如果还是执著一念，把所有精力和血汗全部投向"方法层面"，忽视对教育所必需的更丰富的知识和思想资源的占有和消化，必将由于"取巧"而不得不一直佩戴着"拙妇"的绶带。

"米"才是最重要的！

今日教育之民间立场

生命教育：必须直面生命的障碍

昨天，接到文质兄短信："帮助写一篇千字以内的文章：你对生命教育最重要问题的一点看法。一周时间给我。文质。"即刻回复："好的。"

在我看来，这个世界，整个人类文明，貌似成就如天，实则问题遍地。不知什么时候，"解构乃另类建设"之类结论，即已随风入夜，挥之不去，霸占了我心智的重要空间。自己呢，非但不以为苦，反倒兴味盎然。

说起来，"民间立场，草根情怀；开启智慧，润泽生命。"生命教育的十六字理念，我倒是毫无保留地赞成。赞成，是否意味着无话可说，非也。此前，与文质兄的多次晤谈中，我应该提及过本文题目所传达的意思。今天，有了这样一个机会，算是"应邀点评"，岂有不说之理！

"生命教育"最重要的问题是什么？在我看来，十六字铭文的落脚点，应该在"润泽生命"之上。人类生命最具特质的元素何在？应该就是"智慧"。或许，这是合乎逻辑的一个解读。既然，智慧是应该且值得拥有的，那么，是否意味着每一个人与智慧之间的所有樊篱都已被清除了呢？众所周知，不是。社会、经济、历史、文化，构成层层壁垒，于是，农民的孩子大多还是农民；而李嘉诚的儿子却能相对容易地拥有盈科电信。

教育公平作为社会公平的有机组成，亦作为社会"走向公平"的重要通道，人所共知。虽然，"太阳对于每一个人都是公平的"，但住一楼还是八楼，朝北还是朝南，却得货币说了算。教育亦然。在这个意义上，民间不虚，草根具体。草根阶层及其学校，所能占有的教育资源，比起"肉食者"而言，显然微薄，亟须加强。多元乃生命世界的唯一奥秘，"一个声音"的

教育，对中国教育生产力的提升，俨然瓶颈。基于此，文质兄及"生命化教育"所倡导与践行的"民间立场"，自是我乐见其成的。

"润泽生命"，一句多么温馨的话语，令人联想到健康的生命及其缔造者鲜活的面容，但"蒙受润泽"，却非每一个具体生命之所必由。从这个意义上看去，"生命教育"的提出本身就必然意味着抗争——对当前中国教育中存在着的形形色色的阻碍生命、妨害生命乃至戕杀生命的观念和力量的抗争，对整个中国乃至人类文化中存在着的形形色色的阻碍生命、妨害生命乃至戕杀生命的观念和力量的清算，以至对教育者本身思想、观念与心智中存在着的形形色色的阻碍生命、妨害生命乃至戕杀生命的观念和力量的剔除。要说我对"生命教育"想说点什么的话，大概，最迫切者，莫过于此了。

当前中国教育症结何在？这是一个关键而敏感的问题。近年来，仁者智者，见山见水，众说纷纭。在我看来，最重要的问题还是一个体制问题。教育生产力中最活跃的因素是谁，政府还是教师？这个问题，马克思在经典政治经济学中早就做过回复："人是生产力诸要素中最活跃的因素。"问题是，在目前的教育体制下，教育系统中最具创造潜力的因素——教师，却成为整个系统中最无能最无奈的部分。不客气地说，目前教师甚至没权利决定自己要说什么。于是，通过体制变革，让教师个人成为教育真正的主人，从而焕发起最广大教师的"教育原创力"，应该是目前中国教育的首要命题。

中国文化是一个宏大概念，拿"润泽生命"这面镜子去观照一遍，不啻一个世纪工程。20世纪里，鲁迅算是最了解中国文化的学人之一。结果，他的结论，却令人瞠目结舌。《狂人日记》中，借狂人之口，他给出了有关中国文化的最尖锐最刻薄的一句评价——"吃人！"同为"民间教育"之一家，前不久，疯狂英语教主李阳先生语出惊人，他说："学生下跪是对老师的尊重，过几天我还要去成都市讲课，相信可以让成都最好的中学的全体学生下跪。"借用这句话，并不想对李阳先生说点什么。只是，就此我们不难发现，中国数千年专制体制与观念的力量是多么的强大！哪怕你早就穿洋服喝洋酒，满口"I love you"！

肃杀的严冬，或有红梅绽枝，总难万紫千红。荒芜的戈壁，四处飞沙走石，何觅麦浪滚滚！故此，教育者必须关注自己及其事业的生存背景。每个教育者都是文化的产物，所以，对走过数千年专制体制流变至今的中国文化，必须保持警醒，"审父意识"不可或缺。每一个人都是自己经历的制成品，今天的教师，由昨天的学生成长而来。"应试教育"已经走过了 30 年，昨天的"体制内优胜者"，今天会摇身一变，立马成为"叛逆者"么？我看，难。起码，得完成一次艰难的蜕变才行。

如果把"生命教育"视做一辆汽车，其高速行驶的前提，自然是动力充沛，能源充分，但我们还是不能不考虑面对——道路的曲折、路面的颠簸、逆风的强劲，乃至驾驶团队的短视与迷失。"润泽生命"是我们的事业与理想，但，我们必须全方位地审视一个问题——是哪些东西，千百年来直到现在，耽误、妨碍和戕害着生命？不能对这些"负作用力"予以厘清和清除，大约，我们的征程，从速度到方向，都会打很大的折扣。

文质兄所命，不过一千字。啰唆下来，言犹未尽，已经过了两千。我并不知道文质兄索要此文的具体用场，只是当做一次不在场的晤谈吧。至于万一有点儿小用场，我想文质兄作为资深总编，这点儿剪裁本领还是有的。于是，就此交差。

教育理念之民间立场篇

教 辅资料的罪恶及其背后

教辅资料，概念不确。字面上看去，不就是教学辅助资料抑或学习辅导资料么？其实不然。中国人都知道，叫它"考辅资料"才对。因为，如果没有中国特色的考试制度，谁还会掏钱买那些破烂儿！

铺天盖地的考辅资料中，卖得最火的，利润最大的，应该是高考复习资料和考研复习资料。打开 Google 搜索，键入"高考复习资料"6 个汉字，居然"约有 920，000 项符合高考复习资料的查询结果"。

考研资料不属于基础教育范畴，但它对大学生的荼毒，我是知道的。各种考研资料均连年热销，尤以政治资料为最。不必说北京好多家考研辅导学校的老板发了大财，即就政治考研命题重镇中国人民大学，就有数名教授年入百万不止。那些钱，可都是大学生父母的血汗钱啊！

中小学生也无法幸免。每学期开学前，广州天河购书中心二楼总是摩肩接踵，人山人海。二楼主要销售教育类图书，教辅书的生意最好。交款很难，队列很长，俨然都是中小学生和他们的父母。当然，天河购书中心只不过"冰山一角"，最大份额的销售，早通过学校和教师完成了。

各学段毕业年级的灾情最重。小六、初三、高三，都面临升学考试，谁也不敢怠慢。多年来，中小学生也养肥了不少公司、老板和所谓名师们。关于名师，我有一个堪称底线的标准，看他是否加入了"攒资料"的队伍。比如，老友 Z 曾经推崇过北京的某语文名师，说他多么多么有学问兼激情兼见识。后来，见到他推出的类似"高考宝典"之类的考辅书，我便再没心情关注他了。

倒不是咱赶时髦，非要"仇一把富"才过瘾。关于富人，咱没吃过猪肉，猪跑还是见过的。再说，像美国的比尔·盖茨、中国的袁隆平等，我从来没思谋着"仇"他们中的任何人。我的意思是，在当今中国，凡是为各种考试推波助澜者，不是坏人就是糊涂蛋。至于从中渔利者的做派，基本上和发国难财的境界没什么两样。

作为教师，我深知考试之于学生学习的价值。我反对的只是我界定为"中国式考试"的那些东西。不想展开论证什么大道理，大家只检索一下诺贝尔奖得主的名单，就应该知道我说的对不对。占世界人口总数 1/5 的中国人，60 年了，连个诺贝尔奖的毛都没碰到。

所以说，中国教育的落后，绝对属于系统性落后。开过很多会，会上，一些人总会提及中国教育的所谓成就，另一些人则会宣扬他们学校的所谓成绩——无非上线率本科率重点率如何如何。这样一些时候，我心中总是感到一种无名的愤怒与悲哀。中学成绩，无非清华北大考上多少云云。事实是，清华北大早已沦为欧美名校的预科学院。

诺贝尔奖坛的可悲缺席，以及清华北大的尴尬处境，从某种程度上说明了中国基础教育与高等教育还存在不足。只是一些人嘴硬不承认罢了。任何一个学过加减法的人，都应该算得清这笔糊涂账。清华北大，没有任何实质性的改革，整天喊着打造世界名校的号子。基础学校的诸多所谓名校，坐井观天，以给清华北大输送了多少学生而引以为傲。

本来是要声讨教辅资料的，结果顺带把各级各类中国名校给"恭维"了一通。好吧，还是回到教辅资料上来。

教辅资料的现实罪恶有二：其一，无端耗费学生父母的"相当有限"的金钱；其二，无端耗费中国学生"不可再生"的时间。貌似巧取，实则豪夺。如果，中国学生的时间如同橡皮筋，想拉多长就拉多长，我克制一下，放过教辅资料也行。同理，中国学生父母口袋的每一张"老人头"如果能像千层饼，揭一层还有 999 层，我也乐意做个人情，不再骂教辅资料。问题是，中国学生的时间箭头依然是单向度的，没有例外。中国学生父母口袋中的人民币并不像川剧演员的脸，没法一张接一张地"变"出来。

钱没了，可以再挣。孩子被耽误了，却没有传说中的时光隧道可以穿梭啊！

7 岁进入小学，19 岁高中毕业，整整 12 年！也就是说，一个人的童年、少年直至青年前期，都是在基础学校度过的。这一时期，是人一生的知识、观念、能力和人格形成的最关键时期。曾经，墨子见染丝者而叹曰："染于苍则苍，染于黄则黄！"小小孩童，如朴如素，关键是后来的教育的濡染。让我们仔细盘点一下，中国的基础学校究竟给孩子们提供了怎样的成长资源呢？

中国基础教育，黄钟毁弃，瓦釜雷鸣。教育教学，"为什么教"与"教什么"无人问津，"怎么教"连篇累牍，甚嚣尘上。巧妇难为无米之炊。试问，任有再好的"方法"，谁能够拿不好的东西烹制出美味佳肴来？

三聚氰胺事件震动全国，遗臭寰宇，人人得而诛之。可中国基础教育呢？在我看来，也存在一个"食物安全"的严重命题。大部分的人都认为我们的教材"繁难偏旧"，不假。但这种认为，并没有升华到科学的层面、价值观的层面。那些人只是用了一连串比喻，殊不知，所有的比喻都不能用来进行"价值核定"的。

本来，置身"中国国情"，教材的所谓"繁难偏旧"大概难以在短期内改观。连兔子都有"找草吃"的本能，类推下来，应该对孩子们依据自己天性和兴趣"寻觅成长资源"的可能抱有信心才对。想起自己的成长，还真是那样。当时，课本不好玩，咱们找闲书读。一些散落在亲朋中的禁书，被我有幸遇到。相看两不厌的结果，起码，没有让我对书和学习倒掉胃口，直至今天。

但今天，同样的命题，我却不敢抱以些许的乐观。当时的我，托"读书无用论"的庇荫，没人逼我溺入题海，没有丁点儿家庭作业。上课偷看小说，放学回家还可以看。学校没有排名，父母并不曾逼着我以所谓成绩来"感恩"于他们。冯小刚曾经把王朔小说《动物凶猛》拍成电影，改名《阳光灿烂的日子》。叫我说，两个名字都对。"十年浩劫"的日子里，学校控制能力丧失，相应地给了我这代人中的一小部分一缕"自由学习的阳光"，甚至颇为灿烂。至于"动物凶猛"的说法，也没错。听了我的成长历程之后，有朋友曾经撰文，直呼"野生植物"。同为野生，动物植物一也！

今天，兔子还是兔子，只是所有的兔子均被圈养起来了，无从自己找食吃。幼稚园开始，阿姨变身老师，教你 ABCD，bpmf，唐诗宋词。数学呢？一班打死 10 个敌人，二班打死 12 个敌人，一班二班一共打死多少个敌人？这些，似乎好像差不多也许俱往矣！但另一种愚昧，铺天盖地接踵而来。

捡到篮子里的，不一定是菜。现在看来，甚至一定不是菜。中国的学生及其教师，就食用着这样的东西。片面是人们认识世界的必经之路，而刻意的片面系统的片面，又该如何界定？这些还不算。如果孩子们能够拥有足够的自我学习时间，相信知识爆炸的今天，假以时日，真相的阳光必将照亮所有的角落。问题是孩子们没有时间，孩子们的老师也没有时间，大家都很苦很苦，大家都疲于奔命。

这里面的重要帮凶，就是教辅书。东方西方，中国外国，都有很多经典，都有很多大师。什么是大师？就是那些长着最聪明大脑的家伙们。什么是经典？就是一本顶一万本的那些书本。读经典，就是和大师聊天。与大师聊天，肉身的大师固然缺席，但精神的大师却在字里行间朝我们露出善良而狡黠的微笑。这种笑是有穿透力的，能洞穿岁月的迷雾与形形色色过于逼真的假象。

我深知，谴责教辅资料及其炮制者是没用的。将所有罪愆都搁在他们身上，也是不公平的。胡戈兄弟曾经拍摄过一部恶搞剧，主题歌言道，"被逼的，都是被逼的!"诚哉斯言！我只是想，以个人身份提一个醒——中国基础教育的各路名师们，在做事的时候，多个心眼儿，斟酌一下，是在成就事业，还是在造孽！或许，我们人微言轻于事无补，但是保持不合作主义，不去参与忽悠无良商人戕害孩子的事业，应该不会有人把钢刀架在你头上，或许并不难。

至于孩子的老师和父母，我相信，他们中的很多人，并没有认真思索过教辅书的前生后世来龙去脉。教辅书背后的经济账，他们中的不少人应该算得清楚，但其后隐匿甚深的忽悠及其谆谆用心，他们未必能够洞悉明察。于是，便有了这篇杂乱的文字。或许，尽可能地帮助孩子们摆脱——哪怕有限摆脱——教辅书的魔掌，给他们留下尽可能多的自主的真正意义上的学习时间，让他们有空自由遨游于网络、书籍与胡思乱想中，那样的时候，阳光——哪怕只有一缕阳光，亦聊胜于无啊！

对 "家长" 这个词感觉很差

你是否很讨厌形形色色的 "长" 呢？不必回答，琢磨琢磨即可。只是，我可以很明确地告诉你，我讨厌，非常之讨厌。仔细思谋讨厌的原因，首先不能排除的，就是《伊索寓言》所言的 "酸葡萄主义"。拿光荣正确的 "长" 字衡量，我的历史还真是乏善可陈。从小学到大学，没一次当过班长，尽管，一些老师和同学判断失误的时候，或会真惺惺假惺惺地鼓励我一句 "聪明"，可无论选举还是任命，班长这种级别的大官从来与我无缘。做过无数回学习委员、宣传委员，无非就是收作业、办壁报，整个一体力劳动者。后来，毕业做了教师，由于年龄的优势，做过几天共青团的书记。

卢梭曾经说过："人生而自由，却无时不在枷锁之中。" 从小学到中学，老师是说过我聪明，可这聪明之前，往往会加上一个 "小" 字，便显得不值得珍藏。同学们呢，其实都和我一样淘，但到了选班长的时候，却都一个个正经起来，几乎没人选我。其实，连我自己也是很正经的，因为，即使无记名投票，我也从未想起来投自己一票。那个时代，我们都是喝 "正经奶" 长大的。没错，连我自己，都一直觉得自己 "缺点" 太多，最大的缺点就是 "不能严格要求自己"。比如，喜欢打闹，喜欢恶作剧，喜欢上课画画，喜欢挑老师训话里的常识错误和逻辑错误，不一而足。总之，连我自己都觉着，班长不应该由我这种人来做。问题是，选上的那些班长，我还真是都不怎么喜欢。不喜欢的原因，在于他们都擅长装蒜——刚才还是一棵鲜活生动的蒜苗，老师一现身，他们立马就是一骨朵儿俨然持重的老蒜了！

现在和过去不同了，无论江湖无论庙堂，再也没人大讲主义，俨然世上只有利益。当年，我深陷于"以天下为己任"的深邃泥潭的时候，很是讨厌美国佬的一个概念——所谓"美国国家利益"。现在，我早已接受了这句话。只是希望着，哪天，中国国内，人们的日常政治话语中，非但不讳谈利益，而且能够将利益谈开谈透。在我眼里，真正忌讳谈利益的家伙，往往是对利益最敏感最执著的主儿。只是，他们比我们普通人聪明。聪明就聪明在，他们深谙"曲线救国"的道理，懂得如何通过淡泊利益而最后获取最丰厚的利益。抑或，通过树立社会大众对利益的罪恶感，从而让自己畅通无阻地掌控利益道场，独揽所有利益。

好了，扯得有点儿远了，但现在还得扯下去。公民社会，最核心的建设，并不在道德二字。叫我看来，首先是一个利益格局的问题。道德的简明解读，其实就是公平二字。而公平的现实基础，就在于利益公平。任何脱离利益谈公平的作为，基本上，不属奢谈，便是别有用心。或许可以这样说，世界上最根本的"主义"，便在于公平。马克思所言"每个人的发展是其他人发展的前提和条件"，其实说的也是公平，即谁也不能以牺牲他人发展来达成自己的所谓发展。如果说人类理念中存在着什么"绝对公平"，我看，这应该算一例。说到这里，我们的思路应该可以进入前面提到的那个"长"字了。

我的朋友锡良君不是医学家，但对癌细胞却大有研究。他说，所谓癌细胞，其实就是一些"多吃多占"的家伙，是一些它活着别的细胞就没法活的主儿。癌细胞并不直接杀死健康细胞，只是，它们拥有一项特别的能耐——能够从别的细胞那里"雏口夺食"，抢掉人家应有的营养物质，而将后者"活活饿死"。我听了以后，颇为浮想联翩，人类社会多少万年以来的进化史进步史，太多的日子，被"丛林法则"所主导。那些据说颇为"勤政爱民"的皇帝，哪一个不是癌细胞呢？穷苦百姓一辈子打光棍，皇帝佬儿却个个嫔妃满宫，直到他死了，还有"白头宫女在，闲坐话玄宗"的风景流传后世，据说温馨无比。

形形色色的皇帝佬儿，无一不属人类社会的最高最大最野蛮的"长"。不只长，而且"总长"。其实，这东西并非人类社会的新发明，联系人类赖以脱颖的渊薮，不难发现，"长崇拜"可谓历史悠久，直接可以上溯到猿聚猴群时期。即使今天，那些猴儿们已经被关进动物园成了摆设，还是劣习难改。不信，你去北京动物园猴山瞧瞧。那里的猴子部落里，照样有一个被我们称做猴王的"长"。大家千万别把这些"长"和民主社会的领袖们相提并论混为一谈，二者并不相同。不同在于，民主社会的领袖们是全社会公民投票选出来的，选出来为大众服务的。而猴山上的"领袖"却是凭着一把蛮力打杀出来的——谁胳膊粗心肠狠，谁就是胜利者，所谓"成者王侯"是也！

如果说进步，中国社会的进步还是颇为神速的。想想，起码现在就没人敢于公然自命"猴王"。中国人民把最后一位"公然的"猴王赶下宝座，距离现在不过 94 年，后来，袁世凯曾经妄想复辟，试图重新做回"猴王"。好在，大家"做人"的习惯已经养成了，便没人承认他这个"猴王"。袁世凯做了"猴王"短短 83 天，挨了 83 天骂，自取灭亡拉倒。当然，我们还必须清醒地看到，"长崇拜"的余毒，在社会文化心理层面对其的清理，可不是买回一个杀毒软件那么简单。在每一个公民思想意识上"换装系统"的工程，浩大而艰难。中国人的思想深处，大都给各色各样的"王"和"长"留着一席之地。只要机缘凑合，毒草萌发，呼啦啦长大，绿遍天涯未可知啊！

由于社会权力结构的问题，当今社会的"长崇拜"依然十分严重。一个姓张的谁，即使只做了一介小小的科长，今后，他的名字便用不着了，大家见面只叫他"张科长"。现在，省略了"长"字，直呼"张科"。至于处长、局长、厅长以及更大的"长"们，那自然可以得到更大的荣耀和利益。君不见，近年来报考公务员的人是多么的趋之若鹜呀，重现 1980 年前后考大学的风采，俨然"千军万马过独木桥"。大家抢，大家争，我并不很相信他们争着抢着就是为了争夺"全心全意为人民服务"的机会。说穿了，"长"招牌的背后，矗立着多么巨大的利益想象啊！1990 年前后的风景，却正好与今天相反，公务员纷纷下海，很多人视衙门如草芥。众所周知，其后的中国，便进入了经济高速发展期。那么，今天的风景，未免让人隐隐不安。

传说，曹操带领八十三万人马吃一个包子，吃了七七四十九天，吃出一块石碑，上书七字——此处离馅三十里。我想，这笑话所影射的，应该包含着我这篇文字。不过，大家放心，慢慢吃，"馅"总会出现的。我想，我应该说说我写这篇文字的最初动因了。很简单，只因为中国基础学校的一项惯常之至的行为——家长会。作为一资深教师，面对家长久了，开家长会也久了。不知从什么时候起，渐渐地，对"家长"这个词产生了深刻的腹诽。觉得，学生的父母就父母呗，为什么一定要称之为"家长"呢？越寻思，越觉得这个词有问题。寻思的过程里，就包含着以上所述的内容。

以上说完了，接着往下说。我这人没学问，最大的学问，就是常翻《现代汉语词典》。这词典很是陈旧，没皮没脸的。记得，是某届学生毕业之后，在走廊里捡到的。此前，他们中的大部分，捧着大抱小抱的复习资料狂奔乱撒，号称"天女散花"，尽情抒发了"解放"的狂喜。不知是谁，连词典都给"错杀"了，被我捡到，一直用到现在。我喜欢查词典的原因，还不仅于此。照我看来，一个民族的基本概念，就在这个民族语言的基本诠释文本之中。拿康德的来高明是高明，就怕有人把"头顶的星空"描绘为玉皇大帝王母娘娘，也怕有人把"心头的道德律令"注解为"君臣父子"。于是，咱看词典，看咱中国的词典。或许，从这里入手，去探探"长崇拜"的蹊跷。

"长"字的解释共有四项——年纪较大的；排行最大；辈分大；领导人。分解如下：在今天，"领导人"应该是最敏感的词汇，一般意义上，意味着权力，即利益分配者。其实，这是最后生发的意义。为什么"领导人"会被称为"长"而不是"幼"呢？往前看。专制社会形态下，无论"国"，还是普通人的"家"，都是上一辈说了算。在同辈兄弟中间，家产的第一继承者往往是"长子"——皇帝诸子中，长子是最可能被立为"太子"的。也就是说，社会以及家庭财富与利益的分配者兼最大受益者，都是"长"者。当然，这种"习俗"的形成，有着稳定帝国政权和集中家族财富的种种考虑，此处不表。总之，说"长崇拜"的实质乃是一种权力崇拜，乃专制政体的社会内核，应该并无大谬。

是否，希腊城邦的故事已经告诉我们，东方专制并非人类必由？是否，自由、平等、人权已成人类普适规则？相信，这些概念，人心自有抉择。我写这篇文字，只是想传达一个感觉——一个教师，对"家长"这个词感觉很差，腹诽有加。同时，这个教师觉得——"家"是无辜的，问题在于那个"长"字。接着，这个教师继续寻思——链接起来的许多历史文化现象，并命之为"长崇拜"。至于"长崇拜"的飞短流长，论者众多，我想，在当今文明社会，已经无须过多诠释。作为教师，也作为一个孩子的父亲，对"家长"这个被广泛使用的称谓，表一个态，发一个倡议——天下父母心，愿我们不再以"家长"自居。造就新一代公民，从平等开始，从家庭开始！

中国式演讲：无见解与伪激情

世界上存在无见解的人么？应该不存在。但是，中国绝对存在无见解的演讲。当然，人类太多的行为过程中，并不需要见解，或许纯粹的吃饭，或许纯粹的睡觉。我为什么要给吃饭和睡觉之前加上纯粹二字呢？很简单，因为，即使吃饭时你都免不了发表见解，这点，甚至不用扯司马迁的《鸿门宴》出来作证。睡觉呢？也是链接着无数见解的，可以肯定，气功大师和美国医生的见解就不同嘛！

尽管，演讲在中国的作用，远远没有在美国大。比如，社会公共权力的生成中，中国式选举就不关演讲什么事；而美国，罗斯福的收音机演讲肯尼迪的电视演讲奥巴马的网络演讲，都足以使选情斗转星移。即使前总统克林顿，还能靠演讲养家糊口。美国式演讲存在伪激情么？我想，还是存在的。前总统小布什在巡回演讲中，总是一再地抱起黑白各色小子，作亲热状，作亲民状。辛苦啊！

我说小布什辛苦，显然是以小民之心度总统之腹，没准人家并不。我并不是小布什，没竞选过美国总统，只有推想。我的推想路径是——他和那些一面之交的孩子，并没有什么预先的感触，唐突地抱起来，不可能那么亲热。因为，在我的经验里，人和人之间的热络，需要很多条件，最基本的条件之一在于，需要共处时间。初中物理课本告诉我们，摩擦生热嘛。而任何摩擦，都需要时间的。

我说中国式演讲没见解，并没有说中国的演讲者们都没见解，更没说他们都是些没见解的人。关于演讲，我为什么死揪住见解二字不放呢？很简

单，演讲的定义使然。在中国，经常不得不聆听中国式演讲，听烦了。烦了之后，不敢先求诸人，只有先责自己。是否自己的耳朵与判断出了什么问题？因为中国式演讲，基本上均可归类到无见解之列。

先说近的吧。中国基础学校里面的师生演讲，颇为频繁。其话题，无非"我的青春我的梦"之类。演讲者口中所阐述出来的青春，无非美轮美奂，美得不得了！而梦想呢？学生总要为大国崛起而读书，先生总是绕着为了孩子的一切抑或为了一切的孩子之类并不好玩的口令，如是而已。

或许有人会质问我，我们的许多演讲，不都有见解甚至堪称很有见解么，你怎么睁着眼睛说瞎话愣说人家没见解呢？是的，如果你真要质问我，我承认错误说我错了。我这人，有口是心非的时候，比如这样的场合。因为，我坚信，我用不着处心积虑去说服谁的。言论无非一自由市场，如同摆菜摊，阅读者出于自己的立场、利益和意志，自会选择取舍，不用我操心。

我要说的是，中国所缺乏的，并非见解——如果人云亦云也配叫做见解的话。

伟人说过，人的正确思想不是从天上掉下来的，也不是头脑里固有的。不错。我要削减一下，说成，人的所有见解——正确与不正确的——都不是从天上掉下来的，也不是头脑里固有的！再加上一句，人的见解正确与否，并没有统一的标准答案，像《小马过河》寓言所载，有关小河水深不深的见解，老牛和松鼠的说法都对，均符合它们的"客观真实"，且"主客观"绝对统一，没谁故意打诨语。小马该怎么选择呢？那是小马的事儿。当然，它尽可以找妈妈去咨询一下，我不反对。

说千道万，两个字：多元！无论利益、立场、意志，均是多元的。这才是人类社会的唯一真相。罗素说："参差多态乃幸福本源。"我想，其基本依据，当在这里。所谓"人人生而自由"，传达的，也属于对多元的尊重和承认。自由、共和、民主，文明社会的一些基本概念，就这样接踵而来。人生而自由，但人不能脱离他人活着，于是，有了共和——多方利益博弈程序。共和的潜在毛病是，效率低下，议而不决。怎么办，便有了民主。民主容易导致大众暴政的，便有了进一步诠释，所谓"多数决定，少数权利"。

一个不承认多元利益的社会，没有演讲，只有"被演讲"。于是，一个伟人高踞城楼演讲，百万人众甘居台下听演讲，且热泪盈眶欢欣鼓舞不止。于是，形形色色的准伟人仿伟人端坐主席台演讲，台下，被称做群众的大多数们，不得不倾耳聆听着。还好，随着极权的崩溃、威权的衰微，台下已经没有欢欣鼓舞和热泪盈眶的大好形势了，这点，威权主义者们比谁都清楚，但是，他们还是要演，要讲。他们需要这样一种已经不复隆重的形式，哪怕形式主义。

这部分演讲者的演讲，并不属于我所说的"无见解"之列，尽管，岁月侵蚀，风雨沧桑，他们已经没多少真正的激情可言，大可归入"无激情"之列。但，并非泯然众人。恰恰相反，他们掌控着众人，包括众人的演讲，以及众人有关演讲的概念。

于是，所有的演讲，便只有一个调子，所有的话语，便都可以使用一个"伪"字来界定，从无例外。

孔子曰："巧言令色鲜矣仁。"孔子心目中的巧言令色，应该不会列入《诗经》中的情歌的。那些情歌，有时候还是非常非常之巧言令色的。但是，由于"上帝的圈套"的因素，情窦初开的红男绿女们的奔放春情及其表达方式，往往夸张放大 N 多倍，颇为巧言，相当令色。孔子说："诗三百，一言以蔽之，曰思无邪。"我的解读是，所谓无邪，就是话语天真天然，不打诳语，不说假话。

竞技体育，早已挣脱了体育的窠臼，进步成了一种赤裸裸的娱乐。把今天的体育记者说成"娱记"，应该没冤枉他们。中国式演讲，不需表达真正的自我，便成了一种拿腔捏调的竞技活动。不看说话质量，见解水准。本来，每个人的见解都是神圣的，本无从评奖。问题是，已经"竞技"了，便只有评奖，评出超女超男，超少超老。秉着一张苦瓜脸，强颜欢笑为哪端？娱乐本已为愚乐，愚乐至死到天黑。

不讲逻辑，抑或不会讲逻辑。好吧，没话说，无见解，咱们打拼激情吧！于是，所有的演讲，无不浪潮汹涌，无不高潮迭起！

近 日遭遇“伪辩论”

近日来，已经有两拨学生来我办公室，都是为了辩论赛的事情。详情我并不知晓，只知道，他们要参加广州名校中学生辩论赛。至于这两拨学生是否一回事，我并不关心。正像我并不关心学校是否“名校”，自己是否“名师”一样。

好多年了，我都“被迫"参与了此事。不过，对此种辩论辅导，我越来越难以保持热衷倒是真的。在我看来，所有此类辩论，基本上属于“伪辩论”，徒劳无益。

中英文辩论赛，两拨人。辩题一样。辩题：学习应以专为主，抑或以博为主。中文组抽到正方，英文组抽到反方。看了辩题，哭笑不得。我说，整个一伪命题，何辩之有啊！男生愕然，女生瞪大眼睛。当然，听过我课的学生，算是有思想准备，笑笑。问题是，牢骚可以发，忙还得帮。即使“帮闲”，也得帮啊！

好几次了，集体聊，个别聊。无聊的事情，煞有介事地聊。面对我的牢骚，同学们露出相当宽容的微笑。他们知道，发完牢骚之后，他们会从这里拿走他们想要的。一辩陈词，二辩交锋，三辩总结。陈什么，提什么，驳什么？怎么陈，怎么提，怎么驳？都是事儿。嘴里说着，心里抵触，不是抵触我的学生。

我深知，我所抵触的，是这种我名之为“中国式辩论”的玩意儿。

20世纪90年代，电视上经常播放亚洲大专辩论赛。连续几届，“中国队”均取得上佳“战绩”。为什么称之为“战绩”呢？是因为，所有中国大

陆辩手，个个锋芒毕露，咄咄逼人，气势如虹，俨然唇枪舌剑。当时，坐在电视机前的我，很是欣赏这一套的。心想，我们的辩手就是牛！

现在回想起来，当时，对"真理无国界"这一概念还不甚了然，还没渗透到血液中去。无论是看球赛，还是听辩论，很是关注胜负——尤其是"中国队"的胜负。后来才想清楚，辩论也罢，足球也罢，围棋也罢，其终极价值，均远远超越狭隘的国家概念的。辩论，不就是对一桩事发表看法么？

辩论，究其实质，属于一种和平的方式。或言，通往和平的道路。这个世界，人心隔肚皮，但并不意味着时时处处"他人即地狱"。沟通是必要的，也是可行的。即使比较剧烈的沟通方式——如夫妻"吵架"，其实，也属于沟通之一种。某君曾深有感触地说，最恐怖的夫妻关系，并非吵架，而是冷战啊！我深以为然。

可以说，所谓辩论，无非一种沟通而已。人与人之间的沟通与交流，一定得分出胜负么？笑话！

《三国演义》中，有诸葛亮舌战群儒事。诸葛亮去东吴，自有其政治图谋。话语间，自有些不择手段，移花接木，偷换概念，强词夺理。学生辩论，需要这些伎俩么？稍微动动脑子，便知道，不需要。而我们现在的"伪命题辩论"，却不得不琢磨这些。即便胜之不武，也得使出这些伎俩来。因为，就中国学校形形色色的辩论赛而言，取胜才是"硬道理"。

博和专。何为博，何为专？没有界定。什么叫"为主"？无法诠释。中国人没有讲逻辑的基本习惯，用概念很大胆，大胆到根本不去予以界定和诠释。在"各唱各调"的情形之下，大家的所谓辩论，很难聚焦于一个共同的范畴之内。于是，你说东，我说西，你撵鸭子我捉鸡，那算什么辩论呀！

要想在这种所谓辩论中"取胜"，便只剩下了一条道——巧言令色，强词夺理。还能怎么样？

我的一个朋友，20世纪90年代，兰州大学辩论队的二辩。他那一届的兰大辩论队，曾经获得过亚洲大专辩论赛冠军。他本人，获得最佳辩手奖。2001年在上海他家中，聊起此事。他说："为了那场辩论，我们停课准备半年。学校配备了3名教授，准备了大量资料，背了无数名人名言，连排比句都是一串串设计好的。"

辩论，本来就是一个即兴性质的话语方式。那种准备，显然早已脱离了辩论的本质，成为异化了的辩论，非辩论也！知识堆砌，句子翻飞，真正意义上的辩手是"缺席"的。因为，他们已经成了塞满知识的麻袋，"集体智慧"的傀儡，播放台词的工具。充斥着所谓辩论全程的，没有心智的激活，只有伪装的激情！

腹诽了半天，写出来，权当一次自我心理治疗，一次良性发泄。学生们离开的时候，我说："要叫我命题呀，我才不这样命。"他们问："老师会怎么命题？"

我说："题目海了去了！伸手就有——1600点是中国股市的大底么？还有——四万亿政府投资该怎么花？再有——早恋对成长的价值与负价值为何？"

他们纷纷说好。我不客气："当然好！不好，我会说么！"

辩题必须是真命题，这是我的基本观点。辩论的真价值，在辩论之外。辩论呈现的，应该是一个人的见识和他所秉持的价值观。总之，辩论不是鸵鸟，不能回避现实。把辩论变成一个逃避现实的老鹰的兔子窝，是辩论的异化，更是教育的悲哀。杜威言："学校即社会，教育即成长。"这样的辩论中，学生得到的，只能是远离社会，是虚假的成长。说真话的欲望都没有了，怎么成长呀！

辩论还应该成为一次学习的契机，一个研究的平台。只有这样的辩论，才是真正的辩论，才会成为学生成长的一次洗礼！

中秋市场灯会：教育学元素的非过度解读

我校团委、学生会举办中秋灯会，已经有 7 年的历史了。当时，CL 老师做校团委书记。记得，我是最早知道这个消息的人之一，当时，就认真地吹捧了 CL 一番，说创意绝佳。中秋灯会，就概念而言，几乎和传统文化一样古老，那么，他们创意的亮点，又在哪里呢？

外校人都知道，外校的中秋灯会，可不止张灯结彩，不止大红灯笼高高挂，不止猜谜语，不止吃月饼。与别处大不同的景致，在于"市场"二字。中秋之夜，举行校内卖场，下午还"一心只读圣贤书"的莘莘学子们，到了晚上，摇身一变，成了小老板，成了大顾客。当然，赚钱的期待和消费的余波，可不止荡漾一朝一夕。近日得悉，远在香港科大的 SH 同学，已经把外校的"市场灯会"克隆到了他所在的学校，过了回中秋市场 CEO 的瘾头，很是得意。得意之余，还没忘记"尊重版权"，还没忘了说声"感谢外校"。呵呵！

一件事做完了，其实并没有完。就学校而言，任何活动，似乎都应该属于"活动育人"的范畴。策划前，得进行"价值求证"；结束后，还得进行"意义解读"。这些思考，是自然的，也是必要的。对于教训的汲取、经验的发散、活动的优化，都是有价值的。学校是教育的场所，对学校活动进行"教育学解读"，尤为必要。

我校中秋市场灯会的教育学元素，在我看来，可从以下几个维度去进行解读：

其一，快乐为天。领略《西班牙斗牛士》这类乐曲之前，就知道马德里

有斗牛场，庞普洛纳镇有奔牛节。奔牛节活动起始于 1850 年，在每年的 7 月 6 日至 7 月 14 日期间举行。每天一大早，成群的斗牛从栅栏中被放出，而大街上数以千计穿着庞普洛纳传统服装的年轻男人和观光客则冒着被牛只冲撞和踩踏的危险，开始在牛群前面拼命奔跑，要一直跑到赛牛场才停止。尽管每年的奔牛节活动上都会有人受伤甚至丧命，但西班牙男人仍然乐此不疲。我校中秋灯会活动，虽说没有斗牛的疯狂，但同学们拿着水枪，满地追逐，互相扫射，浑身湿透，尚不言悔，倒是真的。和我等在乡下度过童年的"成功人士"相比，现代国际化大都市的孩子们，生活是多么贫瘠呀！我们小时候，野地里打土坷垃仗，池塘里打水仗，个个都是不折不扣的"野孩子"。缺吃少穿的日子，已经被岁月轻轻抚去，留在记忆里的，只有那些没心没肺的纯粹的快乐。教育是干什么的？说起来，教育应该是能够酿造快乐的，才对。教育过程本身，也应该洋溢着快乐。虽说，目前，包括可以预见的未来，我们的学校还不能给予学生纯粹的快乐，但，给他们留下一些快乐的鳞片，应该是我们与现实妥协之余，可以给予的礼物。于是，我们以"中秋"为借口，大方地给予了他们！

其二，民族传统。马克思先生给人类勾画出的美好未来，乃所谓"自由人共同体"。据说，到了那个时候，民族与国家鸿沟均将不复存在。但，在可以预见的日子里，培养"民族的"学生，依然是世界各国教育和学校的神圣使命。即使美国的学校，也照样要念叨"上帝保佑美国"，而不是"保佑中国"。我们的学校，是要讲"牛顿第一定律"，同时，还得吟诵《诗经》与《离骚》。如此，才能保证我们的孩子既是世界的，又是中国的。中秋前夕，免不了收到短信，其中的一则便是"海上生明月，天涯共此时"。虽非原创，却是最好的一则。很中国，很传统，也很诗意。十个字，一切的善意和祝福，尽在其中。我们的中秋灯会，张灯结彩，猜灯谜，吃月饼，全校师生欢聚一堂。别小看这些似乎司空见惯的场景，人生的温馨，尽在其中。没准，多年以后，某位同学身处异国他乡，那些公式定理或许早已作古，而中秋之夜的一些个细节，丝丝缕缕，却历历在目。"独坐幽篁里，……明月来相照。"那个时候，即使身处哥伦比亚，面临危地马拉，在他心目中，这天上的一轮圆月，当是多么的亲切呀！在我看来，是否中国人，重在中国心。而"中国心"的融铸，大约，就在这样一些"很中国"的细节濡染之中。

其三，校本文化。本来，和自然界"物种多样化"一样，学校也应该是

"多元的"。中国教育的改变在进行中，而每一所普通的学校，也应该为这种改变做出自己的努力。3年前，大学同学聚会，我们自豪地回忆起，是我们中文系，第一次组织了学校历史上第一支铜管乐队和第一支管弦乐队。更为可贵的是，我们的活动，完全是"民间的"，自发的。觥筹交错中，俨然昨日重现，当年的鼓手号手扬琴手们，是多么的牛啊！现在大学里，依然存在着"卧谈会"，卧谈之时，少不了各自吹嘘一下自己的母校如何如何。我想，外校的学生，肯定会谈到自己的母校，谈到精彩纷呈、别出心裁的"中秋市场灯会"。我想，吹起这些个好玩的"牛"的时候，他们的感觉应该是非常良好的——那简直是一定的。同在一个国度，一个时代，自当存在"共同体验"，自可高唱《同一首歌》，但，如何才能证明彼此间的"不同"呢？

——这可是一个关乎个体生命阅历的大命题。我想，"个人化体验"是重要的，也是本质的。如果我们的学校给予了我们学生"超乎他人"的生命体验，那就表明我们已经拥有了相对成熟的校本文化。你说是吗？

其四，市场经济。市场经济是当代中国绝对热门的概念，在绝大部分基础学校，这些概念永远沉睡在课本里，显示在考试题里。而在"外校特色"的中秋灯会中，市场经济是那样的鲜活，那样的具体可触。那天上课，提到商人，我说："所谓商人，无非'低价进高价出'呗。"有同学找茬，"老师，高价进低价出又如何？"我说："白痴，抑或慈善家。"大家都笑了。每次灯会，练摊者不下百人，勾连所及，何止数百人？摊位竞标，成本核算，市场调查，潜在顾客需求，同行信息，价格设定，公关广告，采购清单，运输贮存，设摊摆摊，吆喝推广，待客之道，讨价还价，成交技巧，尾市甩卖……有哪一样不是新课题，有哪一样不需要工夫、不需要学问啊！再说，这些事，可不是闹着玩的，即使玩，也是拿着真金白银玩，玩不好，是要赔的，赔了的心情，大约是很不好的。我没调查过，但可以肯定的是，灯会之后，那些小老板们，定然也是"几家欢乐几家愁"的。实践市场，揣摩经济，蚀本与赚钱，我想，都是收获，都不可多得。刚才所言，只是卖主，别忘了，还有几千号并不傻的买主，他们或会为一朵漂亮的玫瑰花而动心，而付出"巨款"，但，更多的人，或许想着，怎样才能淘到便宜货。毕竟，中国已经到了"买方市场时代"嘛！

其五，张弛之道。小时候在乡下，耳闻目睹，身体力行，对中国农民的勤劳，算是做过相当的领略。不过，过年例外。过年的时候，各家各户大吃大喝，连家带户地玩象棋扑克——当时不让打麻将的。那几天，除了把家禽也喂饱，别让它们大哭小叫严正抗议之外，其他事都可以扔在脑后。现在想起来，春节无非一个借口，农民们所践履的，无非中华民族老祖宗的大智慧——所谓"一张一弛，文武之道"而已。自然，农民们不能文也不能武，但张弛有度的道理，他们还是乐意身体力行的。我们的学校，还不至于像传说中的江苏某地的一些学校那样，每天也排18节课出来，但，同在一片蓝天下，我们的学生和教师也需要一些放松与小憩的机遇的。平时拿出时间来专门"不务正业"，谁都心疼，现在，老祖宗流传下来这么一个好节日，当然应该大加利用，岂能白费！于是乎，搭个台子，让乐于表演的活跃分子们尽情活跃，活跃得多了，那些平日的"惰性元素"，没准，也一齐活跃起来，放松下来。有人曾云："不会休息的人也是不会工作的人。"鹦鹉学舌，也云它一则，"不会娱乐的人，大约，也可能是不会学习的人。"错！宏观看来，说娱乐是学习的内容之一，或许才是正确的。

中秋市场灯会十全十美么？这不是一个问题。于是，也不做回答。只是，有一个小小的花絮，倒是乐意与大家分享。中秋次日上午，一教师去上课。上得讲台，做严肃状，做不可理喻状，营造出片刻的异常氛围之后，该教师打开谜底，说："刚刚得到消息，学校决定，从明年起，取消中秋市场灯会。"下面，全班同学的反应，非常好玩。先是，表情惊讶，表示不信。该教师工夫深，表情木然，继续装相。接着，沉寂被打破，每一个学生都活跃起来了：或独自思忖，或交头接耳，或质问教师，所有的指向，均表达了同一个意思，那就是，不乐意中秋灯会被取消。当然，最后，是教师承认"造谣"完事。该教师说："我是想用这种方式，做一次民意测验。在我看来，这样的民意测验，是有价值的。现实是需要尊重的，同时，现实也是需要超越的。中国的现实如此，中国教育的现实亦是如此。"听完这个好玩的民意测验故事，我萌发了写点文字的念头。于是，打电话给CL，问她首届灯会的时间。结果，电话没通。CL刚生了一个宝贝女儿，叫麦子——或者稻子，正在田里幸福着呢，不打扰也罢。

教育管理之民间立场篇

中国学生：休息和闲暇的权利及其他

前天下午文化专题课，和学生一起面对《世界人权宣言》。第二十四条："人人有享有休息和闲暇的权利，包括工作时间有合理限制和定期给薪休假的权利。"说到这里的时候，我笑了。我说："在中国，儿童拥有这种权利么？"课堂上，摇头一片。是的，是没有。这点，我比谁都明白。我儿子上小学的时候，作业如山，经常会做到午夜。现在的中国中小学生，无论谁，8小时都不够用。

2006年游学，去了英国西南部海滨城市多吉一个月，住在约翰先生家。约翰先生的小儿子汤姆，给我留下了太深的印象。一句话，汤姆就是一个孩子——拥有一个8岁男孩所应有的天真、顽皮和快乐。在下午4点的大街上，我和同事们屡屡感慨的，是英国的女孩子们，嘴里含一支大雪糕，步履从容，神情天真，意态安详。在中国，你看得到哪个孩子在那个时候游手好闲么？即使周末假日，都有着上不完的补习班提高班。

很早就听说过，湖北某名校在教室前面的黑板两侧各挂一只鞋——皮鞋草鞋各一。意思是，如果学习好你将来就穿皮鞋进城；否则，回乡修理地球穿草鞋去吧！据说，教育效果相当显著。也听说，江苏某高考强市，高中学生每天排课达18节之多。那年的英国之行，让我猛醒——哦，世界上，孩子毕竟还得像孩子才对！

如此，另一个问题浮出水面——中国孩子为什么会那么苦？一个终日忙碌的人，总会情不自禁地见"闲"思齐。思过来思过去，结果，见"不闲"而内自省焉！高考？英国也有高考呀！人家的大学不见得就办不下去。事实是，许多大学比我们还办得好，好得多得多。美国被誉为"儿童天堂"，他们的孩子小时候肯定没咱们的孩子那么辛苦。可是，每届诺贝尔奖，总是花落美国为多，而与中国无缘。

光凭诺贝尔奖得主的多寡，就足以证明，中国孩子之苦与国家科技成就等宏大概念并无几多关联。孩子苦，家长也好受不了。教师陪绑，跟着披星戴月。从幼稚园开始，孩子们已经被郑重告知，将来一定得考上大学。小学和中学，考不上大学的恐惧，陪伴着每一位孩子的成长。如果说高考算一种生产力的话，我可以负责地结论，"高考生产力"的原动力就两个字：恐惧。四个字：就业恐惧。七个字：就不了业的恐惧。

在多吉多日了，一直没发现多吉市政府大楼——这与我的英文程度并没有多大关系。一天，提出这个问题，同行的英语教师说："不就是你每天路过的草坡上那栋灰色小楼么？"后来，曾仔细端详那栋小楼，100多年了，又小又旧，偏远偏僻。联想起广东东莞市政府大楼以及市政广场，我想，关于发达国家缘何发达，我应该是知道一点儿答案了。

后来，开始留心这方面的一些数据。比如，日本的行政成本只占GDP的2.6％、德国2.9％、埃及3.1％，美国到处做世界警察，才9.9％，而中国，据官方公布的数字，竟然高达25.7％。就是说，国民财富总量的1/4，就那样化作"成本"了。多么高昂的成本啊！社会财富如同一块饼，别人多吃一口，你就要少吃一口。"成本"多了，净利润当然就少了。

促成社会进步，乃每一个中国人的责任所在。这一点，不能只是"靠政府"。于是，每一个公民都得负起属于自己的责任。

想 起，英伦小美女们的至美之美

　　古时候有古时候的恶心，正像新时期有新时期的恶心一样。至于新石器与旧石器那些时代有什么恶心，我还真是不知其详。估计呀，那个时候的人类应该很是天真无邪，无邪得像我们生在新社会长在红旗下的一代，整天唱着娃哈哈什么的。

　　哎，没承想，那娃哈哈呀，最后竟然被唱成了一杯酸奶。祖国花朵的无比幸福无比幸运，竟然和形而下之至的吃饭联系了起来，"吃饭就是香!"

　　古时候中国人的恶心话里，"一寸光阴一寸金，寸金难买寸光阴"一句，恶心度起码在250分以上。到了所谓的新时期，蛇口人"刷"出来一句"时间就是金钱，效率就是生命"，言下之意就是说，能挣来钱的时间，才是有意义有价值的时间，否则，就是浪费了的时间。

　　世界上没有一个词是废的，比如贪污、浪费和犯罪，各有各的内涵，并不能简单划一，互相取代。这课没法讲，讲了也没钱，不讲了。能够随便把不同概念扯成同一概念的人，草菅所至，岂止语言？有时候是故意的，有时候是无意的。说起来，有意的混淆比无意的混淆，要可怕无数倍的。前者起码还是清醒的，抛除立场利益而外，尚可理喻。而后者，那还真是拿他没治。

　　我写这些废话有用么？答曰：没用。没用就对了。和妻子斗嘴，和老友吹牛，甚至一个人发呆，都是没用的。睡着啦，南柯尘与土，梦中云和月，照样没用。不精彩没用，精彩也没用。没记住没用，记住了也没用。好像只有弗洛伊德兄做梦是有用的，可以用来开诊所，诊病人，成名成家。和人家

比起来，咱等凡俗之人，做梦干吗呀，有什么资格做梦呢！

恩格斯说："数学是思维的体操。"让一些数学老师显得很牛。意思是，他们整天操练着，思维能力显然强于咱等不会做题的。其实体操谁都做着的。比如我想着前面几个概念，比如我继续想下去。我想，中国人对时间的紧迫感，其实来自于一种久而久之的下意识的未来恐惧症。丛林世界里，一些人占有了太多的社会资源，剩下的最广大人民群众与社会资源的关系，便只有4个字来形容——狼多肉少！

狼多肉少怎么办？一个字，抢！《投名状》里的口号，"抢钱抢粮抢女人"是也。就像前面提到的在教室前面挂两只鞋子的湖北某名校。无论怎样，教育主题是明确的：好好学习考上大学穿皮鞋，无心向学业无成当农民穿草鞋。

怕不怕？不怕那是假的。中国社会的很多个推动力量，都来自于恐惧，哪怕似乎很是形而上的学习活动，其强大的原动力都在这里。套用伟人的话语格式，恐惧是第一生产力！小时候听乡下人说，怕的时候喊出来就不怕了。后来，见到一些演讲油子把这条定律操作得很好，比如他们说："坐在台上，真有些紧张哦！"故作青涩状，并不好玩。

问题是，李阳教孩子们喊英语，但大家还是怕英语。怕的原因是爱英语，有点儿像怕老婆。北京某重点中学老校长说他们素质教育如何如何牛，最后落到了北大清华，最后的最后，是说他们的毕业生百分之八九十都在美国。说着说着就觉着有些不对，便说，中学的爱国主义教育做得很好，大学没做好。废话啊！起先不让孩子们投票，最后人家用脚投票，就这么简单。

生存与发展的空间，均被垄断。注意，变形成一个主谓宾型句子，便成了一个无主句。主语在哪里呢？大家心知肚明。哪天，大家都看不懂这句话了，我们这个社会还真就进步了发展了。狼多肉少的绵绵无期，于是，大家便纷纷和自己过不去，和自己的生命过不去，和自己的幸福过不去。久而久之，一些病态的不正常的幸福观便成了主流。整个社会，黄钟毁弃瓦釜雷鸣起来。

只有虐待自己才能活下去，只有加倍虐待自己才能够活得更好。这孩子每天花8小时做功课，那孩子便会花10小时，更有孩子会花16小时。这所学校每天排7节课，那所学校便排18节出来。比比，看谁狠过谁！有些人傻乎乎的，不明就里，跟着"专家"们起哄，说什么21世纪是一个"激烈竞争"的世纪。问题看不清楚，便把怨给了一个虚幻的时间概念——21世纪！竞争是存在的，但这样穷凶极恶的打到底线的所谓竞争，还真是中国国情啊！

方鸿渐是个浅薄之徒，就像我一样浅薄。接着鸿渐兄的话茬，我说，"兄弟我当年在英国的时候……"接着，接着贾平凹的话茬，我说，"以下省去 250 字！"其实，省去 250 字是不够的，省去的，只能是千言万语。人家鸿渐兄还真是留学英伦，学位证真不真不说，留学之事货真价实。我呢，前几年去英国遛了一圈，就经常忆甜思苦喋喋不休。喋喋不休的最后，只有感喟一声，苦啊！

多吉位于英国西南部，是一个海滨小城。我们去的季节，算是旅游高峰段。哦，不很久不很久以前的一些下午，和同去的一脸坏笑先生落座多吉海湾，要一杯咖啡，看美女。美女就是美啊！感叹之余，讨论讨论。一致的共识是，英伦小美女们，至美之美，在于她们的神情。十五六岁的女孩子，嘴里衔一根雪糕，漫步街头，从没见谁发过狠发过急。公园里的草坪上，阳光下不乏美轮美奂的裸晒者，一晒，就是大半天。曾经路过一乡下咖啡店，发现七八个人聊着天。几个小时后转回来，发现，还是那几个人，每人一杯咖啡，就着薯条聊天。整整一天哪！

现在想来，头悬梁锥刺股地读书，能读好么？读书，无非是一场场聊天，有赶场子一样的聊天么？那样的读书，无非读书的异化，读书的玩笑。后来的后来，渐渐明白了，中国人活得那么紧张，中国孩子学得那么苦，都是有原因的。不写了，本来想轻松轻松，又给写沉重了。种豆得瓜啊！

我住在约翰先生家，同去的，有住在珍妮特老太太家的。一次，珍妮特请客吃烧烤。席间，珍妮特的一句话，倒让我经常回想起来。她说："被浪费掉的时间，才是你的时间。"我想，如果让我来设置几条"中国崛起"的指标，肯定得列入以下内容——小女孩们不用那么步履匆匆，小女孩的妈妈们不用陪读，小女孩的老师们不用深夜批改作业……大家的时间都是自己的，能够自如浪费的，不用自虐也能拥有一份体面的生活！

日常的恐惧及其消除

　　在第二次世界大战硝烟弥漫，法西斯势力极度猖獗之际，美国总统富兰克林·罗斯福于1941年1月6日在国会发表的国情咨文中宣布了四项"人类的基本自由"，这被认为是关于美国人民准备为之奋斗不息的原则的最重要声明。

　　罗斯福说："在我们力求安定的未来的岁月里，我们期待着一个建立在四项人类基本自由之上的世界。第一是在全世界任何地方人人有发表言论和表达意见的自由。第二是在全世界任何地方，人人有自己的宗教信仰的自由。第三是不担心匮乏的自由——这种自由，就世界范围来讲，就是一种经济上的融洽关系，它将保证全世界每一个国家的居民都过上健全的、正常物质需求得到保障的生活。第四是免除恐惧的自由。"

　　罗斯福所言，核心在于自由。提及的四大自由，其实现，依然遥遥无期。有限的达成，我们一直在努力。我于20世纪90年代写过："黑暗是永恒的，但光明必须运行。"说的就是这些意思。说的自由，信的自由，以及抵达温饱，以及免除恐惧，都是神圣的。既作为政府的责任，又作为民众的期盼。每一个中国人抑或非中国人，心同此愿，愿同此理。用孙中山的话来说："世界潮流，浩浩荡荡，顺之则昌，逆之则亡。"诚哉斯言！

　　在此，我想谈及的焦点是第四条。核心词：免除恐惧。

　　提起恐惧，形形色色，物种般纷繁芜杂。海啸恐惧，饥荒恐惧，宗教纷争恐惧，部族屠杀恐惧，核弹头恐惧，世界大战恐惧，大国争锋恐惧。不过，这些恐惧未免显得过于宏大而遥远。对普通民众来说，恐惧往往以一种隐蔽而琐屑的状态存在于我们的生活中。

1995 年夏，我任初一班主任。我们是寄宿制学校，学生住校。而我当时的单身宿舍就在我班学生宿舍旁边，于是，有时顺便会去巡视一圈。那晚，与一同事聊天，聊得很迟了，大约两点钟光景，才想起返回宿舍。路过 409室，感觉有点儿异样。静听，里面果然颇有些窸窸窣窣。心里寻思，这几个小萝卜头还没睡！

409 室，一共住了 6 个学生。说来也巧，怎么就把 6 个古灵精怪的小家伙搞到一起了呢？他们 6 个都一米六左右的个头，瘦瘦小小的，个个就像传说中的小萝卜头。当然，后来，他们的发展——包括身体的发展都令人瞠目结舌。去年见到其中一个的时候，他已经长到一米八五了，俨然玉树临风。其他几个，也长到了一米七五之上。国内国外，书都读得不错，应了"十八变"的古话。这是后话。

偷听片刻，断定他们没睡。我便开始敲门，没承想，只轻轻一敲，就炸锅了，里面几个小家伙齐声惊呼："……来了！"我没听清楚他们在说什么，推门，就开灯。灯光中，房里的场景令人哭笑不得——6 张床，5 张空荡荡，所有的人，全部挤在房间最靠里的一张床的上铺。6 个小萝卜头，挤成一团。个个手里拿着家伙，扫帚、拖把、塑料玩具枪、枕头、洗脸盆、羽毛球拍，应有尽有。目光惊惧，神情紧绷，如同被逼到墙角的小鼹鼠，大有一触即发之势。

我感到，肯定发生了什么可怕的事，还好，人还都全乎。想，让气氛松弛下来再说。"欢迎老师，也不用这么隆重嘛！"我说。说完，捡了张椅子，先坐下来。几个小家伙的神经，也渐渐松动了。一个个，挺不好意思地，从那上铺爬下来，悄悄地，放下自己手中的家伙，有的干脆直接扔了。看他们彻底放松了，我便开始问事。有两个嘀咕道："也没什么，就是有点儿怕。"说完，笑了，接着说："现在不怕了。"

对话的结果，就一个怕字。用他们的话来说，怕得睡不着。为什么怕，怕什么呢？说来失笑。那天是周日，下午返校早，一帮同学便打开了教室里的电视机。看了香港本港台的一部"鬼片"，双脚齐跳行走的那种，很低劣的。晚上 10 点，寝室熄灯，例行卧谈会。几个小家伙便谈起了鬼片。怕，却谈。越谈越怕，越怕越谈。寂静的夜晚，不断加强着怕的浓度。于是，有胆小者便不敢睡了，挤到别人的床上。后来，个个都操起家伙，爬上最里边那张上铺，挤成一团。再后来，就是我进去了。就这么简单。

听完，觉得有趣。但作为一个教师，一个成人，直觉告诉我，这种恐惧，不能简单对待。因为，每一个人的感受，都是神圣的，必须认真关注，马虎不得。

事后分析，当时我较成功地使用了一些教育策略。不过，当时，并没有想到教育，更没有孜孜策略。

"哦，真是没出息啊！只一场电影就吓成这样？知道么，老师还拍过电影呢？"我说，说得很轻松，很调侃。

"啊，老师拍过电影？"他们的好奇心被调动起来了。

"老师拍过什么电影，我们看过么？"刚才的恐惧，已经被新话题转移。

我说："电影嘛，没拍过。"

他们中，有人伸出手指指点着我："老师也吹牛啊！"

我说："电影，没拍过。不过，还真拍过电视剧。"

1992 年下半年至 1993 年春，我曾经在西北的一个影视制作中心混过一阵子。那个公司，现在已经倒闭了。当时的主要业务是影视广告制作，兼拍专题片，也粗制滥造过几部所谓电视剧。记得，当时拍的垃圾片子，唯一赚到钱的，是专题片《中国穆斯林》。卖给中东石油帝国的大亨，价钱不菲。

看他们愿意听了，我便开始给他们讲拍电视的场景。

"我第一次参与拍摄的时候，做了一个星期的摄像助理。知道摄像助理是干什么的吗？首先，是铺设轨道——摄像机架在轨道上才能保证镜头平稳。接着，是拉设电线，给最少 4 盏 2000 瓦以上的摄像灯提供电源。需要灯光的地方，就得有电线到场……"还好，他们听得很用心。

跟他们讲了很多很多，之后，我开始提问："你们能不能猜一下，在摄像机之前，有多少人在提供服务？"

摄像机最少 3 台，摄像加助理再乘以 3，最少 6 人。灯光师以及助理、场记、剧务、导演及副导演，其他暂时没镜头的演员。还有，送盒饭的、电工、化妆师、拍摄场景外临时来看热闹的。和他们一起合计，合计下来，结论是，摄像机前，最少也得有 20 多个人在那里晃荡。热闹着呢！

我问："电影也是这样拍的。想想，看电影的时候，你们的位置，就是谁的位置？"

"不就是那些导演、摄像师的位置么？"他们轻松地答道。

"那么多人和你在一起，还要害怕么?"最后，我抖开了包袱。

他们都笑了，个个都有些不好意思。

"记住，以后看电影，无论场面多么恐怖，都要心中有数。要想到，那些场面，都是人想出来拍出来的。拍摄现场，最少也有20多个人，与你同在。演员装模作样的时候，很多人，都在镜头后面笑。经常，连演员都憋不住，笑了，再重拍。"

各就各位。关灯。睡觉。

这，是我教师生涯中值得记忆的成功教育案例之一。我以为。

如果要归结一下，我觉得，起码存在以下几点：

其一，日常恐惧是孩子们生命中的重大事件，需要教师予以高度关注。

其二，日常恐惧的消除，并不是简单的"纪律"二字所能涵盖的。对此，教师的价值坐标里，必须具备"超越纪律"的终极指向。

其三，教师之于学生，其身份，首先是成人之于儿童。作为成人，教师的人生阅历远远多于学生，而这些阅历中，存在帮助儿童健康成长的重要资源。教师所要做的，就是好好利用这些资源，帮助学生消除恐惧。

其四，阅历是教师的资源，但每一个人的阅历都不可能是无限的。由此，要求教师必须是一个博学的富有知识的人。间接的知识，经过教师的心智融会，照样可以成为帮助学生摆脱日常恐惧的资源。在这个意义上理解"知识就是力量"，或可诠释为，"知识，也是一种克服恐惧的力量"。

其五，推而广之，即使教师本身，也存在各种形形色色的恐惧。比如，对权力的恐惧、对上司的恐惧、对人际关系的恐惧，甚至，对学生的恐惧。这些恐惧之所以存在，大都在于我们只是这些"恐怖片"的观众，并不了解那些"大片小片"炮制出笼的过程。而那些过程的知晓，比如国家原理，比如权力解构，比如人际机制，等等，貌似神秘，其实，还是由于我们相关知识的匮乏，才会造成恐惧。

其六，我曾不止一次地对朋友们说过，我以为，人生的首要使命，就在于消除形形色色的恐惧。现在，再增补一句——消除恐惧，从研究日常恐惧始。

警惕：事与愿违的道德教育

　　早在童蒙时，即在不同场合听到过"孔融让梨"的故事。成年后做了教师，先后看到过演绎该故事的诸多文本，也没觉着有什么不对。前日，网上读到一篇文章，名曰《孔融让梨：毁了孩子一生的一件小事》，顿觉触目惊心。

　　文章说的是——美国一位心理学家为了研究早期教育对人一生的影响，在全美选出 50 位成功人士和 50 名有犯罪记录的人，分别给他们去信，请他们谈谈母亲对他们的影响。信发出去后不久，心理学家收到了许多回信，而其中有两封回信谈到的都是同一件事：小时候母亲给他们分苹果。这两封信，一封是美国白宫一位著名人士写来的，一封是一个仍在监狱服刑的犯人写来的。

　　看看两封信究竟写了些什么。

　　那封来自监狱的信说：

　　　小时候，有一天妈妈拿来几个苹果，红红绿绿的，大小各不相同。我一眼就看出中间的一个又大又红，十分喜欢，我很想要那个又大又红的。这时，弟弟抢先说出了我想说的话，妈妈听了很不高兴地瞪了他一眼，责备他说："好孩子要学会把好东西留给他人，不能总想着自己。"于是，我灵机一动，改口说："妈妈，我要那个最小的，最大的留给弟弟吧。"妈妈听了非常高兴，她在我的脸上亲了一下，表扬我是一个好孩子，还把那个又红又大的苹果奖给了我。

　　我说谎话，却得到了我想要的东西。从此，我学会了说谎。以后我又学会了打架、偷盗、抢劫。为了得到想要的东西，我不择手段，直到有一天，我被送进监狱。

那封来自白宫的信说：

　　小时候，有一天妈妈拿来几个苹果，红红绿绿的，有个儿大的，也有个儿小的，我和弟弟们都急着要大的，妈妈把那个最大的苹果举在手上，对我们说："这个苹果最大最红最好吃，你们谁都想得到它。很好，现在让我们来做个比赛。我把门前的草坪分成三块，你们三人一人一块，负责修剪好，谁干得最快最好，谁就有权利得到它。"

　　我们都同意妈妈的建议，因为我们都想得到那个最大最红最好吃的苹果，只有这个办法才是最公平的。于是妈妈给我们划定草坪后，我们几个人就比着干，谁都想干得最快最好。比赛结束后，我赢得了那个最大最红最好吃的苹果。我非常感谢母亲，她让我明白了一个最简单而又最重要的道理：要想得到最好的，就必须努力争第一。你想要什么想要多少，就必须为此付出多少努力和代价。正是母亲的教育让我一步步走到了今天。

　　不用怀疑，两位母亲的动机，都是"好的"。不难发现，两位母亲的教育内容，却大相径庭。

　　提倡"礼让"的那位母亲，颇像中国人，起码，有着中国式的简单的道德期待，妄想通过"物质刺激"达成对孩子正确道德选择的正面激励。不承想，她良好的教育期待，到了孩子心中，却构成了"对说假话者的褒奖和肯定"。这个故事很是耐人寻味，说假话者，最终得到大好处。大苹果为证。

　　另一位母亲的教育方法：先承认人性的基本需求——是人都想要大苹果；然后，经过"孩子们都同意"这一民主程序，公开地制订出"获得苹果"的游戏规则；然后，通过竞争性劳动，让优胜者拿到最大的苹果。

　　教育的结果，一般是不可能现场兑现的。不过，从故事文本里，不难发现两位母亲两种教育的结果。多年以后，那位迷信"道德激励"的母亲，收到的是"一封来自监狱的信"。而那位倡导"公开竞争"的母亲，收到的是"一封来自白宫的信"。

有教育箴言曰："千教万教，教人求真；千学万学，学做真人。"这句话，无疑是对的。但，它所言，往往却与"现实原则"相背离。普通人，并没有洞穿历史迷雾的大眼光大见识。于是乎，一叶即泰山，一瞬即永恒。障目迷心，买椟还珠，认贼作父。

改写北岛名句——卑鄙是高尚者的墓志铭，高尚是卑鄙者的通行证。"来自监狱的信"告诉我们的，正是这样一个触目惊心的案例。事实上，"通行"并不能抹去卑鄙，正如，坟墓并不能抹杀高尚一样。令人感慨的是，众生纭纭，生如蜉蝣，洗面不及啊！

点燃一支烟，看着，第二个故事中的最基本的"教育元素"，袅袅升腾。它们是——承认人性真相，允许真率表达，竞争是你的权利，竞争主体平等，竞争起点划一，民主产生规则，人人遵守规则，要想获得最好，努力争取第一。

提 请通读：国际人权宪章的三个文件

叫我看去，《世界人权宣言》的每一句话都与教育相关。当然，关于教育，最直接也是最清晰的一句，出现在第二十六条。言道："教育的目的在于充分发展人的个性并加强对人权和基本自由的尊重。"

有关教育的目的，宣言文本中列出的关键词有三：个性、人权与自由。这是教育的目的，也是关涉人类自身生存和发展的具有整体意义的价值指向。

问题在于，目前中国教育界，究竟有几个人，曾经认真面对过这样一个大是大非的命题？说得苛刻一点儿，在我们的各级教育决策者和管理者之中，究竟有几个人阅读过《世界人权宣言》？

电脑被抢之后，聪明睿智的钟南山院士也给气蒙了，灾令智昏，居然表态赞同"收容制"回潮，显然已经忘记了孙志刚及其惨案。从这件事可以看出，德高望重的钟南山院士应该是不明了《世界人权宣言》的。起码，没有从普适价值观的视角去冷静面对发生在自己身上的事情。

当然，关于中国教育界少有人阅读过《世界人权宣言》的基本判断，倒不是由钟南山院士其人其事其言的类比而得。2000年以来，我参加过中国基础教育界的很多会议，从南到北，聆听过太多泰斗级大腕的谆谆教诲。结果呢？只是叫"技术及其主义"在耳朵里磨出一层层老茧，关于基础学校"人权状况"之类的概念，愣是闻所未闻。

至于一些教育行政人员，那就更不能指望了。某大城市一所重点中学的同人告知我，前年，位列省委常委的市长大人去该校视察，粗暴打断校长关于"素质教育"的报告发言，劈头盖脸只一句："别说那么多了，你来告诉我，今年，标准分上800的考了多少个？"据我所知，一般基础学校校长对教育的认识，以及教育部对所谓"素质教育"的界定，还远远没有加入"人权元素"。略有意外的是，我们的市长离题更远，更离谱。

当然，市长大人一言既出，从教育局长到校长一干人等无不战战兢兢汗不敢出，这是题外话。

《世界人权宣言》《公民权利和政治权利国际公约》和《经济、社会、文化权利国际公约》一起，被统称为"国际人权宪章"。九届全国人民代表大会常务委员会第二十次会议决定：批准我国政府于1997年10月27日签署的《经济、社会、文化权利国际公约》。1998年10月5日，中国常驻联合国代表秦华孙大使在联合国总部代表中国政府签署了《公民权利和政治权利国际公约》，温家宝总理曾公开表示，会在2008年之前提交全国人大审议通过。

读一遍，不难发现，三个文件的精神实质是相似的，即便行文也多有重叠交叉。三个文件，中国政府已经签署了两个。这意味着，我们也已经认同了代表人类生存与发展之"普适原则"的基本立场。我想，这是中国社会和中国人民自身发展的迫切需求使然。这两个文件的签署，乃中国人民及其政府的理性抉择使然，乃中国人民生存和发展的根本利益和长远利益之所在。

众所周知，教育是培养人的事业。"培养什么样的人"，应该是教育首先需要澄清的一个概念。中国人历来喜好"发明概念"，发明者们，却很少有人有耐心对概念进行耐心而细致的诠释。上海的吕型伟先生曾公开质疑过"素质教育"这个说法，他说，小偷偷东西也是需要一定"素质"的，难道，我们要培养学生这样一些素质么？吕型伟类似"恶搞"的话语，无非传达着对"素质教育"概念的否定。在他看来，"素质"是一个中性词，担负不起界定教育之"价值指向"的重担。

目前的教育方针，依然承袭着当年的"革命术语"，将教育目的解读为"培养社会主义事业的劳动者和接班人"。在这句话里，"事业"才是教育和人所要成就的主体，真正应该作为社会主体的人，却被视做事业的工具和附庸。众所周知，社会是人的社会，所有的事业都应该服务于人，人是目的，绝非手段和途径。马克思在《共产党宣言》中所最终推崇的，是"每个人的自由发展"而非什么事业。本体与客体的颠倒所表现出来的，有纯粹思维层面的能力欠缺，也有故意不想搞清晰故意任其混沌下去的成分。

"教育以人为本"，作为一个口号，响彻大江南北。要申明的是，喊出来，本身就是一种进步，比不喊好。问题是，对这个概念的解释，却不尽如人意。老道如上海建平教育集团的冯恩洪董事长，也居然将其解读为"考上一个孩子，造福一个家庭"，令人实在无话可说。我想，这种话，《儒林外史》里没捞得着"出场"的范进老爷的私塾师爷，应该早就为此得意过炫耀过的。范进是有福了，范进老爷的岳父胡屠户也自是有福了，但能保证天下所有的读书人都洪福齐天么，能改变孔乙己先生无奈窃书的命运么？

中国及其教育，的确需要进入一个细致持久的"概念诠释"的历史阶段。当我们真正理解"以人为本"的时候，我们才会不把人视做工具。哪天，中国及其教育能够真正把人视做目的的时候，中华民族才会真正找到"崛起"的地平线。否则，所有的漂亮言辞，无非盲人瞎马，无非一轮又一轮的瞎折腾而已。

故此，郑重提议：所有的中国教育从业者——尤其各级教育决策者、管理者，通读一遍"国际人权宪章"的三个文件。三个文件的名字：其一，《世界人权宣言》；其二，《公民权利和政治权利国际公约》；其三，《经济、社会、文化权利国际公约》。

"教育的目的在于充分发展人的个性并加强对人权和基本自由的尊重。"诚哉斯言！

权 力兴校，抑或权利兴校

有关"××兴校"的鼓噪，在中国教育界，已经流行了好一阵子了。且，大有方兴未艾之势。说得最多的，大约算是"科研兴校"了吧。最近做学校五年规划，很是浏览了一批各色各等学校的规划。看上去，很有聊；看下去，很无聊。在我看来，目前中国社会所有博弈的核心，无不归结到了权利与权力的博弈本身。教育亦然。

科研能否兴校？我的回答是，不能。

"科研兴校"的不可行，并非科研的错，抑或科研的无能。实质上，还是权力在其中作怪。很简单，不被批的课题，能做吗？不能做。所以，中国教育改革中的这个问题一天不予解决，中国及其教育一天无望革新。说了半天，就一句话，在中国，所谓"科研兴校"基本上是假话，基本上不可行。

貌似具备应然性的"科研兴校"被否决以后，放眼中国的那些"已兴之校"，不难发现，其中，基本上属于"权力兴校"者。举目中国大陆，毋庸置疑，清华北大就是最牛的大学嘛！清华北大为什么能够牛起来，且牛劲十足？很简单，权力使然也。权力可以带来"资源最优化配置"，最好的学生，最多的经费，重赏之下，多有"勇夫"，大致，也网罗了一些"最好的教授"吧。

基础学校也一样。经常出去开会，经常听一些"所谓名校"的校长老师介绍"所谓经验"。很多介绍经验者，绕开资源配置的不公平不说，揽"权力之功"为己有，我想，叫权力听到了，也应该叫屈的。那些学校，基本上都属于当地政府全力扶持的"窗口学校"。和清华北大一样，先拿走最好的学生，再拿走最好的教师。猫腻的实质，在于，它们能够拿到超常的政策和超量的经费。当然，教师好不好好到哪里，不一定。但，能够拿出"最好的分数"，那却是一定的。顺理成章，那些学校的校长个个都成了"名校长"，牛气何止冲天！

中国现在的基础学校，除了那些凭借"天时地利"的"××附中"或"××一中"等超量占有社会资源的主儿之外，也有一些颇为"草根"的学校获得了成功，成功地"兴校"了。当然，"兴校"的标志，也很草根，美其名曰，"办人民满意的教育"。人民是满意的，人民放心的唯一标尺，就是自己的孩子能够考出高分，仅此而已。至于怎么获取高分以及这些高分最终能为人民的未来带来多少福祉，人民从来就不具备判别的能力。

2005 年路过江苏徐州，饭局间，得知某省"高考重镇"某市一举夺魁，使得大力推进素质教育的该省省会城市颜面无光，家长怨声载道。席间，朋友说，某市的重点高中，每两周休息半天，每天排 18 节课。后来，有旁证证明此言非虚。我在想，谁给了那些所谓重点中学戕害人权的权力？学生没有休息权，教师没有休息权。考高分，囚徒困境的取胜之道而已。至于广揽天下取经者的洋思中学，规定凡是上课讲授超过 15 分钟者，即被界定为不合格教师！教师传授知识的自主权，即使在技术层面，都被剥夺殆尽！问题是，这样的学校，居然"崛起"了，名满天下！

现在，学校应然性的权力主体——教师和学生，均处于"无权状态"。至于家长，在所谓重点中学面前，更是只有战战兢兢的份儿，遑论权利。因为，外面还有多少人拿着钱（择校费等）挤不进来呢，你孩子不上，大把的人等着上！中国人读书，推崇"头悬梁，锥刺股"，自古以来，"虐待与自虐"就是读书的必要阶梯，现在，让你受点儿苦，算得了什么！殊不知，这些"苦"，每一条的背后，都链接着"对师生基本人权的戕害"啊！

我心目中一所基本正常的学校，应该是合乎《世界人权宣言》的基本原则的，这是一个基本的底线。《世界人权宣言》序言中言道："对人类大家庭所有成员的固有尊严及其平等的和不移的权利的承认，乃是世界自由、正义与和平的基础。"而中国的基础学校中，却存在着《世界人权宣言》所谴责的"对人权的无视和侮蔑"，有的甚至"已发展为野蛮暴行"的行径。序言中，有谈到教育，"通过教诲和教育促进对权利和自由的尊重。"如果拿这句话对照一下，中国基础学校的所谓名校们，谁还敢大言不惭地宣称它们在给人民提供着所谓的"优质教育"呢?

《世界人权宣言》告诉我们,"促进对权利和自由的尊重"乃所有教育的出发点与根本点,乃所有教育的终极价值所在。《世界人权宣言》第十九条言道:"人人有权享有主张和发表意见的自由;此项权利包括持有主张而不受干涉的自由,和通过任何媒介和不论国界寻求、接受和传递消息和思想的自由。"这是一个普适性的原则,应该涵盖教育。可看看中国的基础教育,几本破书,一些破题,翻过来覆过去,做题破万遍,考试如有神。仅此而已。一个民族儿童、少年和青年的智力,就被这些垃圾给耗尽了。可叹,可悲,可惜啊!

权力不可能"兴校"。权力是民众给予的,它的唯一正当使命,就在于扩充和保障公民的自由。权力自可以让一所学校风光无限,分数高企。可权力,就是无法使得中国学生获得哪怕一美元的诺贝尔奖金。中国高等教育大佬清华北大,事实上已经沦为西方名校的预科班,这是它们不好意思承认但又不得不承认的现实。它们培养出来的学生没有用手投票的权利,于是,"用脚投票",一走了之。不能把"自由和权利"作为最高价值诉求的教育,注定是失败的教育,是开历史倒车的教育。学校亦然。只有尊重公民权利的学校,才会从根本上合乎"人民满意"这一现时漫天飞舞的学校广告语。

屁 股、脑袋与价值领导力

《中国教育报》2008年10月7日第5版刊载了一篇文章《提升价值领导力：校长的必修课》。文章的主体部分是记者与一位名校教授的问答，话题是关于校长的。

从文本中不难发现，记者的提问质量是不错的。直面基础教育校长建设的尖锐问题，不回避，不粉饰，绝对的"实然性"命题。反观教授的答问，却大有"枉顾左右而言他"的嫌疑，尽是一些应该如何如何的"应然性"答复。一些读者从中读出的，或许只是"价值领导力"这样一个模糊的新名词。

看完后，想说的话不少。不过，由于时间的因素，没法从容展开。于是，便想就文中提及的几个名词，实施一番借题发挥的商榷。说商榷，其实谈不上，自说自话而已。如此，便可能落下一篇背景缺失的文字。要说明的是：我"选中"的那几个名词，是出自原文的，是记者或教授说的，是能够传达他们显现抑或潜在的价值观的。

关于"人们常说，校长是学校的灵魂……"

请先打住！您是从哪里听说，校长一定就是一所学校的灵魂的呢？是否做了官，把握了公共权力和公共资源的人，就一定是所谓"灵魂"呢？插说一点，类似谁谁是灵魂的说法，似乎很难作为一个科学名词来看待吧。

好了，回到正题。刘和珍时代北京女子师范大学的校长是谁？杨荫榆还

是鲁迅？当然，我也反对一定要把鲁迅说成"女师灵魂"的做派，但起码不能说成杨荫榆吧！非要拿灵魂说事，也没辙，说吧——卢梭、伏尔泰与拿破仑，你说说，谁应该是法兰西的灵魂呢？

一所小学，一所中学，在我看来，其灵性和灵魂，不就是孩子们天真的话语、清澈的眼神么？是的，我有些语无伦次，不过，这肯定是你造成的——谁让你非要说一个学校非得有一个灵魂才行呢！尤其令我不能忍受的是，你居然把权力等同于灵魂，从佛祖到耶稣，谁这样说了？

哦，你冤枉，是有那么一点儿。不过，即使你使用了"人们常说"这样的逃匿术，我还是不能原谅你。不过，你也别生气，采访可以继续，请继续。

关于"一些校长在对待学生的成长问题上不顾教育规律，为分数而不惜加班加点……"

不好意思！由于生造标题的原因，对您的话，进行了省略号处理。现在补上你后面说的："……在日常管理中霸气十足；在利益分配时只讲远近亲疏，等等。面对种种现象，人们不禁要问：这些校长的灵魂作用究竟体现在什么地方？"

不过，客气之后，我还是要说："记者先生（小姐）的用语太过客气啦！"当然，中华民族历来就是一个客气的民族，尤其是对"实然性的公共权力"的客气。这不能怨你。不过，更应该感谢你，你的提问所关涉的，都是中国基础学校的"真命题"，不存在粉饰和诳语。

问题是，校长为什么"不顾教育规律"，为什么"为分数"，为什么胆敢"在日常管理中霸气十足"？至于"利益分配时只讲远近亲疏"之类，已经彻底违背了一个校长的职业道德底线。我知道，这些问题，你知道答案的，你的采访对象也知道。不过，你或许妄想——借名校教授之口说出来。但是，你的图谋——和现实的采访结果一样——绝对会遭到失败。你不说，教授也不会说的。

一些校长所"为"的，本来就不是什么分数，亦与"教育规律"无干。很简单，这些校长所"做"的，只是官，而不是教育。现行体制下的校长，其本质并非专业岗位，仅只一届衙门，保住自己的"官位"才是重中之重。

学生和教师，均已沦为"实现政绩"的工具。而政绩，又只有通过中考、高考等考试来实现。"官本位"未能破除之前，奢谈教育规律，不是傻，就是装傻。至于"在日常管理中霸气十足；在利益分配时只讲远近亲疏"，等等，那就更离谱了，既非教育，亦非管理。

关于"过于重视刚性管理……"

不好意思，以我非常有限的管理学知识，实在不知道这个所谓的"刚性管理"出自哪位大师之口，或之手笔。是否，也想当然地存在着"柔性管理"及其理论谱系。麦格雷戈说："在每一个管理决策或每一项管理措施的背后，都必有某些人性本质和人性行为的假设。"不知"刚性管理"究竟源自哪一种人性假设？抑或，非人性假设？

活在中国，对中国的事还是知道个八九不离十的。比如，那个"过于重视刚性管理"所指。在我看来，用"非管理"三个字更为妥当。中国学校的"非管理"问题，说穿了，就是一个师生的基本人权是否受到最基本的尊重的问题。

罚抄，罚站，罚打扫卫生，考试排名次，依照名次排座位，班会检讨，大会羞辱，请家长——针对学生的；视频监控，突击检查，推门听课，班级排位，制造囚徒困境——针对教师的。所有这些，均属中国基础学校之"常态"，简直属于所谓"刚性管理"的应有之义。这些事情，有谁敢用《世界人权宣言》去对照一遍，去进行一番价值核定？

关于所谓"在日常管理中霸气十足；在利益分配时只讲远近亲疏"，我说过，即使对其进行一番近似削足适履的大手术，我还是没法把它归结到任何管理概念之下——哪怕传说中的"刚性管理"。

至于"过于"刚性的管理，我无法想象这"过于"二字背后，究竟蕴藏着哪些更为要命的潜台词。于是，只好不予置评。

关于"校长在学校管理和学校发展中的灵魂作用其实应该体现在校长对学校事务的价值领导上……"

我首先看到的，还是"灵魂"二字。中国人喜欢用比喻说事，由来已

久。这与中国人思维传统中极度缺乏逻辑思想密切相关，与历代专制者为给自己的指鹿为马预留最广阔空间的宏大思路密切相关，也与囿于酱缸中的学问家们的不思进取有关。

问题是，当今之世，逻辑昌明，再差的中国教授，都应该受到过最基本的逻辑训练的。于是，像"灵魂"这样玄而又玄的字眼，能否可以不再作为我们进行价值判断时候的首选用语呢？这是我天真几近傻的一种想法。

我不是教授，没多少学问。穷极无聊的时候，翻词典——那定然也是教授们编纂的，无奈！关于"灵魂"，《现代汉语词典》中收录着以下四个义项：其一，迷信的人认为附在人的躯体上作为主宰的一种非物质的东西；其二，心灵，即思想；其三，人格，良心；其四，比喻起指导和决定作用的因素。

逐一对号：其一，校长不是某种"非物质"的东西，其领导力自然应该和迷信无关，排除；其二，校长与他人无异的也无可捉摸的"心灵"，无从采信；校长的"思想"是否顺理成章就应该登临学校思想的金銮宝座？并不符合现代民主原则，排除；其三，现代民主社会，早已走过了把希望寄托在统治者的"人格和良心"上，所有的在于"把统治者关在笼子里"，仅此而已；其四，"官本位"之下的中国基础学校，校长把握着几乎所有的组织资源，这是事实，但事实也证明，中国教育并没有因此而雄起腾飞。

你看，我还需要再说点儿什么吗？

关于"校长对学校事务的价值领导……"

要厘清的概念，首先在于"价值"。价值是一个中性词。

教授在他的答问中，颇有些痛心疾首的东西，照录于下："一些校长之所以难成为'学校之魂'，可能就是因为他们的言行在不同程度上偏离甚至背离了学校的核心目标与根本价值方向。那种为了升学而忽视学生多方面素质和谐发展的学校行为符合学校的核心目标吗？那种为了一己之私而不能公正对待每一位教师和学生的管理行为符合学校根本的价值方向吗？显然是不符合的。从正面来说，校长的灵魂作用，就体现在对学校核心目标的追求以及对学校根本价值方向的引领上。"

现实利益格局的衍生演变，早已无情地嘲弄了教授10000遍。谁说"为了升学而忽视学生多方面素质和谐发展的学校行为"就不符合"学校的核心目标"了呢？要知道，现实中的"学校核心目标"，就是"校长利益最大化"。校长利益之要害，就在于把校长的位子坐下去，持续不断地坐下去。作为经济人的校长，个个不傻，他们比谁都明白哪种结果对自己具有价值，而哪种没有。

"为了升学"作为中国基础学校的唯一功利准则，其后，矗立着可以告人与不可告人的多重目的。而这一切，正是校长遴选与委派的标准的价值取向所在。在中国，校长从来就不是由学生及其法定代表人家长遴选的。一句话，学校不是他们的学校，"学校价值"当然与他们无干。

仅此而已！

结语：屁股、脑袋与价值领导力

教授说："好的校长应该是学校灵魂或学校精神的阐述者、体现者、追求者和实现者。"听上去挺美。问题是，教授并没有直面校长的"来路"问题。校长是从哪儿来的？才是所有问题中居于初始端的"原问题"。对这个问题的诠释，将引发有关"学校归属与学校权力"的一系列答案。"官本位"体制下的校长，其所阐述、所体现和所实现的，并非没价值。只不过，依照人类普世价值原则去衡量，仅有负价值罢了。

"观念支配行为"是教授用以解剖现象的一个结语。问题是，教授并没有往"等号左边"延伸思考的习惯，并没有告诉我们"什么支配观念"。近年来，坊间有聊无聊人士经常挂在嘴边的说法之一，就是有关"屁股和脑袋"的思辨。是"屁股决定脑袋"呢，还是"脑袋决定屁股"呢？其必曰，"屁股是可以决定脑袋的，脑袋也是可以决定屁股的，但归根到底，还是屁股决定脑袋的。"

林达先生在《历史深处的忧虑》中写道："今年联合国成立 50 周年的庆祝活动，更是出了一件意想不到的事情。由于联合国大厦位于纽约市，市长为全世界来参加庆祝活动的各国首脑举行了一场音乐会。但是，在开场之前，纽约市长居然让人把巴勒斯坦解放组织的领袖阿拉法特给'请'出剧场去了。"

继续，"对此，美国联邦政府搞外交的和总统克林顿真是气得七窍冒烟。

但是，找了半天，就是找不到任何依据可以对这位市长进行惩罚，他这样做并不违法。这是纽约市举行的音乐会，市长是主人，是在他管的地盘内，就连克林顿总统都是被邀请的客人。当然在这里是市长说了算。克林顿除了代表自己去道歉，他甚至都不能说他要代表纽约市道歉，因为他根本代表不了纽约市，他没有这个权。"

纽约市长朱利安尼是比较牛。但是，如果让他来担任中国一所基础学校的校长，估计，他没法牛得起来。教育局长一纸薄薄的公文，就可以让他从校长宝座上滚下来。嘿嘿！所以呀，无论何方高人，在没搞清楚校长屁股的归属之前，还是先别去琢磨校长们的脑袋，包括传说中的"价值领导力"。

爱 能作为教育的宗教么

一些人的思维，总是这样子的。比如，你要是表示出自己很有些欣赏林黛玉，那么，他们将据此判断你一定会说薛宝钗的坏话。还比如，你要说美国哪方面好，他便有了质疑你对中国的感情及其相应成色的理由。再比如，你要是说广东的白切鸡风味不错，他们马上可反唇相讥质问于你——难道四川的辣子鸡就那么难以下咽么！

宝姐姐人缘好，拥护者贯古今，单就人数说来，不啻成千上万，谁够他们一顿狂扁呀！中国是我们的祖国，太多的歌里面唱着，她用甘甜的乳汁把我喂养大，说人家好，岂不忘恩负义狼心狗肺！广东人不少，但不一定领情，可要是为了一句话得罪了最广大的四川人民及重庆人民，遑论别的，棒棒军们一人一棒棒，已经足够你死千回万回啦！

于是，当我写下上面一行题目的时候，敲字的手，居然颇为踌躇起来。爱能作为教育的宗教么？一个问句。问句分为三种情形：疑问，设问，反问。问题是，都不能问。只要问出来，只有两种判定，错误抑或反动。

第一种，疑问的情形。如果你真的有此一问，真不明白爱是否可以作为教育的宗教的话，我想，你首先将收获的是一排排鄙夷的眼光。其次，将收获满堂哄笑——傻呀，连这个也不懂？哈哈哈哈，笑倒。涕泗横流，没准。再次，会有亿万万个嗓门争先恐后堪为你师，吼得天地玄黄——爱，多么伟大圣洁崇高的情愫啊，天不变教育不变，当然爱也不变的啦！

第二种，设问的情形。他们中的少部分略通语法词法句法的主儿，会略微高估一下你的智商，等待着，你来说出那个唯一的亘古不变的不容置疑的

答案——爱能作为教育的宗教么？能；当然能。如果，发现你竟然辜负了他们的期待，情形就会不一样。你可能的辜负无非两种可能：其一，回复疑问，真不懂；他们会摇摇头，心下叹曰，孺子果真粪土！其二，你居然答曰不能，那局面将急转直下，转入下一种情形。

第三种，反问的情形。爱能作为教育的宗教么——一旦作为反问句，意味着，你已经给出了答案，不能。本来，需要思忖的，仅只"爱与教育"这两个概念之间的关联，但他们不。他们会用"你"来置换"教育"，把整个命题转换为"你和爱"之间的关联，而这种关联，只给你两种选择——你是爱的朋友呢，还是爱的敌人？且不允许保持沉默，不允许枉顾左右。

对你的责难，气势磅礴排山倒海，亦有如绵绵江水滔滔不绝。子曰，人无信而不立。他们曰，人无爱而不应该活。尤其，你又是一名教师，那好，结论更夸张了。想想啊，乡亲们哪！一个不爱学生的人，一个对学生漠不关心的人，怎么能做好一名教师呢，又哪里配做一名教师呢？爱的反义词是什么，是恨哪，乡亲们！你们能放心把孩子交给这样的人么？这样的衣冠禽兽能教出什么好学生来呢？

我承认，我的推测中，存在刻意夸张的成分，诠释为"恶意推测"也不过分。在这个连讨薪都可能"恶意"的时代，请允许我恶意地推测一回，只一回。但是，如果回顾一下中华民族史上的那些疯狂年代，你会发现，现实之荒谬，会荒谬过推测百倍不止。难怪鲁迅先生曾经有言："不惮以最坏的恶意来推测中国人。"我对鲁迅先生此句的诠释为，残忍的现实，屡屡跌破先生推测之底线使然。大家以为然否？

我曾经在多篇文字中传达过类似的观点。我的观点主要有以下几点：其一，究其实质，爱，属于一种非常个人化的情感，而所有的情感，都是"非理性"的；其二，爱是不需要教的，也是教不来的，因为，真正的爱，属于一种自然生发的情愫，属于人对外部情境的"被动反射"；其三，要拿爱说事，学校尽可不办，孩子们在家由奶奶培养，保证比教师爱孩子爱得充分浓得化不开；其四，爱作为公民隐私范畴，社会公共权力并没有权力介入，强力介入的唯一收获，便是假话假爱。

一个正常的社会，根本不需要爱的轰炸爱的喧嚣。只要社会利益格局基本合理，公民权利能够得到基本保障，所谓"爱"的最佳去处，就是纯粹回归私人领域，回归趣味、气质与审美的秘密。那么，学校和教师是干什么的呢？我想，学校乃由教师学生构成，作为个人，作为公民，他们将具有个人情感自由备受尊重的权利，在社会的这样一个普通而特殊的聚落里，被动反应，主动招徕，构建自己其实有限的情感圈子。和这个社会的其他所有人一样，过着一份有限而丰富的生活，不需任何夸张作秀。

再说，社会意义上的爱，并不属于教育和学校的特质。其实，无论你是做公务员还是做房地产，对社会与人群的基本善意，均是需要的。这种需要，是政权维系的基本条件，也属商务活动的基本元素。所以，任何试图把学校和教育特别处置特别提取出来予以强调的行为，都是不合逻辑的，都是可疑的。在我看来，教育、学校和教师对于公民以及未来公民生活的独到的不可替代的价值，不在别处，正在于他们对未来公民理性精神和权利意识的造就与成全。

无视社会利益格局和公民权利缺位的所谓"爱的教育"，已经结出了累累苦果。2009 年，重庆市"造假状元"何川洋大言不惭地说出这么一句："父亲的确错了，但这是出于对我的爱，我原谅他。"某网友质疑得好："你没填过任何表格吗？里面都有'民族'一栏，你被蒙在鼓里？还是以为土家族和汉族是同一民族？"一个是真是假的命题，被中国的高考状元偷换了概念，立马演绎成了一出"爱的神话"，其可怪也欤！

何川洋之所以选用这样的话语系统来回应公众的质疑，乃在于，他小小年纪，已经深谙中国公众的练门。他或许并不熟稔孔夫子所言的"父子之隐"，但操作起来，业已炉火纯青。其实，已经成年的他，和父亲共谋，伤害了社会公平，剥夺了某个不知名的他人，但是，他并没有向社会公众道歉，也没有向受伤害者致意，却演出了一幕"父慈子孝"的恶心正剧。这，才是问题的核心所在。

不讲逻辑的人群，当属"非理性"的人群。中国没有亚里士多德，怪不得黑格尔说中国人"本质上没有历史"。一个非理性的民族，只能看到刘备的眼泪，硬是看不透背后的荆州，不被骗个人财两空，难道还会有更好一点儿的结果么？这样的民族，一场场地被感动着，一次次地被忽悠着，理性匮乏，自然不长记性，你拿他们有啥辙呢？历史，人的历史，本来就不会是眼泪与号啕的轮回，而所有的哪怕一点点的超越，必须要有理性的求证来做底子的。

如果，公众们一看到何川洋"父慈子孝"的活报剧就只顾着热泪盈眶，同情心就旺盛得不行，而放弃了对"造假"的追究，那么我想，"爱"作为教育的宗教，作为整个中国社会"非理性喧嚣"的主打歌曲，还不知要流行多少年？但愿，不会是永远。在我看来，何川洋的成功表演，正是中国教育数十年来推崇"爱"的教育的一枚苦果。遗憾的是，太多的人，硬是看不透这温情脉脉背后的那个"局"，硬是光天化日之下，让人家把一桩公众权利受损事演成了个人感情秀。如此这般，不禁让我心生质疑——永远有多远?!

学 校管理制度该怎么生成

说起学校管理制度，真是一言难尽。我去过很多学校，并作为一有心人，留心过形形色色的管理制度。总的印象是——生硬，粗糙，简单化，非人性化，霸王条款，甚至违法条文满篇。这一切，都体现了尚处在现代文明"初级阶段"的中国国情及其教育的"发育程度"。要说起这些烦事来，恐怕不是一两本书能够写完的，暂且搁置。在这里，把自己想说的，聚焦于"学校管理制度生成"这一点吧。

规章制度作为管理人的利器，管理者们动辄就拿其说事。相当一部分不合格的管理者们的语气，总是充满着"恐吓崇拜"。尽管，鲁迅先生早就说过，所谓"威胁和恐吓绝不是战斗"。但在一些所谓的管理者们看来，威胁与恐吓却成了教育。可以负责地讲，一些管理者，如果让他们手中失却了威胁与恐吓，他们将寸步难行。

我之所以这样说，是因为，中国基础学校的所谓管理制度中，严重存在着以威胁与恐吓为管理本质和管理手段的现象。一些不合格的管理者们，既不懂什么叫"管理"，也不知"制度"为何物。只是日积月累，成了"恐吓崇拜"主义者。这种东西，还有一个潜在的说辞，叫做"方便管理"。当然，就现代管理本质而言，最高明的管理乃在于"自治"，而非"他治"，而现实，却连"他治"都不挨边——"他制"而已！

纵观人类历史，像人的日子，其实不多。很久很久以前，大家都不是人，动物着。多少多少万年之后，毛褪了，是为裸猿。此前不久的时候，加速向人的方向狂奔。但，就这5000年的文明看来，区间的绝大部分日子里，

还是一头头动物。与真正的动物的区别，仅在于"褪了毛"而已。依据是，利益与权力的皈依，依然遵循着"谁胳膊粗谁说了算"的蛮荒规则。

那个时代，也有"规章制度"。多年前在北京，为民主法治事，曾与一名牌大学博士较真。博士说："中国古代民主是少点儿，但法制（我想，他不会说法治的）还是有的。"他的依据是，早在战国时代，百家争鸣的时候，有一家就是"法家"么。唉，到了这份儿上，你能不为中国的大学和教育悲哀么？起码的逻辑在于，你说说，该怎么解读"家法伺候"呢？你再说说，开副中药给你，内有厚朴，吃下去，是否会让你变得"厚道朴素"一些呢？

提到这里，只是为了强调一个常识——未能建立在民主之上的任何律条，非但根本就谈不上"法"，其本质本来"非法"。我指的是现代文明认同的法的概念，而非语言学传承意义上的那个字眼，更非望文生义。秦始皇时代就有过"几家人合用一把菜刀"之类的强硬律令，你说，它是法么？你再说，这样的"法"，你和你老婆乐意遵守么？现代社会的"法"的根源，本来就在于"公民自治"。而作为执法者的政府的合法性，也正在于此。

中国人，向来擅长"婆理"，漠视"公理"。就是说，大家不懂也讲不好"大道理"。其实，这个世界的每个细枝末节，无不与"终极价值"及之前排列着的那些"大道理"息息相关。学校很小，但管理还是需要的。问题是，这些必需的"管理制度"的来路，却很少有人当回事研究过。无知且无奈惯了的大众，只是把本属于自己的天赋权利，轻易扔给一些号称管理者的他人了事。对自己多不负责啊！

即使抛开利益和权力等大概念不说，人性还是存在恒河沙砾级数的丑陋的。其中之一，就是对"方便"的追逐。我并不认为所有的管理者都是孬种，天生爱整人。但我们要注意到，包括我们在内的所有人，都是懒惰的。所以呀，"方便管理"的提出并遵行，起码，反映了管理者试图少付出甚至零付出而奢望"管理好"一所学校的崇高理想。这样的管理者，一般而言，是不会滋生出探究"制度本源"的念头和兴趣的。

大兴安岭深处的老虎是按照本能作息的，用不着制度。荒岛上的鲁滨孙在未遇星期五之前，大约也不需要。制度与法的本质，在于协调众人之间的利益关系，且具强制性，名之为"社会公权"应不为过。部落里大家都走路，每人拿出点力气来修路。路好了，得有人维修，甚至还会产生维持秩序的需要。我想，让受益者缴纳维修者与秩序维持者们吃饭穿衣的费用，委托他们来保障相应秩序，这一切，应该就是"制度与法"的本源所在。

　　学校里，无论教师与学生，其根本利益并无冲突。学生求学，给教师提供混口饭吃的基本平台。教师教书，给学生提供成长的知识、思想、思维与技能资源。学生学与教师教，完全可能呈现出良性互动的"正反馈"格局。这样，便会出现马克思所描述的"每个人的自由发展构成其他人自由发展的前提和条件"实现的可能。学生之间又如何呢？他们在同一个团体内生存生活着，彼此之间，固然存在竞争，但更为日常和普遍的身份，乃在于他们互为成长资源——学习的情感的资源。

　　上述，只是为了说明，学校里的师生、生生两组最重要的关系，主体间存在着至为广泛的"共同利益"。这种利益关系的存在，是他们产生共同需求与共同意志的客观基础所在。也就是说，施惠且覆盖全体师生的"学校管理制度"，在最广阔的"民意共识"框架内产生，自有其法理依据和现实可能的。回复"法的本源"，践履一套"由下至上"的学校管理制度生成程序，是合乎各个"法的主体"的现实与长远利益的。在我看来，现实中，首先的障碍在于，中国基础学校的管理者们惯于将法度与制度神圣化僵硬化，却很少有人去追溯其生成之本源。

　　拿一个班级来说吧。开始，不妨"放任自流"，让他们闹让他们扔垃圾。我想，他们会欣欣鼓舞一段时间。可是，我也坚信，没人喜欢长久地在垃圾堆里生活，也没人乐意在喧嚣嘈杂的教室里自修做作业。无序的日子，必将会妨碍、耽误甚至伤害所有学生的利益。这样的时候，学生群体内部便会滋生出一股强烈的"要求有序"的需求。好吧，让他们制订吧，这个过程就是一个"法的生成"的过程——原始的过程。这样的制度，深深扎根于每一个"守法主体"的利益土壤，因为，关于制度，他们具备三层身份——制订者、执法者和遵行者。这个过程或许是漫长的，但，它是靠得住的。对学生成长而言，也是具备终极价值的。

居 然有学校赌咒发誓咬牙跺脚说自己能培养领导能力

中国股市很火的时候，我犯过两个很通俗的错误。其一，被妻子揪着耳朵拎进了股市，妄想凭着自己那点儿可怜的智商，与市场博弈，发点儿不大不小的财。暴富是不想的，此等基本理智我还是有点儿的——不知怎的，那两个字总让我联想到暴死之类，很不爽。其二，就是求胜心切的时候，在几个金融网站留下了自己的电话号码。怀着侥幸心理，妄想不劳而获得到传说中的内幕消息。

有因必有果。进股市对不对？不知道。对我而言，和围棋一样，输赢无谓，玩的就是心跳。如果谁问我赚到钱没有，出来了没有，均无可奉告。因为，这属于我家的商业秘密。总之，胜利是妻子的，失败是自己的，没什么麻烦。麻烦在于那些电话号码，一传十十传百，流毒甚广，只害自己。于是，好一段时间，经常接到莫名其妙的慕名来电，以为我是有钱大佬，经常约我合作什么的。通常的说辞是，某公司或某老师即将布局某只票票，邀请加入，然后分成之类。

乡下总会有看风水的，叫你出钱，然后指点你应该把祖宗埋在哪里。有些风水师胆大包天，甚至会吹牛说某地方多好多好，埋祖宗下去，后代可以当皇帝云云。不上当的理由很简单——如果真有那事，哪里还轮得着你呀，风水先生不会给自己爹妈留着呀？没准呀，狠心点儿的，早把他爹妈活埋了！猫哭老鼠办完丧事，便去向阳处晒着，等着坐金銮殿君临天下即可，连创业板都不用申请的。所以呀，一些事的判断甚至连辩证唯物主义都不用背诵，常识即可应付。从这个意义上说，广东 2009 年高考作文题不赖，还算靠谱。

今天上文化专题课，又跟学生吹嘘金融。我说："如果货币贬值，应该拿着钱还是拿着东西？"学生们说："当然换成东西。"我说："可不是咋地，伦敦期货市场的铜都涨了70%多了，全球有色金属股票全部大涨哦！"学生的表情，只能用见钱眼开眉开眼笑来形容啦。我说："修习金融就算没别的好处，对一个人具备全球经济眼光，绝对有好处。虽说现在风暴进行时金融名声很臭，但我还是认为金融乃当今世界经济的制高点。到时候高考报志愿的时候，不妨关注关注哦。"

其实，这世界上比做股神还赚钱还有意思的事有的是，比如在中国做公务员。其市场价值根本不用诠释，愈演愈烈的报考狂潮几千比一的考取率，早已说明了一切。中国的公务员，称呼比较乱，其程度直追教师。教师称呼也就够乱的了，譬如园丁，譬如终身为父，譬如蜡烛，譬如春蚕，譬如太阳底下最辉煌的职业，不一而足。公务员也是，最少有三个说法。公仆之外，另有领导一说。当然，最威风显赫的，当属被称做领导。我想，那些趋之若鹜的报考者，十有九点九九是冲着领导的实惠去的。

我并不想就此对报考公务员的各色人等说三道四。一句话，如果我可以报考且考得上且一考上就让我当处级以上领导，我会不会报考？答曰：十有九点九九，会的。公务员热和很久很久以前的进士热状元热一样，利益使然也。不思谋着改变社会利益格局和游戏规则，只对相关当事人进行道德审判，绝对属于徒劳。所以我还要说，我尽管总喜欢对形形色色的领导同志们说三道四，唯有一点，我并不认为我在道德上存在任何优越感。

说了半天，再回到教育，回到学校。写这篇文字，其实是受了刺激。那天，我和一同事去另外一个学校开会，一个小型的学术会议。与会者圈子不大，但就有两所学校的发言者大肆宣讲自己学校的教育如何如何不得了了不得——怎么怎么提升学生的领导才干，诸如此类的光荣事迹光辉业绩。要知道，这种会议，往往属于隔靴挠痒型的，没多少值得纪念的内容。于是，我经常拿着笔在废纸上写着玩儿。结果，那天，叫我记下了若干个"领导能力"。口音不同，口型也不同，但无不煞有介事，说得跟真的似的。

说得跟真的似的？你这么说，无非是说人家在忽悠嘛！聪明！没错，我就是认为那些说辞全然属于忽悠。知道么，现在的学校，民办学校市场化，公办学校准市场化。随之而来的情形是，大家都得想方设法挠准消费者——

包括潜在消费者——心头的那点儿痒痒肉。广告学里有一个"品牌定位"概念，1970 年由杰克·特劳特和艾·里斯两位营销学大师提出。名词似乎很学术化，其实不神秘。所以呀，所谓"品牌定位"，就是如何讨消费者喜欢的一门大学科。

基础学校的消费者是谁？学生父母也。领导政绩的埋单者是谁？上级领导也。于是乎，校长们无不挖空心思讨好这两类神仙，用那两位广告学泰斗的话来说，就是研究如何"向顾客的心智猛袭"。把他们打蒙了，要钱有钱，要人有人，要口碑有口碑，要进步有进步，多好哇！

上级领导喜欢什么呢？务虚也务实。高考中考统考，考考得中，当然算是业绩，算是上级领导的政绩，所谓"务实"也。还有，得捣鼓出一些摆得上台面的标语口号来，然后，叫卖道，这就是某某"教育理念"。如此，工作才有高度嘛！此种状况，我有个说法，命为"有效务虚"。学生父母那边，更好忽悠。应试卓越了，他们就会趋之若鹜的。问题是，好学校比较多，如何让他们别无选择呢？还得动脑子。学校都知道，现在学生父母的显意识潜意识里无不希望自己的孩子将来能够"当领导"，于是乎，保准能够培养出学生的"领导能力"便成为一句蛊惑众人心的广告语了。

现在，一个问题出现了——领导能力是能培养的么？这个问题，有点儿类似于"齐天大圣的能力是培养出来的么？"一样玄。为什么这么说呢？因为，会有一个"前置命题"横亘于前——齐天大圣存在过？问题是，齐天大圣即使真的存在过，也并不见得就一定能够重复。如果能够的话，中国儒学家们早就培养出千万万个孔子了，秦朝早就培养出一万个嬴政了……不说了，这样说下去，都有点儿像神话，甚至像邪教了。说得"科学一点"，充其量接近于"克隆"了，很生物很动物很技术的哦！

我要说的，其实很简单——领导本来就不是培养出来的。待我从容道来。

领导，作为动词，指率领并引导一干人朝一定方向前进；作为名词，指担任领导的人。这些规范的解释告诉我们，所谓"领导"一定是比大众更为高明的人物，具备决定大众"前进方向"的能力并具有"率领和引导"的才能。我觉得，按照现代宪政体制的原则，他们并没被谁"先天赋予"这种身份。按理，他们是一批被社会大众推选出来并体现大众利益对社会实施管理的人。如果说全国民众都是股民，他们的身份便是一个"职业经理人"抑或

"职业经理人团队"。在道德与才华上，与大众相较，并不存在任何的优越，才对。

我当然知道实然与应然的区别。我只是说，按照平等、民主、共和的宪政原则，这世界上，本来就不存在"领导"这个概念。这个概念的存在，说得温和一点，属于"初级阶段"的不得已。至于这个概念的炙手可热与甚嚣尘上，绝对证明，那只能说成——"初级阶段"的不得已的不得了。

退一万步讲，即使"领导"这个概念是合法的，兼备"合乎马克思主义"的，那么，是否就已经具备实然性可以踊跃追逐了呢？我的结论是，非也。

我很爱看武侠小说，金庸古龙的武侠，N 揽无余一网打尽。《射雕英雄传》里有很多英雄，比如洪七公。说真的，这位虚拟英雄，我还是比较喜欢的。但是，用宪政原则来看，他的那个领导岗位的取得就来路不正。后来，他吃了 N 次叫花鸡之后，便把绿玉杖传给了黄蓉和郭靖。一句话，丛林时代，通往领导岗位的道路，本来就不是一种技术。"上级领导"看得上，才会给你"绿玉杖"，才会传授你"降龙十八掌"。要说有技术呀，在那个暴力压倒一切的黑铁时代，"降龙十八掌"才是真正的技术，真正的硬道理。当然，叫花鸡的烹调技术，也属于技术，也是硬道理。

我说了半天，只是要说一句话：各位学生父母，千万别相信那些忽悠人的扯淡话。哪怕，每一句都披着戴着"教育理念"的华丽外衣冠冕堂皇。如果，我爸知道做风水先生能够使我做领导的话，没准，他早就报考中华风水大学并学业有成，婚后爱子心切，自己找到一块宝地，提前躺下休息去了，且怀着安慰万分地久天长的微笑。如果，我知道怎样才能具备"领导能力"的话，那份独门暗器，绝对属于不传之秘，我自己冬练三九夏练三伏练就神功上任了，哪里还用得着做孩子王挣二斗粮呀！同理，哪位同人好人大公无私人，谁知道明天开始哪只股票会连续拉 10000 个涨停板，能否给我发封信函授一下——让我也搭车坐轿尽快富起来？

咸 吃萝卜淡操心：领袖是学校培养出来的么

　　昨晚，一个人的时候，想了很多事。之前，和几个朋友聊天。再之前，是试图取经。和唐僧的不同在于，我把佛请到了办公室。再再之前，是听讲座。聊着聊着，由戏谑而俨然——那种真正的俨然。到了最后，和很多次聊天一样，又一次，回归戏谑。我说："兄弟姐妹们，咱们呀，咸吃萝卜淡操心，干吗呀！还是洗洗睡吧。"于是散了。

　　未经审视的生活是不值得过的。那么，大约，未经诠释的概念也是不能拿来用的。"提升教师修养"是一句话，问题是，什么又是"教师的修养"呢？"修养"的现状又是什么样的呢？"提升"的出发点和目标在哪里？一句话，概念未经诠释。再说了，我就是很反感"修养"这个词。我想，那么多词汇，为什么专门选一个陈腐之至的"修养"来说教师呢？在我看来，所谓"修养"，充其量属于"私德"范畴，社会公权不干预为好。起码，不能作为职业概念提出。

　　或许，我的挑剔已经充分证明，我的确是一个没有修养的人。我觉着，使用一个词是需要斟酌的。比如现在，我如果听到有谁把"国家"和"政府"两个概念当成同义词用，我将作出一个基本结论，此人的宪政知识基本等于零。再比如，现在评价女人的时候，我如果听到有谁还拿"贤惠"说事，我也将会作出一个基本结论，此人有关"人权"的基本知识仅限于识字而已，更遑论前卫的"女权主义"啦。没准，还是一个"大男子主义综合征"疑似患者。

　　当然，我绝非号召最广大的良家妇女都去做"朋克"——头发竖起来的

那种。但每一场有关教师的演讲里，我总怀有一种渴望，渴望听到有谁先把教师看成一个公民。这次还是很失望，没有听到公民的消息，却听到了那个"修养"。刘少奇先生写了一本《修养》，却没能避免"文化大革命"的没顶狂飙。在我看来，个人权利和社会体制的问题不摆在前面，任何"修养"都是没用的。

"反学术"的倾向是可怕的。比如，有人叫你评价一个 100 米跨栏运动员，你当然可以说"棒"甚至"真棒"。但，如果你是刘翔同学的教练，那就不同。你这样说，肯定是外行话，因为，"棒"并不能算做一个专业术语。美国男子篮球职业联赛中，姚明几达最佳中锋，那是有很多方面的指标和数据作支撑的。课堂，使用"精彩"来界定，作为最高价值。而精彩，的确是一个地地道道的形容词。说"我佛慈悲"，"慈悲"大约不能算形容词的。是否所有的形容词都是诉诸感觉的，而"跟着感觉走"，大约走不到理性的轨道之上。

听到一所学校高喊着要"培养领袖"。其实，已经是第 N 遍听到了。似乎只有这样，方可体现中国基础学校的壮志雄心。在我看来，"领袖"不是培养的。因为，作为一个在现代社会使用的概念，应该是，所有的"领袖"，只能由公民手中的选票来予以任命，而不是由谁给"培养"出来的。这里面，首先存在着一个宪政的问题，存在着一个公民权利的问题。当然，也可以只将此看成一个"语言细节"，问题是，细节不细呀，所谓"修养尽在细节中"。如果我是丐帮弟子，我想帮主还是选出来的好。这样，应该比洪七公"私授"的打狗棒，更具有法理依据。

维克托尔说美国好，理由之一就是美国人的"胸无大志"。不以"平庸"为耻，反而以之为荣。就是说，美国人，少有人打算"替他人做主"。讲《老子》的时候，我说过，"美国没有民族英雄"。当然，我这里所说的"英雄"，还是按传统理解。马克思所言"自由人共同体"，也是"反英雄"的。我以为。

中国学生，从小就想"主沉浮"。有言曰，学生要有"三气"，所谓"朝气，豪气，霸气"。没给解释，我也不敢妄解。只是觉着，起码那个"霸气"很是惊心动魄，吓人不浅。我在想，一个人，如果决心做一个"和平主义者"，那么，他怎样才能够拥有那份"霸气"？当然，你可以说，中国要强大起来，中国孩子没点儿"霸气"行么？我说，中国，还是说"繁荣"的好，

别说强大。人家欺负咱不对，咱欺负人家当然也不该。是这个理不是？再说，"三气"都是诉诸感性的比喻，没有理性语言的界定。不过也不奇怪，咱中国人，几千年来就是习惯了用比喻说理。结果是，没有逻辑，道理可以任意解释。

我曾经是一个乡下孩子。或许，在城里人眼里，我也曾经那么"淳朴，善良，厚道"。但，我自己并不愿意。后来，我进了城。现在，定然是不够淳朴，不够厚道，大约也不够善良了。但是，我乐意这样，况且，我并不承认自己已经十恶不赦。人类社会的运行，的确不无残忍，像生物界的食物链。在人类眼中，兔子无疑是善良纯洁的象征，但在青草眼中，大约兔子无疑形同魔鬼，终结者一个。在"妙龄雌兔"眼中，那些雄兔，很多时候都不很纯洁。我已经好久没敢说兔子善良了，因为，我并不知晓兔子的感受，没准它会觉着我在变着法儿骂它哩。

听完讲座，就写了这些。写完之后，才发现，似乎没说几句"优点"。这种行径，再次充分证明，我大约无法做一个厚道的人了。于是，便觉得郁闷。郁闷的结局是，更为郁闷。探头出去，妄想看到点什么，是想看到月亮么？不知道。却想到了《天下无贼》。戏里有位黎叔，葛优演的。黎叔的一句台词很逗，逗到我一想起来就想篡改一把。于是，篡改。言道——我欲将谁比明月？再篡改孔子。再云他一回——圆也，可仰之；缺也，亦仰之。

警惕：教育者的"阅兵情结"

军队这玩意，就人类生活长河来比照，大不了一朵灰色浪花，绝非值得永垂不朽的东东。"历史局限性"算一个好词，除了用来找一些似乎不得不找的借口而外，的确揭示了"具象历史"的无趣无奈无意义。在我看来，军队的存在与军队符号的喧嚣，绝对属于全人类的某种历史局限性。宏观看去，军队嘛，其起始，即意味着人类生存环境的恶化以及不得不进入弱肉强食的冷血季节；其终结——如果真有终结的话——或将意味着"丛林时代"的终结与一个相对较好那么一点点的一个新鲜时代的莅临。

军队是干吗的？谁都知道，是拿来打仗的。承平日久，似乎马放南山，但并不意味着军队没用了，"时刻准备着"是也，"养兵千日，用兵一时"是也。当然，军队不只可以用来打仗，还可以用来检阅。检阅军队，是谓阅兵。诠释为，部队按规定的队形和礼节，接受阅兵首长从队列前进行检阅的仪式。世界上，是有一些国家特看重阅兵，比如俄罗斯，比如朝鲜。在我看来，不阅也罢，拿那些钱出来，多炮制点面包黄油，对大众而言，远比炮弹导弹洲际导弹来得实惠来得幸福。据说，并非过去发生时的普京也喜欢这一套，未必是好事。

无论佛教的净界，还是基督教的天堂，乃至马克思的共产主义，似乎都没有军队的座位，应该也不会有阅兵式的举行。为什么阅兵？在我看来，无非炫耀强大显示威风，所谓"凛然不可犯"云云。苏芬战争前夕，芬兰只有区区五万国防军，估计很难排布出一个"堪称盛大"的阅兵式来，但就是这支军队，加上由于国爱我所以我爱国的国民，硬是把十倍于己的侵略军挡在

了防线之外，让强大的苏联红军大丢其脸。我要说的是，搞不搞阅兵式与军队是否能打胜仗之间，并不存在什么必然联系。

虽说，从人类历史总体坐标看去，军队并不具备什么"终极价值"，但从"历史局限性"的视角看去，起码现阶段，军队还是不能取消的，阅兵式还是无望取消的。我的想法是，不能取消，但还是可以少搞的。不过，睁眼看看新闻，会发现，对阅兵式的嗜好，还真不止军界，还真不止国家。在一些同志的努力之下，阅兵这一"国家行为"，早已"飞入寻常官宦家"。2004年10月22日，古井贡酒产地安徽亳州贪官李兴民被宣判，报上的标题是"安徽阅兵书记一审被判12年，阅兵曾花去百万"。1997年2月28日，李兴民在亳州主持阅兵式，当时《亳州报》的头版标题为"显示警威，鼓舞人民——我市举行盛大阅兵式"。其实，李书记所阅者，警察而已。没准，兼有城管。呵呵！

任何一种社会行为，都必将投射于人们的社会心理。即使大众看阅兵，也不仅仅是"看热闹"那么简单。收获诸如安全感、民族自豪感等情怀情愫，算是常态。至于这种通过阅兵式获得的感受是否够真实可靠与可持续，当属另一回事儿。

扯了半天，回到教育。温和地提请大家注意一个概念——教育者的"阅兵情结"。这个概念是刚才捏造出来的，但其所对应的教育现实，相信大家一点儿也不会陌生。一度，小学课堂里，小学生被要求背着手端坐着，否则，便接近于违纪，起码也算是精神不够振作。中学生呢？变本加厉，连发型都被要求统一，男生最好板寸，女生短发齐耳。1989年开始的大学军训，很快延伸到了基础学校。至今我都想不明白，那种军训究竟有什么价值。学校的所有集会，学生都被要求整齐划一，似乎不这样，就会亡国灭种似的。这一切的背后，矗立着"全国学生一套教科书一张考试卷"一类宏大且机深之物件。当然，最广大的教育者们，或许，并不知其详。

教育服务于学生的成长需求，还是学生的成长需求服务于"教育规范"？我觉着，当今的中国教育人，都得面对这样一个似乎漫不经心的问题。

所谓集体主义，一直被中国及其教育当做核心价值来膜拜，容不得半点儿质疑与否定。在一般国民与教育者的头脑里，俨然，只有集体主义才能救中国，才能发展中国。根据我的经验，最广大的中国基础教育从业者们，并不知晓集体主义的由来与依据。拿马克思先生的话来说事，显得比较简洁。他说，所谓共产主义，无非"自由人共同体"而已。说文解字可见，先得承认每一个人都是"自由的"，方可谈什么"共同体"；且这个"共同体"一定得是大家"自由意志"的缔约结盟才是。社会、国家乃至联合国等所有"自由的个人"之外的社会组织，无不以"自主自由的个人"作为其前提。这些"自主自由的个人"的自愿授权，构成所有社会组织得以存在的"法理依据"。

没有自由的个人，便不会有自由的社会。不以"伟大的个人"自愿结盟作为基础的任何集体，基本上，都只能算做某种"奴隶团队"。中国的崛起，有待我们的教育提供资源和条件，来成就千千万万个"伟大的个人"。而目前，中国的教育者们，很多人依然存有异常严重的"阅兵情结"，这种情结的背后，存在着他们对学生们成长的种种堪称陈腐的心理预期——诸如听话，诸如服从，诸如整齐划一，诸如连他们自己都不知所云的"集体主义"。中国教育界，充斥着此类只知喊口号而绝对不知其所以然的教育专家，及准专家。他们唯一的能耐，就是在面对可能天然成长的孩子们的时候，举起手中那块足以泯灭生机的砖头，以所谓"集体主义"的名义，随时准备朝着谁扔出去，砸过去。

集体主义神话在我的价值体系中的动摇，看上去，倒是与教育无干。记得，第一次直观而具象的震撼，发生于 1984 年洛杉矶奥运会开幕式的电视观摩之中。我的目光，自然会聚焦在中国代表团入场之时。军容整肃，不出所料。最后，东道主美国队入场了，没承想，人家哪里像是一次"出征"，简直是一场游戏。运动员们，嘻嘻哈哈者有之，做鬼脸者有之，简直是一帮吊儿郎当不三不四的主儿。当时，我感到很是震惊——这样一帮不入流的家伙，怎么能够代表美利坚合众国呢！结果呢，人家硬是以绝对优势拿了金牌总数第一名。当然，引发我的反思的，绝对不止区区几面所谓的金牌。看着人家的运动员在开幕式上的随意和幸福，觉着，这才是真正的奥林匹克精神嘛！干吗来了？玩儿来了。这就对了。玩儿就玩儿得放松，玩儿得高兴，别那么处心积虑，那么煞有介事。看着看着，觉着，那些家伙要是在中国学校里，哼，和我一样，也当不上三好学生的。哈哈！

让 "狠抓" 退出教育话语

能不能退出，我说了不算。我说了算的，是我以后不说。坚决不说。

我对这两个字的反感，由来已久。记得，童年第一次接触到这两个字的时候，心里就不很待见。浮现在我眼前的画面，很不祥和，很不和谐，也很不人性。说起来，这个"抓"字让我联想到飞禽锋利的爪子，挥舞着，呼啸而过；着力处，血肉模糊，惨叫声声。

"狠"是一种表情。叫我看，属于人类所有表情中最残忍的表情之一。非但与温柔、祥和、温馨、亲切、友好等语汇不搭界儿，反而总是令人想到仇恨、暴力与屠戮。

这属于"唯美"角度的解读。仅此，已构成"退出"的充足理由。

从历史与文化视角看去，"狠抓"应该是某个特定历史时代的产物。那个时代，盛产"革命"，却百业凋零。"阶级斗争，一抓就灵"，应该是这个"抓"字的母体话语。

既然，整个社会都要"抓"，那么，教育自然也要抓。"抓革命，促生产"，抓，就要"抓紧"。抓过来抓过去，国民经济濒临崩溃，到了一个危险的边缘。新时期，否定了"阶级斗争"说，也否定了"抓革命"，但这种暴力话语，并没有被否定。

革命是一种客观存在，不能否定。但，所有正义的革命，其目的，无不在于让社会恢复文明的常态。而这个"抓"以及其升级版本"狠抓"，均不存在半点文明的气味。

从现实效果的视角看去，一般说"抓"尤其是"狠抓"的时候，意味着将要在一定范围内发起一场"运动"。中国式"运动"的特征，首先就在于加快社会运作的节奏和力度。这种加快，必然导致某些"程序省略"。

我们知道，在一个民主社会，一个法制社会，"程序公正"乃终极公正的基本保障，为了某种"现实目标"而采取的"程序简化和省略"，最终，往往导致对公正本身的损害。这一点，在我们的历史上，不算新鲜事儿，但造成的危害，应该还记忆犹新吧。

教育和学校，属于相对恒定的社会范畴。学习与成长，本来就像呼吸一样，不能取消，不能停滞，但也不能"人为加速"。尊重教育规律，其实质在于尊重人，尊重人的认识次序，尊重人性的天然弱点和局限。所以，形形色色的"狠抓"，基本上，都是对教育规律的违背。

让"狠抓"退出教育话语，不是一个单纯的形式问题，也不只是话语本身的问题。其中的社会、历史、文化内涵，的确需要我们去沉痛反思。当然，在这里，我只是表明我自己的认识和态度，同时，与大家交流。至多，只能算是一个平静的建议。

张文质先生说："教育是慢的艺术。"我想，其中，起码蕴涵着两点：其一，教育应该是唯美的；其二，教育应该是尊重程序的。

于是，不妨让"狠抓"退出教育话语。

北大：赌咒发誓可以休矣

北京大学消息：北大2006届毕业典礼上毕业生签署承诺书不行贿受贿。不仅如此，他们还意图将这一做法作为首创的先进经验向全国推广，"来自国际关系学院的×××同学代表毕业生宣读了《廉洁自律爱岗敬业——致全国2006届毕业大学生的倡议书》"。

报道指出："将廉洁教育作为欢送毕业生的一种形式在北大历史上尚属首次。"这一句说得好极了。毕业生"签署承诺不行贿受贿"的文件，是首次，是一种廉洁教育的"形式"——它仅仅是"形式"。

我的评价是：纯属赌咒发誓。而已！

我在上小学的时候，就曾经被要求"为共产主义事业奋斗终生"。当时是20世纪70年代，我们不叫少先队员，叫红小兵。当时，老师们给我们讲，围在我们小脖颈上的鲜红的红领巾不是颜料染的，而是"革命先烈用鲜血染红的"。

当时，根本不理解那些革命先烈的良苦用心，只是觉得怕。因为，我属于那种没出息的孩子，还没有被培养出某种"大无畏的革命精神"，简直胆小如鼠。于是，便怕。一想到自己脖颈上的红领巾居然是某某人的鲜血染红的，不禁毛骨悚然起来。当然，并没影响我戴上红领巾，也没影响我戴习惯它。

戴红领巾的时候，被告知，我们这些红小兵，也是毛主席的"兵"，只是"小"点而已。同时，还学了一首歌——我们是毛主席的红小兵，大风浪里炼红心。毛泽东思想来武装，消灭一切害人虫……接着就是发誓，时刻准备着，为共产主义事业奋斗终生云云。

关于共产主义，老师也解释了。我记得的，只剩下"各尽所能，按需分配"八个字。一想，好，想吃什么就吃什么，想吃多少就吃多少！

许多许多年之后，北方，隆冬，深夜。一个人，灯下，读《共产党宣言》，才知道了马克思作出的有关共产主义的正解——在那里，每个人的自由发展是其他人自由发展的前提和条件。

又许多年之后，才知道，不理解的话是不能表态的。比如，我问你爱不爱李清照，你可以说不爱，一个理由就够了——年纪太大。我问你爱不爱李清照女士的第 24 代孙女，你没法回答。为什么呢？谁知道李清照女士有没有第 24 代孙女，也没人见过她长得怎么样，心智发育如何，是否俏丽风情。

当然，堂堂北大学子，自然智商恁高，"行贿、受贿、廉洁、自律、爱岗、敬业"等概念，自然比我等拎得清。尽管如此，我依然觉得，他们的作为，比童年的我高明不了多少，评价为"赌咒发誓"应不为过。

小时候读古典文学名著的时候，对"英雄难过美人关"之类说法很是鄙夷。心想，什么美人不美人的，哪有西瓜好吃！当时叫我赌咒发誓的话，关于"美人"，我肯定会慷慨激昂一番两番的，真诚地"视美人如粪土"不打折扣。问题是，体内荷尔蒙积攒到了一定浓度以后，便知道那句话所言不虚。

不想说别的。只是想说——赌咒发誓是没用的。

关于赌咒发誓，大多的腐败分子都是行业高手。但，一点儿也没影响他们义无反顾地踏上腐败之路。当今社会，所有的腐败分子，几乎都上过大学的。我不相信他们一出娘胎就天生一个腐败分子，谁都知道，腐败不腐败，实在不是爆发几场"灵魂深处的革命"能够奏效的。一个社会，如果没有一个良好的能够制约腐败的制度，任何赌咒发誓都是白搭。其中唯一能够产生的效应，就是让人们产生严重的"漂亮话疲劳症"，从而越来越不相信——什么都不相信。

从基础学校开始，我们的孩子就在背诵"存在决定意识，物质决定精神"，可我们的社会运作中，却把国计民生的大希望寄托在"触及灵魂""改造主观世界"上面。似乎，赌咒了，发誓了，倡议了，宣读了，一切就好了，腐败分子就连根拔了。

可能吗？唯一的可能就是——不可能！

北大，还是好好回到"民主、科学"的正道上来吧。只有尊重理性，关注体制革命，推动民主改革，方可指望真正的廉洁。任何妄想靠"非理性"的力量，靠虚伪的作秀来达成社会进步的想法，都是荒谬的，可笑的，与大学理念不符的。

北大，赌咒发誓可以休矣！

庇 理罗士女子中学的 N 个细节

去了香港的四所中学。这一所是最好的，在香港本岛，属贵族学校。

没有门房。教学楼大厅隔出的一个格子间里，坐着一个安详和蔼的中年女士，手头显然还打理着很多琐碎的事务。想起此行去过的四所中学，其他三所，都是年纪偏大的男性老者充任此职。20 世纪 80 年代中前期，我所在的中学，基本上没有保安概念。门房就是门房，也是由年纪大点儿的男性老者值班。一副很慈祥的样子，可算做学校一景。到了 20 世纪 80 年代后期，各校普遍有了专职保安。我所在的那所学校，由于治安恶化的原因，还专门配备了一个胖大的警察。那警察姓朱，武功高强，一时间，打得周遭小混混们闻风丧胆。不过，按下葫芦浮起瓢，安稳日子并不很久。

仪式简洁。迎进去，径直到了礼堂，开始说话，客气话只有一句。介绍就是介绍，感觉不到内地中学面对客人时候的那种非常过分的自贬之语，当然，也就省去了自贬后面的近乎厚颜无耻的自吹自擂。自豪感是有的，正像我是一个男人，本来就是嘛，一切均为应有之义，没必要为这个而自吹自擂。教学就教学，英文就英文，活动就活动，中性话语谈来，比较入耳。不像一些学校，自贬之后，变本加厉地自吹，非把自己吹捧成一朵花儿不成。其实，大家都做着学校这份工，谁跟谁呀！

话语平权。校长介绍校长的，教师介绍教师的。中间，衔接得非常平滑，几无过渡痕迹。校长发言之前，就介绍了几位教师，教师们冲大伙儿笑笑，算是打过招呼了。开会，先是校长介绍学校概况。校长介绍完了，相关教师介绍教学与学科。英文学校，英语教师为主。看得出来，大家都很平和，没有内地中学教师当众讲话所常有的夸张。为什么夸张呢？平日当众说话机会少啊！一旦有了机会，很多人，便难得不流露出一副受宠若惊的样子。前面去过的那所学校，更是。说话中，校长与教师还不时互相打断——注意，是互相哦，并非校长单方面打断。这些，都是学校文化的精髓，也是大陆与香港之大不同。

布局效率。校长刚刚说完学生艺术团，礼堂舞台上的大幕便徐徐拉开了。这就是效率，没有那么多故作玄虚的过渡。台下，早就布局好了数十把椅子，整体排列呈大雁展翅状。好了，学生入场，台上台下并举。不到一分钟，好了。台下乐队短暂调音，台上各就各位。当然，首席小提琴入场迟点儿，这是行规。当然，指挥最后一个到场，符合"重要人物总是最后到"的恶习，呵呵！一首曲子，似乎听过，不知道名儿。接着，是合唱。再接着，还是交响乐。30把小提琴，其他自己去推测吧。就这么堂皇，不愧为贵族学校。学生演出完之后，流水退场，前去上课。后来我去听课，便在指挥同学的班上。我注意到，她还发过言。一切如故，不错。

人人有份。人人有份的，是小礼物。若干资料，都在一个小袋子里面，早就分发了。这里所说的，是学校校旗，还有一个玻璃制作的礼品。两个校长站在那里，接过帮忙的教师们手中递过来的礼品，逐个发放。我们团有几十号人，他们硬是从教育局长到每一个团员，都逐个发放到手中。握手，照相，再握手。照相是大陆人的恶习之一，我本想不掺和，但似乎不能，于是，同事便帮咱留下了丑恶嘴脸。前面提到过话语平权概念，在这里，属于赠送礼品方面的平权。当然，香港社会有它自己的麻烦，但就这点看来，每一个客人都是客人，并没有大陆社会动辄"按级别行事"的坏毛病。值得一提。整个环节都讲效率，这里耗了很多时间。大约，按照他们的价值观，属于必要耗时吧。我想。

平常高三。香港也是有高考的，尽管，他们把高三称做中六。听课环节，我去了中六。心怀鬼胎，想见识一下人家的高三气氛。那节课是用粤语上的，我听不太懂，或言太听不懂。但是，汉语我看得懂。女教师的字写得不错，黑板上，赫然龙飞凤舞着"人物专访：不同媒体的特色及表达手法之比较"一行字。后面教学进行时，渐次有所添加。真正的讨论，绝非教师问学生答的那种提问。学生的神情都很安详，交流都很自然。女子中学的学生，高三，却没有我常见到的那种苦大仇深，难得啊！再说，高三还上着这种正宗的专题绝对的"副科",更是从容。我注意到她们手中的作业规划表，是要交一份专访的，截止日期是 5 月 14 日。有人说香港是什么"文化沙漠"，究竟谁是沙漠呢？我不说，打死也不说。

教室周遭。其实，我并不在乎听课。这节课上的那点儿学问，我不陌生，看看题目就知道该怎么摆布。我注意到了她们教室的墙壁。靠过道这边，是一排储物柜，可上锁的那种。靠窗的那边，大窗户，光线不错。窗台上，摆着一排花盆，花草茂盛。看得出来，应该是同学们自己打理的。前面那堵墙的主体设备，是黑板。不过，黑板很低，就是个子小的女孩，也应该能够够得着最上边。而我所经历的黑板，无一例外，像我这一米七五的个头，要想在最上面写字，也得踮起脚尖。后面墙，是供发表和张贴的园地，没有咱们那种低效的黑板报设施。上面有学生的剪报与作品，绘画的与文字的都有。总之，很方便，不俨然。哦，补充一点——他们的教室里，并没有讲台。

教育行话：捷报飞去当纸钱

上班，打开校园网。头条是一篇报道《我校××组再传捷报》。

说的是前日，我校高二同学参加全市语文竞赛获奖的事。学生获奖了，教师辅导有功，应该在学校媒体上露脸。即使纯粹从公关意义上来看，起码也可以起到"内鼓士气，外树形象"的功用。无可厚非。报道的写作者是语文组教师，写得很有技巧。一个"再"字，顺势提起我校语文组教师上月在区"教学比武"活动中获奖的信息。

由此，很巧妙地"强化"了受众关于我校语文组的"正面印象"。可谓只着一字，尽得风流。

我的第一感，是觉着那标题有些许的碍眼。第二反应是犯职业病，去翻词典。《现代汉语词典》（第五版）699页。"捷"字的本义是"战胜"，相关词条列举有"我军大捷"及"连战连捷"，等等。后来，"捷报"一词被引申为"胜利的消息"等。

去参赛，对手是全市其他中学的语文界同人。获得好名次，不错，算是一种"社会承认"。至于是否一定要将其界定为"战胜了谁谁"，我看大可不必。但问题在于，我们的社会，多年以来，一直在强调着这种"胜利"。我想，"胜利"是需要对象的，也就是说，该话语已经"潜在预设"了失败者的在场。我们获奖，"打败"了谁呢，是那些没获奖的教师么？我觉得没打败谁。

话语的"自然使用"，属于"集体无意识"范畴。其中透出的，不止"参赛观"，不止教育，也不止教师。想想我们参加奥运会夺取金牌诸事，大同小异。从国家体育总局到各色媒体，总喜欢用"为国争光"来对其予以"价值诠释"，似乎成立国际奥委会的初衷还是为了强化与会各国的"国家主体"意识。大谬！

记得上小学时，算术课（当时不叫数学）上便经常有这样的题目——在党的领导下，根据地军民奋勇杀敌，大获全胜。一连打死鬼子 23 人，打伤 12 人。二连打死鬼子 32 人，打伤 23 人。问，一连和二连一共消灭敌人有生力量多少人？

看得出来，这道"具体的题"是我杜撰的。之所以杜撰，因为从小治学不严谨，缺乏资料意识，现在居然找不到相关原材料。不过，只要是 20 世纪 70 年代上小学的人，应该都会有印象，不会认为我在瞎诌。当时所有教材都被意识形态化，"化"得无孔不入。即使数学教材，在那个"一抓就灵"的年代里，也如此杀气腾腾。

粉碎"四人帮"之后，此类弊端渐渐淡出，教材"杀气"渐淡，"人气"渐浓。好事。但，这只能证明整个社会在"意识层面"发生和正在发生着"朝向常态的回归"，而在"下意识层面"，依然问题多多。

教育局长到校长，言及素质教育与课堂教学，往往从口中吐出"课堂教学是素质教育的主阵地"之类的颠扑不破的真理来。期中考试考完了，流程正常，教师大会上，教导主任如释重负，言道"又打完一仗"。即使组织一场课堂教学交流观摩活动，也喜欢悬挂出一条"课堂教学大比武"的横幅。当然，我们可以找到借口，说这是"革命战争年代"流传下来的优秀文化遗产。问题是，"革命战争"为了什么？我想，其要义之一，不就是为了让我们远离战争，不再经受硝烟炮火的恐惧么？

回到教育。我想，在社会越来越趋向专业化的今天，教育术语的专业化势在必行。也就是说，每一个教育从业者都必须持有一口具有专业水准的"教育行话"才行。

也就是说，从"阵地"到"打仗"直至似乎准专业的"捷报"之流，均可休矣！特殊年代的特殊术语，应该随着那些年代而消亡。不必留恋。

长幼是一种怎样的"序"

校园网"教育视野"栏目发出了一篇文章，是张建先生的《下跪教育频现，中国教育已经走向颓废》。文章所针对的，是近来连续出现在中国教育界的几次引起轰动的下跪事件：一是海南中学校长在千余师生前下跪求学生学习；二是侯耀华下跪给乡村教师颁奖；三是李阳疯狂英语现场全体学生给老师下跪磕头；四是郑州大学布置寒假作业要求学生给父母磕头。

文章指出："所有中国人都应该树立一种理念，不要再把我们的膝盖弯曲，别让奴性、卑微人格的陈旧观念侵蚀你的灵魂。尊重、报恩我们有更理性、文明的现代方式。请把奴性、卑微人格的具体行为——下跪，永远送进坟墓。让现代民主思想滋润你的心灵，让现代理性生活方式融入你的生活。"此文我在凯迪网上见过，没承想，一位老师把它给转发到了校园网上。好事！

我看到了这篇转载，对张建先生的见地，很以为然。阅读后，顺手写了一句回复："如果下跪管用的话，咱老祖宗就不用引进西方教育这一套啦！几千年来，中国人没少下跪。而中国的进步，还真是从不跪开始的。"转载刊出以后，一天之内，点击数已达 300 以上。证明，对此文所涉猎的问题，老师们还是给予了充分的关注。

接着，又出现了几则回复。其中的一则是这样的："下跪教育真是过了！但我们要教育学生尊重老师，长幼有序。中国文化中好的东西我们还是要继承。"这则回复，引起了我的注意。我觉得，就反映老师们置身现代与传统的矛盾心态而言，比较富于代表性，因而，便觉着，似乎很有研讨切磋的必

要，就想说几句。

"教育视野"是我校校园网资讯中心开设的一个栏目，重在推介各类教育类及泛教育类文章。我认为，有效的教育，必须且只能使自身成为一个开放系统，唯有开放，方可保持与外界物质、能量和信息的交换状态，方可引入变革创新的参照物和有生力量。栏目的主要构成有四：文化通识文本、教育通识文本、心理教育文本与教育时文摘选。张建的文章被选入，应该归类于"教育时文摘选"。

资讯中心属于我的工作地盘，如果进入"后台"，很容易查到那位发言者为谁，但我没什么兴趣。我唯一担心的是，由于人和人之间的差异，写作和阅读之间的错位，下面的诠释，是否会由于可能的误读而发生某种强加——即，把人家本来没有的意思安装在人家名头之上，然后，来一番义正词严的所谓切磋？后来又想，即使阅读名家大家，依然各有各说，心中也就释然了。于是，从容讲来。

从那则回复中，不难看出：其一，该老师并不觉着"下跪教育"存在实质上的谬误，所有的，只是程度上的问题，所谓"过了"；其二，将我和张建的不赞成"下跪教育"，等同于我们反对"学生尊重老师"；其三，所谓"长幼有序"，是他给学生"尊重老师"找到的依据；其四，这位老师对"中国文化"的底气并不很足，于是给了句放之四海而皆准的说法，"好的东西我们还是要继承"。

我的判断是，"其三"乃此条回复的核心解读所在。作为老师，比较在乎学生是否尊重自己，自然没错。问题是，这位老师并没有找到学生应该尊重老师的"真依据"，这是我对该老师及其回复的基本观点。那么，"长幼有序"有问题么？如果有，它的问题在哪里？当然，我也赞成"尊重"，只是，并不赞成过分强调尊重老师。我想做的第一件事，就是回溯一下"长幼有序"的源头和来由。我一向认为，概念搞清楚了，基于其上的判断和推理的颜色，自然会发生改变。

首先，让我们看看"长幼有序"中的"序"为何物？很简单，它指的是一种"先后尊卑"。谁和谁之间的先后尊卑呢？答曰："年长者和年幼者之间。"所谓"年长年幼"，是由于"出生有先后"决定的。是否，年长者就一定得"先而尊"，而年幼者就一定得"后而卑"呢？中国人中，是有一些人至今还这样认为。思想自由是基本人权，所以，谁这样认为，都是他的权利，思想无罪嘛。但，现代社会的运作，却并不认这个理儿。比如排队，并没有哪条法律规定说30岁的男人就一定不能排到40岁男人的前面。通行的说法是，"在法律面前人人平等"，而非"在年龄面前人人不平等"。是这样吧！

作为人类普世价值观之一，平等和自由一样，均被视做"无条件"的。也就是说，任何对"平等"的降格，内中，必然存在与人类普世价值观相背离的价值取向。打开《荀子·君子篇》，果然如此，语云："故尚贤使能，则主尊下安；贵贱有等，则令行而不流；亲疏有分，则施行而不悖；长幼有序，则事业捷成而有所休。"荀子不愧为韩非的老师，内中所言，无论"尚贤使能"，还是"亲疏有分"，均为方法论层面的伎俩，目的所指，无非"主尊下安"，无非"贵贱有等"。即使著名的"长幼有序"，依然不能脱俗，还是一个局——为专制皇权千秋万代而精心布出的一个局而已！

21世纪的教师，理智上，应该没人会赞同皇权的复辟和专制的延续。尽管社会上对教师素质多有诟病，但作为其中一员，我对自己同行的这点儿"底线"，心中还是有数的。只是，我国向来流行"语录式治理"，很多名言在大脑里徘徊，但很少有人追究过名言背后的事物全貌。流毒所及，"语录式治学"也就自然而然了。我们经常会见到一些所谓学者，动辄"名言轰炸"，轮番不休。仔细琢磨下去，会发现，那些名言们，经常面目可疑——非但没有各自的出处和背景，甚至，名言名人间"互相打架"的事件，亦屡见不鲜。只是，引用者自己不觉得罢了。

得承认，"长幼"作为一种"序"，在人类社会的发展过程中，曾经长期存在。从皇帝先生的"立长不立幼"到民间百姓的"长兄如父"，均可为证。这里，关涉最多的，还是权力的保有，抑或财富的集中。至于和平等、尊重，实在扯不上什么干系。"长幼有序"对历史进步究竟起到过什么重大作用，我说不清，也不想说。起码，唐朝老二李世民杀了哥哥老大李建成，基本上没受到什么谴责，算是白杀了。还有，那位留下"何不食肉糜"之类千古名言的晋惠帝，蠢得实在够可以，有心人大可去钻研一下经典史册，看看他是否长子。

"尊重老师"作为一个要求，被写入《中学生守则》，在我看来，首先存在的，还是一个概念问题。因为，尊重与否，完全属于人的心理与情感范畴。心理和情感，属"个人私权"，道德规则和政府手中的社会公权，根本

今日教育之民间立场

无权干预。再说，干预也属徒劳。不必我多说。"守则"所可规定的，只应该在于"行为"，而非情感与思想。至于"尊重"，当然要。我的意思是，不要给尊重之后预设任何"特定对象"，尊重人即可。这样，师生互相尊重，平等中处事，多简明，多好。

每个人，无论是谁，无论处于什么情境，面临"不被尊重"的境遇，大约，总是很不爽的。这种"不爽"，基本上属于"情感领域"。我国，历来比较崇尚"情感"，一部名叫《激情燃烧的岁月》的电视剧的曾经流行，可为证。好在，相当一部分国民，已经对盲目的"激情"有所警醒，有所反思，理性的风尚，渐次得入人心。同样是校园网，同样是那篇文章，背后的跟帖，还有这么一则："现实中如果情感的力量远远大于理智，那么社会中就根本不会有民主和自由，进步又从何谈起。下跪真是黔驴技穷。"这也是我校一位普通老师的观点。读完，不止欣慰，不仅颔首啊！

从 学校新闻看"学生主体"

新世纪以降，教育新名词有增无减。基本上，算是好事。好事，是否就一定没问题？非也。比如，局会校会科组会乃至普通班会上，"学生主体"的概念层出不穷。至于各色各等课题会，那就更不用说了，简直漫天飞舞。各色专家学者，对于"学生主体"这个概念，不谋而合情有独钟。讲话撰文，无不大肆予以吹捧。虽说无从统计，但根据我的有限见闻，全国范围内，以"学生主体"冠名的重点课题及教育模式，肯定汗牛充栋。

问题在哪里？我看，最主要在于太多的人对这个概念几近一无所知。说起来，这类毛病属于典型的"中国特色毛病"。中国人的学问，春秋战国前后成型，成型的时候，便没有逻辑学。遇到概念，不加诠释，只用几个比喻糊弄一下，完事。到了现在，学界不少大腕中腕，依然如故。使用概念踊跃，踊跃至胆大包天。诠释概念忽略，忽略至似是而非。热门概念"学生主体"的命运，亦未能幸免。

"发展是硬道理。"或许对头。但，对发展二字缺乏相对缜密的诠释。于是乎，在一些人心中，"发展"就等于GDP。如此，不择手段地把GDP搞上去，就成了"硬道理"。缺乏诠释的概念，等于，给所有诠释者的诠释打了对号。前些年中国环境恶化，与此不无干系。我们谈及与发达国家的差距，基本上是"一根筋"的思路，就看GDP。其实，GDP并不等于经济，更不等于社会。很多"经"，由于缺乏对"正解"的追索，一开始念，就注定会是错的。

意欲诠释"学生主体"，先得把"学生"和"主体"拆开。"学生"不难解释，而"主体"却很不好解释。曾经查过一些资料，但还是不敢贸然解释。这个概念，是从欧洲传过来的，所以，其历史渊源，也应该从欧洲史上去找寻。中世纪的时候，神权独大，人权衰微。基督教教义说，人是主缔造的，受主的恩赐，来世上赎罪。所赎之罪，被称做"原罪"。人的一生，是为主而活的。启蒙运动之后，人开始从上帝的桎梏中解放出来。渐渐，人类生活的定义变了——人代替神作为人生的目的了。我想，此乃"主体"概念中最关键的内涵所在。

词典上对"主体"的解释有四。其一，主要部分。学校建筑中有厕所也有教室，相较而言，教室当为学校建筑之主体。其二，与客体相对应的存在。我今天下午请你吃饭，我是"请客"这一行为的主体，而不是你。其三，行为的执行者。我现在坐在电脑前写这篇名叫《从学校新闻看"学生主体"》的文章，我是写这篇文章的主体。其四，权利义务的承受者。这个维度的解释，比较艰巨，暂且放放，容后再说。我为什么老喜欢拿词典说事呢？因为，我发现，词典的解读虽说未免肤浅，但它的存在，毕竟表明了一种姿态——凡概念，都是需要解释的。

权利和义务，是一组法律学概念，也是一组政治学概念。如果你不认同"朕即法律"，也不认同"政治即权柄"，那么，便具备了追求正解的基本资格。曾几何时，中国的教育方针是所谓的"教育为无产阶级政治服务"，而按照政府与社会的关系，说是"政治为教育服务"才对。主客体关系彻底颠倒了，直到现在，一些人脑子里沉淀下来的，还是这些东西。杜威说道："学校即社会，教育即成长。"认真琢磨过并试图弄清晰的人，并不很多。这篇小文章，无法展开，只是把问题提出来，放在这里而已。

写这篇小文章的最初冲动，源于一张新闻图片。现在，稍微有点规模的基础学校，都有了自己的学校媒体。媒体，这种曾被视做国家喉舌的事物，随着文明的嬗变技术的演进，已"飞入寻常百姓家"了。像我的个人媒体"子虚教育天空"，近日也破了60万点击数。那张图片，出自一篇最普通的学生活动报道。那篇报道，配发了三张照片。被放置在最前面的，是小演员簇拥着所谓"学校领导"的场景。领导居于正中，学生分列两旁，如雁翅状展开。学生们笑得很甜，领导也笑容可掬。文字呢，可以想象的，我也就没怎么细看。

此种报道，在我国，属于"传统媒体形式"。一般，都是大大小小的领

导居于最抢眼的位置，占据着报道的中心——从图片到文字，莫不如此。就活动的"应然性主体"来讲，他们的"主体意识"一般都未能觉醒，做点什么事，总是以"领导肯定"作为价值判定的终端，于是，群众簇拥领导的照片是自然的。就领导本人来讲，他们此举，也非别有用心要"抬高"自己的位置，而是群众做了事理应得到肯定，于是上了照片，居于中心。就媒体撰稿者和摄影者来讲，上述各种"共识"也就是他们的价值坐标所在，所以，写文章和拍照片的时候，领导自然会被摆放在"领导岗位"上。

教育的主体是学生，意味着学生是学校所有教育活动的目的。学校的其他方方面面的机构，其存在的法理依据，在于"为学生成长服务"。学校领导自然应该去观看节目，但舞台的主角是谁，这篇报道的"主人公"应该是谁，领导还是学生？这些问题，不只是学校媒体报道的核心价值问题，也是一个关涉"谁才是真正的主体"的重大社会命题。基础学校的领导、教师们都来思考这个问题，积极寻求正解从而"摆正自己位置"的时候，中国的基础教育大约也就到了出现实质性转机的时候了。那样的时候，也就是我们真正落实"学生主体"核心价值观的时候了。

今日教育之民间立场

服从中，不会有真正的尊重

最近，《郑州日报》报道了发生在河南登封市嵩阳高中的这样一件事情：2007年1月27日中午，因为直呼老师的名字，16岁的女中学生贾梅（系化名）被老师当众扇了一巴掌。这件事引起了广泛的反响，很多人都认为老师的反应过于剧烈，打人属于侵犯人权行为，应该道歉。同时，也觉得学生的做法欠妥。理由是，学生对老师直呼其名，未免很不尊重老师。

对此，我的基本看法是，学生根本没任何不妥，倒是老师的反应非常之过敏，非常之过激。我这样说，没有任何"博出位"的用意。十多年来，我每到一个新班上课，总会找机会做如下意思的公开宣言："老师，学生，都是现代社会的一介公民。我们应该互相尊重，以一个人的名义，而非以老师和学生的名义。今天，我是你们的老师，你们作尊重状，尊重得不得了。明天，我到大街上捡垃圾了，你们就可以不尊重了吗？"

我历来认为，尊重"另一个人"，就是维护自己作为"这一个人"的基本尊严。以"人"的名义尊重即可，不需要附加任何身份、地位及其他条件的。现在，很多老师的认识中普遍存在一个误区，觉得自己"是老师"，所以就应该受到学生的尊重——那种超乎"一个人"的附加着很多陈腐期待的所谓尊重。其实，源自于身份的尊重，历来就是靠不住的。"文化大革命"的时候，红卫兵小将对伟大领袖毛主席的狂热，何止于尊重啊，简直是膜拜！同样是那批孩子，却给自己的老师戴高帽子，剃阴阳头，将其打翻在地，还得踩上一只脚。

对人与人之间，我只信奉一个概念，那就是基于自由、平等与人权之上

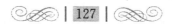

的人道主义。我想，这就够了，不必再"细化出"什么孝道、师道的玩意出来。自己的爹妈是爹妈，别人的爹妈呢？自己的老师是老师，别人的老师呢？再说，身份并不能保证什么的。比如，有些为人父母的，并不如我们所想，会"天然地"为孩子的幸福着想。正如，有些做老师的，并不一定"天然地"具备做老师的情感态度价值观。如此看来，无论师道还是孝道，其前提一定得是人道才对，否则是靠不住的。

无论做爹妈与做老师，均存在一个"职业层面"的素质。梁山上那位名叫李逵的主儿，心狠手辣杀人如麻，只要有杀戮的机会，无一例外会"杀得性起"，并不管面前是军人还是平民，只是"排头儿砍将去"。当然，《水浒传》里，这位仁兄终身未娶，故而也就没有孩子。让我们假设一下，李逵娶了媳妇，生了个孩子叫李小逵。但，我总会怀疑他是否能够做好爸爸，是否具有做爸爸的基本素质，比如慈爱，比如耐心，比如不暴打孩子。

叫我看，酷爱暴力的李逵，视杀人为最大乐趣的李逵，应该不会轻易放下板斧，变得慈眉善目。这样，李小逵同学可就苦了。如果我做了李小逵同学的班主任，非要他从内心涌起一股经久不衰的"热爱爸爸"的激情，容易么？我想，那肯定比登天还难。我相信，每一个人每一个孩子都只能凭着他自己对世界的感受来界定世界，像李逵那样的爸爸，怎么会让李小逵同学感到安全和温暖呢？他没有那个素质，也没有那个能力。或许，李小逵同学比谁都渴望尊重爸爸，但他能"说服"自己的感受么？我看不能。如果我这个班主任帮助他说服了自己，只能证明，我为了某种似乎"很道德"的物件，做了一件实质上"反道德"的坏事罢了。因为，世界上，根本不存在任何"超验的"道德。

我们惯常所言的尊重，作为社会上人与人关系的"基本的"应然性概念而存在，属于社会人关系的底线。这个底线，以"不伤害"为界。比如，去酒店吃饭，对侍应生说声谢谢，表示认可了他的服务。这种尊重，基本上不触及个人内心情感。至于一些人，自认为有了两个小钱，便对侍应生呼前喝后，甚至公然在女侍应生面前说黄段子取乐，那显然属于"逾越底线"的行为。那种行为，实际上已经构成了对"别的公民"的人格伤害，当然不能说他懂得尊重人。

另一种尊重里，便存在着个人情感的参与。比如，李小逵同学对他爸爸可能的尊重与不尊重。在此类语境中，尊重属于"作为个人的人"的一种情感体验和情感实践。干瘪的道德概念是说服不了活生生的情感体验的，甚至，捧出"利益筹码"都难以奏效。比如，宝玉就是喜欢黛玉，而非宝钗。这点，叫贾政先生用脚丫子想，也想不通。我以前的住所旁边，有一家制作盐焗凤爪的小店，卫生，美味，休假时，我常去买些回来享用。慢慢地，和店主夫妻俩也熟络了。可以说，他们的"活儿"做得好，赢得了我的尊重。所以，假如我遇到哪个学生对我有点儿怠慢，总会先思忖一下，咱的"活儿"做得怎么样？是否，符合人家的口味？

任何强烈要求他人尊重自己的行为，都是愚蠢的。《射雕英雄传》里面，就有一个叫欧阳克的青年，强烈要求黄蓉姑娘喜欢自己，干了很多蠢事，直至断送了自己宝贵的生命。当然，故事的发展还有一种可能，那就是，欧阳锋拿下黄老邪郭靖一干人等，登上武林盟主宝座，欧阳克强抢民女黄蓉。再假如，黄蓉忍气吞声，随了欧阳公子。人类情爱史上，这些假设都是存在的。但所有的道德谱系中，强抢民女的行为，无一例外地，都被列入令人不齿之列。退一万步说，即使黄蓉"从了"，欧阳克会享受到琴瑟和鸣的鱼水情爱么？所以啊，服从不是个什么好东西，根本不值得谁去孜孜以求。

一句话，服从中不会有真正的尊重。作为一个结果，服从本身就是"不尊重"的产物。作为一个原因，或将衍生一系列的"伪尊重"。改写以前的一句歌词，我想说："尊重不会从天降。"尊重可以赢得，但不能求得，更不能愚蠢地认为可以"命令得"。任何需要打出"道德旗号"意欲赢得尊重的努力，都亵渎了道德，也亵渎了自己。我希望我的学生尊重我也尊重街上的拾荒者，我要告诉他们，那样的学生，亦将赢得我至为隆重的尊重。至于，学生们喊我名字还是叫我老师，悉听尊便。上课下课，牛顿爱因斯坦一排排如雷贯耳的名字都喊惯了，为什么就不能喊我的？再说，安禄山将军没少喊李隆基先生万岁万万岁，剑指长安烧杀抢掠的时候，照样一点儿面子也不给！

记住赏识，忘记教育

一说起赏识教育，我的第一反应往往是——赏识？真的假的？

太多的伎俩，太多的手段，使我想起了1794年法国大革命时期罗兰夫人的一句话：自由啊自由，有多少罪恶假你之名而行！

于是，我不只讨厌教育，同时，严重怀疑赏识。

当赏识被视做教育手段的时候，也就没了赏识，没了教育。所有的，只是运作者虚假无比的笑脸，和被运作者渐趋麻木的灵魂。

人与人之间的真诚赏识，过去、现在、未来都存在。真正的赏识，至性至情的花朵，从来，只能在美学的净土里绽开，与功利无干。

俞伯牙鼓琴，钟子期听。峨峨乎高山，浩浩乎流水。想象舞动，画面翻飞。垓下之战，韩信元帅也曾布置歌咏大会，一时间，四面楚歌，落花流水。但，任傻子都知道，二者不同，截然不同。前者是艺术，后者是战术。

孙武先生无耻则无耻矣，倒也无耻得颇为磊落，公然写书留字："兵者，诡道也！"

当赏识被操作成一种技术或云伎俩的时候，我们的教育，早已异化为一种权谋。问题是，在不向平民开战早已成为人类共识的今天，谁，在对天真而无辜的孩子施以诡道？

周弘赏识女儿，不稀奇。期间的奥秘，不在教育，实乃血亲。人的生物属性保证了周弘的赏识不会掺假，货真价实，舐犊情深。

周弘四处推销"赏识"，将其上升到"教育"，用以干预中国教师的情感世界的时候，闹剧开始了。和所有的闹剧一样，虚假，业已成为其中不可或缺的核心元素。

赏识，抑或不，均属人的情感自由。这种自由，正如宝玉就是没法对宝姐姐来电一样，连当事人自己也没法把握。但，如果你不幸做了教师，那么，你必须赏识。否则，你便没资格教育。

教师无端扮笑脸，学生有幸被赏识。于是，赏识成了一门技术，教育成了一出闹剧。

凭谁说：记住赏识，忘记教育！

谢 谢卿光亚先生

《南方都市报》A16版头条——范美忠重回原学校教书。副标题——校长担心媒体披露这一消息会让范美忠再次失去工作。旁边，还有范美忠先生的照片。

卿光亚先生是一个怎样的先生，具象的样子，无从得知。第一次知道他，是在去年"5·12"大地震之后，所谓"范跑跑事件"成为事件的时候。那时候，知道了范美忠教书的都江堰光亚学校，知道了卿光亚先生。

留下的印象是，卿光亚是一个具备现代社会基本公民意识的人，思想独立，不人云亦云。人格独立，有担当。辞去范美忠，纯属无奈。有关范美忠的工作问题，在卿光亚见诸媒体的一些只言片语的声音中，无不"留下活口"。即便当时，也觉着可贵万分。

卿光亚对记者表示，其实范美忠一直没离开过光亚学校，但是出于对范美忠的保护，学校一直没对外说出这个消息。他希望媒体和公众不要对范美忠"赶尽杀绝"，范美忠也需要一份工作来维持生计。是否意味着，去年以来，光亚学校一直给范美忠开着一份工资？但愿，但愿。

我相信，关于范美忠失去工作的事，卿光亚想说的，绝不止这几句。在这里，他只拿出低调的"不要赶尽杀绝"说事。要知道，我们这个民族，无论大众小众，同情心还是相当充沛的。这里，看得出卿光亚的近似于狡黠的智慧。

卿光亚强调，在地震当天，范美忠的行为并没有不妥之处，他的学生是大学预科学生，学校走廊也都贴着《紧急情况条例》，他认为范美忠就是按照这些要求去做的。也就是说，范美忠的"行为"是无可指责的。一个宪政国家，不可"以言治罪"，应该属于常识。卿光亚平和背后的锋芒，我读得出来。

不需要找理由的地方，也得找理由。大约，也属于中国特色吧。于是，卿光亚先生不得不说，范美忠非常受学生欢迎。那简直是一定的。现在中国很多学校谈"生本"谈"学生主体"，其实，很少有人真正去研究过什么叫做"主体"。所以，太多的人，并不能从"完整的自由自主的人"的视角去诠释这些概念。

范美忠上班了，卿光亚的新麻烦才开始。当时，"光亚学校迫于上级部门压力，宣布将范美忠解聘。"问题是，那些级别和部门，肯定还在。那些人是否会重出江湖，重新祭起所谓道德民意的五行山，再次压回来呢？不得而知。我想，这是一次考验。考验的重头戏，在于那些人，在于架子和面子。

架子和面子均为表象，核心是一个"话事权"概念。也就是说，谁说了算？在这里，我用脚趾头思考都判断得出：光亚学校是一所民办学校。真正的民办学校，要负两方面的责：其一，为学生及其家长的支付负责，保障这种有偿的教育服务物有所值；其二，是为学校的投资者资金的增值负责。所以，所谓上级这个概念，本身就属扯淡。

多方迹象表明，卿光亚先生本身就是学校的主要投资人，且身兼职业经理人。范美忠事件中，卿光亚先生的作为，明显地开启了真正的民办学校正在宣示的"独立意志"。当然，此举，亦完全可能被一些人解读为"带了一个坏头"。

我的判断是，卿光亚先生正在"带一个好头"。中国教育和学校的自治，必将成为全体国民走向自治的一个不可或缺的流程，我将翘首以待，乐观其成。最后，再次，谢谢卿光亚先生！且希望，先生能够看到这篇祝福的文字。

名 校涂鸦墙

　　周末去北京参会，听了许多名人的报告，许多名校的经验。尽管会议安排得很是敬业，午休与晚饭后都在开会，尽管中国基础教育界的两个老牌大腕——南 L 北 G 都到场演讲了，但很遗憾，除了感到疲倦而外，对我并没有留下其他的印痕。

　　昨天上午去了首都某著名中学——首都以至全国著名还不算，俨然世界著名。前天上午，听了该校校长的介绍。校长像只老母鸡，整个报告，呵护之心有加。听着听着，我笑了——离完全被感动只差那么一点点的笑。接近感动，不是没有理由。一个那样在乎自己学校、学生和教师的校长，在心里，我很乐意给她一个好校长的头衔。

　　不过，这所学校给我的印象，最深刻的，并不是校长的报告。甚至，不是学校里热火朝天的课程及活动。至于那场很是整肃的升旗仪式，我也觉着没什么特别。听讲的时候，由于绝对的无聊，便出来了，想自己走动走动。走动走动之后，便想抽支香烟了。鬼使神差，竟让我到了会议室所在的那栋楼的八楼。往上一看，快到楼顶了。也就是在这个死角，发现了一幅奇特的风景，我将其命名为"涂鸦墙"。

　　八楼通往楼顶天台的门，紧锁着。于是，留下了一大段三面墙的空白。在这个广袤的空白之所，就是我名之为"涂鸦墙"的所在。不过，我并不打算马上就来描摹涂鸦墙，先说说涂鸦墙所在的两条宽而长的楼梯吧。凭着资深烟民的"职业敏感"，这个相对上佳的吸烟区，就那样被我轻易找到了。

　　楼梯上，躺着一罐百威啤酒的铝壳外包装，很是显眼。我没见到过的特

大号，比普通包装大一倍。还有两个香烟盒，空的。一个是红塔山牌的，国产烟；一个是 ESE，外来烟。还有一个打火机，上岛咖啡店的赠品，很清晰。烟头满地，怎么说也有一百余只。我从包里翻腾出自己的芙蓉王，划着火柴，悠然点上。一种找到组织的感觉，别样亲切。

要说明的是，上学时咱是不抽烟的。抽烟的毛病，还是下围棋惹的祸。当时，那些高手们都抽烟，来我家下棋，备烟手谈，就这样加入了，不过，没什么后悔可言。中学时，咱虽然不抽烟，但也不算标准的好孩子。于是，对那些传说中的"坏孩子"，比较容易理解。所任教的学校里任何将"坏孩子"妖魔化的意识和行为，基本上没咱的份儿。

既然名之为"涂鸦墙"，当然得说说他们涂了些什么。总之，长句短句骈句散句样样俱全，诗歌最多，自由而随意，充分证明着青春与诗歌的水乳关联。无论什么，都这样按照散句的形式排下去吧。否则，这篇文字未免过于冗长。七楼的无聊和八楼的相对有聊，使得我拿起圆珠笔，记录下来一些文字。

摘录一：蓝天一去不返，世界依然嘈杂。现在的我，不再与你有关。

摘录二：一直都认为只是我在乎你，特别在乎，但你却一无所知。现在才知道，其实，你更爱我！

摘录三：5 月 20 日，哈哈哈哈哈哈……哈哈！

摘录四：我要上北大，啊啊，我要当好孩子！

摘录五：我的青春，没有过爱的人的初中三年，甚至，连喜欢的人都未曾出现，没有过烟酒的健康青春。

摘录六：日夜持续蒸发的水汽，在双眼上蒙起岁月。时间在胸口，以眼泪的形式慢慢流逝。我们最后都失去了，我们最后都迷失了，在那样一座盛大的用心装点的森林里。黑白梦境是倒计时的残片，魂魄在寒冷里慢慢僵硬了。（旁边修正：僵硬！）

摘录七：人生自古谁无贱，从古至今你最贱！

摘录八：好好做女人。

摘录九：有人说，倘若上帝关上了所有的门，他必定在哪里打开了一扇窗。可我们，总是哭喊着去捶那扇沉重的门——却忘了那扇开向清风明月的窗！

摘录十：梦都破了，还在追逐什么？（旁边回复：下一个梦！）

摘录十一：年轻就是资本，好好挥霍吧！

摘录十二：人的一生，可能就是寻找一个和自己频率相同的人吧？（旁边回复：然后共振？）

摘录十三：大猩猩她爸不要她！

摘录十四：我开始不喜欢、讨厌吃 DQ、元绿、可爱面，尤其是草莓味儿的。

摘录十五：我爱 ZZY！（旁边回复：想要就求我呀！）

摘录十六：我不要想起你，滚出我的地界！

摘录十七：现在的我，不再与你有关。

摘录十八：因为知道你永远都不会再相信你。（旁边回复：当然可以，但是你做得到么？）

摘录十九：看样子咱不是 LZY～，算了，抢 SF 也挺好玩的。看着惨白的墙，反而不想写了。还是在这面墙上留下咱的烂字。惨白的墙也许意味着一个惨白的开始，但并不意味着一场惨白的过程。大家涂鸦！Happy！

不想做什么分析、解读与诠释。把这些文字照抄上来而已。说真的，看到这面墙的时候，对于这所蜚声全国的名校，才感觉到了一种扑面而来的亲切。至于孩子们的话是否十恶不赦，我想，这不是一个正常人的问题。不必作答。从那些涂鸦文字的落款看来，这面墙已经存在了很长时间了。一个常识在于，校方要真想消灭这面墙，我想，应该不会太费力。最蹩脚的办法，就是派工人去铲除，派保安去安保。恢复"一面洁白的墙"，不是难事。

临走的时候，来了一名清洁工，很快，那些烟头烟盒易拉罐什么的，就被收罗走了。地面干净，可涂鸦墙风采依然。钢笔、毛笔、粉笔、涂改笔涂写出来的大小字眼，生动依然，桀骜依然。鲁迅说过，他"向来不惮以最坏的恶意来推测中国人"。我想，这里，我还是乐意将其改成"不惮以最好的善意来推测中国教育人"的好。这里所谓的最好的善意，就在于，或许这是校方故意留下的一面墙。或许。

Jin Ri Jiao Yu Zhi Min Jian Li Chang

教师角色之民间立场篇

教师之爱：源头活水的生成

在我看来，佛教对人类思维——起码东方思维的大贡献，就在于"十二因缘"。由是，我们不再孤立地看待任一事物。任何一件事，都是因果链条的一个环节。其身份，不单独为因，亦不单独为果。上课时，我曾经告诉我的学生，如果佛教的这个财富被发扬光大了，估计，西方人自数学起步的科学领先，恐怕也不会领先得那么从容。

比如，前面文章中提到的锅炉工老富输棋后和他的小孙子的故事。在这个"被截取的片段"中，爷爷输棋，孙子挨揍，板凳遭殃，构成了一个相对完整的因果链条。聚焦"孙子挨揍"，不难发现，它既是"爷爷输棋"之果，亦为"板凳遭殃"之因。看来，爷爷是真爷爷，孙子是真孙子，你看，他们表达沮丧和愤怒的方式是多么相似。飞起大小脚丫，换得心理健康。呵呵，简直太有才啦！

教育杂志、专家报告，乃至公开聆听到的同行经验，都强调教师对教育、学校以及学生的爱。无所不在的爱呀，简直浓得化不开！有云："教师教育活动中最大的动力，来自对学生的爱！"这样的话，非但无法反驳，简直不容置疑。想想，如果你胆敢质疑，无非向大众表明你没有或不打算"持有"那种"崇高且伟大"的爱，俨然是说自己缺德。这不是自找麻烦嘛！就是没人再问一句，教师的爱意，该从哪里来，怎么来？

"世上没有无缘无故的爱"是伟人说的。尽管，和我们每个人都一样，伟人也做过错事，说过错话，但我觉得，这句话本身还是对的。用过去发生时的"主流话语"来讲，应该是揭示了"客观规律"，相当"唯物"啦！对照当代中国教育的新图腾——爱，琢磨一下，忽而觉着，一个劲地强调爱而

不关注其因果渊源的滋生，还真是问题多多，非但不符合从伟人到佛祖的"因果说"，简直公然违背"辩证唯物主义"嘛！

说穿了，无论对什么东东的爱，都是"人的主观意识对客观世界的反映"而已。在《西游记》中，蜘蛛精以美女现身的时候，猪八戒肯定无比热爱，于是，做了不少"鱼戏莲叶东，鱼戏莲叶西"的徒劳。孙悟空火眼金睛，一眼就看出妖怪的本相，少了很多虚妄，但也少了很多幸福感受。总之，作为"主观反应"之一种的爱，还是取决于客观对象之"可爱与否"。据我看，宝玉也曾经"下定决心"要爱宝钗的，但最终还是爱不起来。这爱与不爱，还真不是自己说了算的。

教师爱学生么？关于这个问题，在我看来，最好不提。叫我说，这个问题本身就有问题。其一，公民的个人情感领域，最好不要存在来自他人和社会公共权力的质问，否则，何谈情感自由、意志自由？其二，在公共领域，这个"爱"字是需要重新诠释的，比如我，将选取"底线诠释"，将其解读为"没恶意"之类。其三，作为学校组织，与其整天爱呀爱的呼吁倡导，还不如去关注爱的上游，关注教师之爱源头活水的生成。

众所周知，马加爵同学没来得及加官晋爵，就去了。用普通的生活逻辑看来，此人简直是一杀人不眨眼的恶魔。让我们做一个假设，假设马加爵同学忍了忍，终于忍住了，没杀人。再假设，马加爵同学毕业做了教师。想想，这样一个"马老师"会马上全身心地热爱学生、热爱教育事业么？按"世界上没有无缘无故的爱"的原则去估量，大概不会。为什么呢？如果要掏钱出来，首先得口袋里有钱才行啊！马加爵老师上大学时，受尽男女同学的奚落，有人甚至朝他被子上撒尿。在他的情感银行里，尽是些"负资产"，所以，拿不出爱来给学生，这才符合逻辑。

如果你是马加爵老师的校长，你该怎么办？如果是我，首先，我将希望有位美丽可爱的女教师能看得上马老师，他们携手堕入爱河。如此，马老师灰暗的世界观，或许将得到彻底的改观，从而，很快成为一个爱意充盈的好教师。其次，我将设法改善包括马老师在内的所有教师的物质以及精神生活质量，比如，在制度和法律允许的范围内给他们尽可能高的待遇，不摆自己的"校长架子"，不时倾听马老师的呼声乃至牢骚，只要马老师不说脏话，什么话都可以说。再次，即使学校比较困难，也要创设条件，让马老师和他的同事感到做一个人的尊严和做一个教师的尊严。而且，不是说说而已，得设法使这种尊严得到相应的体制保障。

教师的职业尊严从哪里来

前几日，又读到笑蜀先生的一篇文字。说起笑蜀，我认得。一眼看去，很普通的一个男人，只是眼神深处总带着笑意。没机会见到他发火，推想，他发火的时候，也是狠不起来的那种。网上报上杂志上，隔三差五总能看到笑蜀的文字，义正词严的调子。联想起他温文尔雅的神情，总觉着好玩。这不，又写了篇《记者的职业尊严从哪里来》。

职业尊严这个词很好。对此，笑蜀说："记者就该追寻真相和正义，这不是记者个人的偏好，而是社会的规定，是现代化分工体系赋予记者这个特定行业的使命。"如何从记者职业走向"真相和正义"，笑蜀给出的路径是，"以真实的报道、独立的意见来供给舆论市场，满足公众的知情权"。

笑蜀是媒体人，我是教师。那天海聊，曾谈及教育，具体到各自与上中学的儿子的关系，发现颇有共通与共同处。看到笑蜀的这篇文字，我的第一反应是，教师的职业尊严该怎么界定，怎么建立？文中提及"记者队伍良莠不齐，毁誉兼具，是一个基本事实。他们的社会评价、社会信用显然都不能令人满意。"这是笑蜀所忧虑的。我想，把这样一个基本评价移植到教师头上，大致也是成立的。

关于尊严，《现代汉语词典》解释有二：其一，尊贵庄严：尊贵庄严的讲台。其二，可尊敬的身份或地位：民族尊严；法律尊严。中文维基百科解释有四：其一，庄严肃穆；尊贵威严。其二，崇高庄严。其三，尊贵的身份和地位。其四，不容侵犯的身份和地位。《现代汉语词典》之类，够正宗，往往也够陈腐。相比之下，我比较喜欢维基百科。喜欢的原因，不只其功用

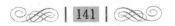

本身，更重要的在于它的民间性和个人性。编纂典籍的工作，历来属于"官修"，到了信息时代，谁都可以。如果你乐意，把自己一介草民的小名塞进去都可以的。好玩吧？

这里，我想放弃对《现代汉语词典》所列解释的诠释，只针对维基百科的四种说法予以回应。回应的具体办法是，写一段话，把四种解释连缀起来，以表明自己的观点。表述如下："庄严肃穆"早被用滥了，滥得像烂了一样；"尊贵威严"四个字，无论合并还是拆开，我都觉着反胃；"崇高庄严"是存在的，存在于柔软而慈悲的心怀；"不容侵犯的身份和地位"写满各类宪法，标志着人类应然性的权利，所谓"天赋人权"是也。实然性的历史在于，人类的尊严，即他们发现、确认并百折不挠地获得与维护尊严的血泪征程。

"人类生而自由并享有相等的尊严与权利"，维基百科关于尊严的所有文字中，我最喜欢这一句。在我看来，这句话确定了人类生活中所有正当职业的价值取向。比如，皇帝曾经是人类社会最热门的职业，但该职业却是以剥夺他人的尊严与权利为代价的。娼妓，被称做人类最古老的职业，但该职业却是以出卖自己的尊严与权利为前提的。所以，这两种职业都应该不会长久。目前，皇帝作为职业早已日薄西山，接近寿终正寝，可喜可贺！充分证明，是人都不乐意被他人欺压。

众所周知，教师是一个职业。尽管，早就有人给这个职业戴上了伦理的高帽，所谓"一日为师，终身为父""太阳底下最辉煌的职业"等之类的耀眼光环，但词典上对职业的解释还是那么通俗、那么尘土满面——个人在社会中所从事的作为主要生活来源的工作。教师之所以教书，之所以诲人不倦，其基本动因，还是出于获取自己的生活来源呀！

当然，教师也不必自卑，不必觉着自己不够崇高。很简单，社会中所有职业都存在此种基本属性。获取生活来源是重要的，它是我们作为"生物人"存活下去的基本凭据。人，只有先活着，拥有生命，生命之上的那些美好而文明的东东，方才有所依附。从这个意义上来看，生存是神圣的。要强调的是，生存尽管是重要的，但对人而言，它却不是最重要的，因为人类是拥有尊严的一个群体。于是，耶稣在尊严和生命的抉择面前，果敢地选择了尊严，而放弃了年仅34岁的生命。当然，作为群体，人类自然是参差不齐，从来，就不乏放弃自身尊严与践踏他人尊严者混迹其中。

皇帝和娼妓作为两个极端的例子，用以说明一些所谓职业，本与人类的自由、尊严和权利的实现格格不入，理应终止。而更多的职业，显然应该继续存在下去。如笑蜀所言，"以真实的报道、独立的意见来供给舆论市场，满足公众的知情权"为己任的记者职业，显然是人类增进自由、尊严与权利之所必需。那些不能满足以上要求的记者，显然是不称职的。仿笑蜀语，给我们教师自己提一串问题：教师应该追寻什么？社会对教师职业的独特预期为何？怎样界定现代化分工体系赋予教师这个特定行业的使命？我以为，只有对这些问题进行了严肃而严谨的思考与诠释，方可谈及教师的职业尊严。

　　长期以来，在教育领域，教师角色也存在严重的"泛道德化"倾向，就师生关系而言，每每被简化成"尊师爱生"四个字。有名人曾经说过："爱孩子，母鸡都会。"由此可见，"爱"作为一种动物本能，实在不足以凸显教师职业有别于其他社会角色的"独有属性"。在逻辑学上，这属于界定不明。由此不难推断，以"爱生"作为教师职业尊严的基石，并不能把教师和孩子的奶奶区分开来，也无从体现教师职业作为一种社会存在的核心价值。

　　在我看来，教师就是传播和创造知识的人。最广大的教师，其终身所为，大约只在于"传播知识"。其中很少数的精英分子，在不经意间兼顾了"创造知识"的使命。如果说知识是一种力量，我想，它只应该成为一种推动"人类的自由、尊严和权利的实现"的力量。我言"传播知识"，并非把教师视做传声筒，更确切的解释，应该是"诠释知识"。知识是一个中性的概念，希特勒的暴行与爱因斯坦的良心，都是知识，都可以为学生所知。教师在"传播"这两个知识点的时候的"出于个人良心与学养"的诠释，才是教师能否赢得职业尊严的关键所在。秉持"人类的自由、尊严与权利"立场授课的教师，理应获得社会的认可，从而赢得自己的职业尊严；而屏蔽真相、粉饰谎言的教师，最终将一无所获。

　　教师职业特质的另一面，就在于他们是"教人想事的人"。一个人想事的过程，就是思维。有效的教育，一定得触动、改变被教育者的原有思维模式，同时，起到"使之更优化"的作用。西方哲学的源头，就闪动着逻辑学靓丽的倩影。我们老祖宗的典籍中，更多的是感性的类比，而非严密的逻辑推论。如果说中国人有愚蠢之处，我想说，逻辑学的缺失，是导致这个民族精神发育不良的重要因子。知识浩如烟海，怎么教得过来，怎么学得过来？但，如果我们拥有了逻辑思维的利器，便可穿破形形色色的谎言和虚妄，直达表象的内核，把握世界的实质。由是，帮助人类发现并抵达自己的"自由、尊严与权利"，从而拥有自己的职业尊严。

今日教育之民间立场

教师的社会角色及其主体性

  人的主体性是现代人最重要的观念之一，所谓自由和解放正是人的主体性的代名词。黑格尔说："在主体中自由才能得到实现，因为主体是自由实现的真实材料。"自由是对于人而言的，而人只有成为主体才可能是自由的。说起包括教师在内的知识者的主体性，我愿意选择70年前清华大学国学研究院陈寅恪大师的名句来予以注解："独立之人格，自由之思想。"

  清华大学博导陈丹青辞职的事，大家都知道。我想，陈丹青之所以要选择"回归真正艺术家的日子"，是出于"对体制的不适应，以及不愿适应"。陈丹青之所以敢选择这条路，很简单，因为他是陈丹青，而不是一般人。显然，"不合理和荒谬的规则"是存在的，而普通教师不敢漠视"待遇问题"，也就没胆量动用行为艺术对体制"发出挑战和拷问"。

  这场挑战没有胜利者，无论是作为"胜方"的陈丹青老师，还是作为"负方"的清华大学及其背后的教育体制。

  这里有一组关系：实现教师主体性的制度瓶颈。

  当前中国教育的危险在哪里？我以为，危险之一就是我们将教师成长概念极度狭隘化。我们只要求教师"像一位教师"，而不是要求他首先具备"一个社会人"的思想文化视野和相应的角色意识。

  谈到教师的社会角色，想先强调一点：教师首先是一个人，一个社会人。也就是说，教师首先属于《世界人权宣言》，属于《中华人民共和国宪法》，然后才属于《中华人民共和国教育法》及《中华人民共和国教师法》等。

  我以为，教师的成长，首先是其作为一个人的成长。现今的中国教育

界，正在大肆提倡"教师的专业化成长"，甚至有将这种已经狭隘化了的"成长"更狭隘化，使之等同于"两课两反思"的趋势。此种趋势的背后，隐藏着巨大的危险。

另外一组关系：实现教师主体性的社会与文化瓶颈。

目前我国主流文化和社会大众对教师的预期定位，大多出于两个维度：知识和道德。知识越多的老师越好，道德垂范的老师就是好老师。至于教师是否在"社会人"的维度上得到了充分而全面的发展，几乎没人关注，无人问津。

关于学生发展，新课标提出了"知识与能力，过程与方法，情感态度与价值观"三个维度的指标。我很以为然。

自然，我也想到了教师。我以为，"情感态度和价值观"作为一个关涉发展的命题，首先应该面向教师，并且应在全社会、全历史的背景下予以观照。成为"知识容器"是教师的悲哀，然而教师的视野和精神不能超出教育之篱笆，不能站在人类文明的整体高度来定位自己的事业乃至细枝末节的工作内容，从而具备一个社会人的主体性，更是中国教育的无奈。

活在中国，活在校园，活在某某教研组，拿着或语文或数学或物理或化学课本，是教师的所在。但，我们也活在对历史的反思中，活在对现实的审视中，活在对未来的展望中，活在大千世界中……我们应该有丰富而多维的生存维度，我们是这样一个多维立体坐标中最灵动最有活力的点。我们以开放的姿态划过人生、思想和学术的天空，留下一条又一条流畅而美丽的曲线……指点江山，激扬文字。

可以这样做教师么？

"独立之人格，自由之思想"应该成为社会对教师，以及教师对自身的基本期许，从而，先作为一个独立的社会人，而后成为教师。杜威说过："教育即成长，学校即社会。"我理解，这种"成长"对学生而言，应该是一个无知孩童逐步社会化的过程；对教师而言，意味着他必须关注社会，自觉主动地感受社会，评价社会，使自己成为推动社会进步的积极力量，在此基础上，"身言合一"引领学生实现社会化发展。所谓"社会化"，我认为不只在于"适应"，更重要的是，要对社会有自己的评价、设计和想法，如此，便有了此前所言的"主体精神"，便有了具备独立人格和自由思想的教师和学生，也就有了真正能够自立于世界民族之林的崭新的中华民族。

关于一个人的主体精神，我想到了中央电视台在黄金时段热播、全国收视率极高的一部电视剧《汉武大帝》，应该有相当比例的中小学教师和学生也收看了。我想知道的是，听到编导肉麻地吹捧刘彻"燃烧自己，温暖大地"的时候，有多少学生会感到"不适"，有多少教师会产生愤怒。

　　以下，粘贴《中国青年报》2004 年 11 月的署名文章，题为《何时不再"龙抬头"》。

　　　　这种"龙抬头"文化，向亿万观众喋喋不休、津津有味地描绘三跪九叩的"臣妾心态""臣妾人格"，渲染"万岁爷"的八面威风和天姿圣明，简直使我等民众不知身处何世也。

　　　　确实，做奴隶不可怕，可怕的是做奴才，尤其可怕的是奴才文化的陶醉者。奴才中的文化人将奴才思想理论化、系统化，又利用影视等大众传媒将其进一步形象生动化，让其千秋万代永垂不朽。

　　　　试想，康熙如果真的多活 500 年，那咱们岂不是都还拖着一条长辫子，三跪九叩吗？相当长时间以来，描写并宣传圣明天子、忠臣清官、嫔妃媵妾的作品，在我们的荧屏上"前仆后继"，连篇累牍，颇使我们怀疑自己是否还生活在 21 世纪的共和国！

　　　　每天晚上打开电视，总可以看到豪华的宫殿、淫逸的万岁、拖曳的长辫……真让人恍惚觉得自己又成了不折不扣的奴才！一部二十四史，就这样成了各路影视文化淘金者的"富矿"。尤其是清王朝，差不多被人挖了个底朝天！咱们这儿审查制度向来极严，不知怎的，对这类"颂圣戏"却是一路绿灯。

　　"教育的目的在于充分发展人的个性并加强对人权和基本自由的尊重。"《世界人权宣言》如是说。

　　而我们的学校，以及在书山题海之中沉浮漂泊的教师和学生，是否有机会仔细地品味这句话？是否从中感到过我们与人类教育理想之间的巨大差距？

　　就这样吧，作为一名教师，我将尽自己所能去思索和工作。陈丹青不堪"与教条共舞"，我应该可以做到"敬功利远之，恪尽己能"。并将此设为自己的职业底线。

教 师，学校权力的应然性主体

中国基础学校管理层最讳莫如深的话语之一，就是所谓的"学校决定"。在目前的学校权力架构中，所谓"学校决定"，其实就是学校高管决定。鉴于"校长负责制"的普遍实施，大多的"学校决定"，其实就是校长决定。当然，校长总是有一个"班子"的，班子中一些副手的意志和见解，校长总不能每次都不听吧。这样，校长副手的一些意志，也可能成为"学校决定"的内容。总之，所谓"学校决定"和学校中最广大人民群众——教师和学生无缘，这是事实。说它是学校中"某几个人"的决定，应不为过。

我不喜欢使用"领导"一词，故以"高管"代之。在我的价值谱系中，"领导"是一个需要慎而又慎的概念，不可轻易使用。中国当代史上的诸场社会悲剧，无不与这个概念所代表的官方权力的恶性扩张，及其背后层出不穷的"愚民、草民"的茁壮成长息息相关。而"高管"，无非是高层管理者而已。驾车上街的时候，红绿灯与交警就是我们的管理者，但并没有谁将其视做"领导"。一句话，"领导"一词，与大众所期待的"民主社会"绝对背道而驰。所以，不建议使用。

机体的每一个细胞，都携带着该有机体的全部生命信息，是为克隆之原理。目前官场腐败风行难衰，实为"人民权力"在事实上被空置使然。学校亦然。按目前的权力架构，学校校长一般由"上级"任命。其基本法理依据在于，政府代表人民意志，校长是"上级"政府任命的，自然代表着人民的利益和意志。先不说此种"任命"是否能够体现大众的利益和意志，即使学校权力在运行过程中有管理与监督，也不一定能够保障人民的充分参与。

一所学校里面存在"具体的人民"么？答曰：存在。谁呢？那就是最广大的教师和学生。鉴于学生基本上属于未成年人抑或准成年人，那么，教师便是唯一"具体而微"的人民。既然人民总应该是"具体的"，总应该不会从天而降，那么，让"在场的人民"履行其学校政治的参与权与监督权，当为学校步入民主政治的唯一通途。普通的学校教师，当是学校权力构成的主体。而学校高管，只能以"人民意志与利益"的达成者与服务者的角色出现，被重新定位势在必然。

从现实操作层面上看，学校教师作为学校权力的主体，当属唯一可行。学校权力的良性运行，无非两点：其一，正确决策；其二，防止贪腐。目前，学校权力的主体是校长，以及校长之上的政府官员。一般而言，校长都有着相对丰富的教育教学经验，不属外行，应该具备管理学校的基本资格。但校长是人不是神，只是校长一个人——哪怕加上助手若干——灵魂深处爆发灵感，也不能保障学校决策不失误抑或失误少点儿。目前学校中，最广大的教师绝对属于"无权的大多数"，没有任何参与决策以及监督管理的公共平台与权利，那么，学校高管出现腐败现象，也就失去了"最后的保险阀"。

关于"防腐"，让我们设想：如果学校中的大小开销都得经过独立的教师委员会的审核，即管理层可以提出花钱计划和理由，但要在教师委员会上提请通过。通过的，执行；通不过的，否决。当然，否决并非一审定案，校长为代表的管理层依然可以在下次会议上申辩，再次提请通过。然后学校实施"例行财务公开"办法，如每月一次，把学校的开销明细表挂在校园网上，让全体教师监督。众目睽睽之下，贪腐起来会像原来那么容易么？如此说来，现行的决策机制非但不爱护学校，也不"爱护干部"，大有彻底改革之必要。

关于"决策"，邓小平曾经说过："最大的失误当属决策的失误。"此言得之！我看，学校教育可能的最大失误，依然会体现在"决策"上。诸多可能的决策之中，尤以"经济决策"为重。每一所学校都不是什么象牙塔，里面充斥着利益的多元博弈。只有像华盛顿所言的那样，"把统治者关在笼子里"，方可保障学校利益不受大的损害。如果学校花每一笔钱都得经过教师委员会审核——事前核准事后核对，且后者拥有绝对的否决权，那么，我们还用得着担心出现太大的决策失误么？

目前中国，基础学校的权力架构基本上呈"黑箱状态"。为什么这样说呢？因为，权力主体旁移，运作程序随意，监督机制空白。政府意志及其代理人——校长，成了基础学校权力的唯一主体——其他管理者均人微言轻，更遑论普通师生。校长脑子里涌现出的所有正常或不正常的念头，均可能成为"学校意志"，予以"贯彻执行"。剑桥大学教授阿克顿勋爵说过："权力导致腐败，绝对的权力导致绝对的腐败。"这是对整个社会政治的警示，也是对一所基础学校校长独权的警示。

花钱的权力受到限制之后，我想，基础学校校长一职的"魅力"自然降低。如此，当失去对心怀"腐败理想"的投机分子的吸引力。如此，真正有志于教育革新的真正的"教育人"方可脱颖而出。基础学校教师在极端权力下面的那种"普遍的压抑感"才有可能得以根本性解除。这种时候，学校方才得以成为"教师自己的学校"，教师的工作积极性方可得到真正的唤起，并保障其可持续性。至于教育教学的改革和优化，自然顺理成章，水到渠成。因为，教育教学的主体本来就是教师嘛，他们是行家里手，他们想做好工作赢得尊重与业绩嘛！如此，"管理就是服务"的现代管理理念方可找到其现实着陆点。教师有权力"关怀自己的学校"的时候，便用不着管理者们天天高喊"人文关怀"啦！

经 济人视角：教师人际链条之利益分析

通俗地讲，所谓"教师人际关系"，应该是指教师与他的职业生涯中的那些"重要他人"之间的关系。那么，哪些人才是作为职业人的教师逃不掉、躲不开、不得不面对的他者呢？

宏观讲，"他者"有四：管理者、同事、学生、家长。如此，便构成了四组人际利益链条：教师与管理者、教师与同事、教师与学生、教师与家长。

其一，与管理者。

学校之上，有教育行政部门。学校有校长，校长之下，有主任直至教研组长。这些人都属于权力者，俗称领导，管着教师。从法理上讲，他们都是"为人民服务"的，并不构成一个独立的利益主体。在现实法则中，他们是且从来就是诸主体中最为强势者，因为他们掌控着几乎所有的资源。

剔除一些基本的人性弱点与体制痼疾所生发的不法利益诉求而外，其利益核心乃在政绩。政绩上去，管理者地位的保有和升迁才有了法理依据。而目前基础教育的最大政绩，就在于管理者辖区学生的高考分数。至于中考、统考，均可被视为高考概念演绎出来的前备与保障行为。

一个公正的社会利益格局，必当有赖于生成一个在协商中达成各方利益均衡的权力架构。与社会整体相同，中国基础学校中，行政权力占很大比重。近期出台的"绩效工资制度"，必将进一步强化管理者对教师本已拥有的行政权力，而普通教师的地位愈加滑向"无权的大多数"。

其二，与同事。

支配同事间利益格局架构的最强大力量来自于上一组关系——教师与管理者的关系。管理者们经常挂在嘴边的，是那句"充分调动教师的工作积极性"。类外交辞令，表象隐讳，但在中国语境中，内涵通透。意思就是说，管理者必将想方设法促使教师付出尽可能多的劳动。

近期，教育部发布《关于做好义务教育学校教师绩效考核工作的指导意见》，提出"奖励性绩效工资"的概念。要知道，教师薪金总额是一个常量，那么，"向骨干教师和作出突出成绩的教师倾斜，适当拉开分配差距"的钱从何而来呢？只能从"非骨干"和"非突出"的教师那里扣除下来。于是，在工作绩效这个竞争平台上，教师与同事之间，势必形成"你多吃一点，我就得少吃一点"的博弈格局。

此种利益格局的成型，最大的受益者在于管理者，而绝非普通教师的福音。但是，谁都知道"人在江湖，身不由己"，教师只有随波逐流，争当弄潮儿。作为无权的大多数，教师间火拼的战场，仅在于两点：其一，学生的时间；其二，学生的注意力。争相布置作业，题海战术由此而生，生生不息。其实，对"经济人"的教师而言，题海非仅是战术，俨然是战略。

其三，与学生。

按法理，教师乃学生家长委托政府雇佣来的学生学习与成长的服务者。而实然性规则中，学生却成为了教师达成工作业绩的工具。当然，教师本身也是某些管理者实现政绩的工具。这种说法，未免让"尊师爱生"的崇拜者们失望或不快，但它的确是事实。文化与道德是分析的维度，但并非唯一的维度。同理，经济人的维度也非唯一。

学生绝对是"有求于"教师的。在选拔性考试白热化的中国基础学校，尤为如此。这样，就不难解释基础学校教师相比于大学教师对学生学习有莫大的干预、支配权力。要想将来有份体面的收入，就得考上名牌大学。要想考上名牌大学，就得拿到高分。要想拿到高分，就得拜托著名教师。这就是基础学校教师权力的来源。其实，非教师之功，整个社会财富的分配格局使然。

故此，整体而言，基础学校教师在学生面前，依然足以维持其"强势者"地位。很简单，他手里攥着你想要的牌。再说，就一个教师而言，或许他没有使学生变好的能力，但如果他想行恶，空间还是相当开阔的，且可以让受害者及其监护人浑然无觉。不是非要以"最坏的恶意"来推测教师，真相在于，跌穿底线的事实，远比超越底线的推想还要可怕。

其四，与家长。

教师与家长之间，后者处于绝对的劣势地位。由于信息不对称的缘故，送孩子到了学校，但却无法监控学校与教师的教育服务。所以，教师之于家长，如同天气之于麻雀，接受也得接受，不接受也得接受。当然，一些是老鹰的家长不同，可以携孩子远走高飞，通过换班换学校从而达成"换教师"的目的，一般家长则做不到这一点。

如同教师对管理者的无奈，家长对教师也是无奈的。法理上，政府替家长行使着权力，这属于"代议制"范畴。现实中，家长是绝对的弱者。按照中国目前的家庭构成与传统观念，孩子本来就是一个家庭的"重中之重"。家长和教师之间如果出现利益博弈，不用想，教师必然居于强势者一方。

写一篇替教师鸣不平的文字，自然会得到最广大教师同人们的认同，乃至欢欣鼓舞。可是，无论理性推演抑或现实求证，发生于教师身上的"权力寻租"现象，依然不同程度地存在着。整个格局的改观与彻底嬗变，则有赖于公众"教育权利"的真正兑现。眼下看来，依然遥遥无期。

以上分析，仅从经济人视角入手，有意剔除了教师作为社会人和自我发展人的身份。意图在于，对教师的自我预期和自我管理提供一种近乎极端的警示。如果我们将自身的工作动因狭隘定位为经济诱因，追逐所在仅在"个人利益最大化"的话，自身的人格贬斥以及被社会公众的妖魔化便近在咫尺，难以逃脱。

信心和改变的依据，源自于我们并非单维度的职业人，经济人而外，我们还有另外两重身份——社会人与自我发展人。我们将不只追求金钱和物质，更将倾心求索"形而下"之上的价值和意义。不畏浮云遮望眼，只因胸怀太崇高。如此，方可有望摆脱形形色色的利益陷阱，迈开优化社会、提升自我的脚步。从而，有限皈依传统，无限跨越未来，达成自我与社会的双赢格局。

体 制之殇：平庸的教育者

那日，《城市中国》的Z君来访，谈及我对教师的"第一感"。脱口而出的两个字，唯有"平庸"。非要追加二字，当为"相当平庸"是也，没有别的答案。说明两点：其一，话语所及，并未将自己置身圈外；其二，在我看来，教师职业的内涵，当在于"思想，并启迪思想"，仅此而已。其中的"思想"，前者动词，后者名词。前者言指教师，后者言指学生。而学校，无非一接受、交流与生成思想之公共平台，别无他意。巴菲特、索罗斯之流，纵横资本市场数十年，均非泛泛之辈。世人言其出色，第一指标便是他们都是一等一的赚钱圣手。尽管索罗斯很有思想，但欲从"投资大师"的视角去界定的话，首要的，还是得数数他赚了多少钱。故此，言教师之"平庸"与否，仅拿"思想力"为标尺，别无其他。

言及教师之平庸，并非刻意自谴，亦非吹毛求疵。尽管，江山代有教师出，各领优秀数十月。即便长盛不衰如魏书生老师，数十年如一日，红透大河上下大江南北，也依然贫瘠犬儒如故。北京某重点中学前校长曾经放言："中国基础教育世界一流，办坏的，是高等教育。"依据是，中国中学生参加国际奥数竞赛，连年包揽金牌，而北大清华，却沦为哈佛预科班。我在想，说美国"钱多"，似难以构成中国学子孜孜以求的充分理由；而中国"人傻"，或可作为大批聪明人背井离乡的最大动因。

清华美术博导、油画大师陈丹青，在向清华提出请辞时，说："我之请辞，非关待遇问题……而是至今不能认同现行人文艺术教育体制……我深知，这一决定出于我对体制的不适应，及不愿适应。"陈丹青认为，今日教育体制的深层结构，即"学术行政化"，它所体现的"根本不是学术"。他认为，"在人文艺术学科……没有人能够夸耀并保证在学院中培养出真正的艺术家，但学院教育应该也能够达到这样一种起码的要求，即确立一位艺术学生葆蓄终生的品格，这品格，就是前清华大学国学研究院大师陈寅恪写在70年前的名句：'独立之人格，自由之思想'。"诚哉斯言！

普天之下，教师纷纭，"对体制的不适应"者唯丹青君一人乎？非也。而能够公然"拒招"，声言退出清华者，却非之莫属。起码的常识在于，不靠体制开饭，方可言及自由。如此，陈丹青君之宣言做派，对"最广大"之中国教师而言，仅只"远观"，岂可"亵玩"！陈丹青其人其事，无可复制。即便就高校教师而言，已属奢侈。对广大基础教育从业者来说，简直是天方夜谭。中国要崛起，必当"科教兴国"。谈及"科教"，"教"又在"科"之前，作为其前提而存在。教育者之平庸，对意欲崛起的中国而言，确属"是可忍孰不可忍"之列。在我看来，广泛存在的基础教育从业者"思想力"之平庸，其因缘大致有三：其一，教育行政化之高压；其二，教材大一统之禁锢；其三，教师自身之"原罪"。

有关中国的"教育行政化"，其表现有二：其一，各级教育行政部门取代了学校的教育主体地位，学校沦为行政人员比拼"政绩"的基地；其二，学校内部，教育行政化导致教师处于各种"行政管理"的枷锁之中。社会、家长、学校包括教师个人的物质利益，万流归一，无非"高考"，无非"成绩"。成绩是什么？一言以蔽之，成绩就是分数。被异化的教育，必当压扁教师。"形势"所需要的教师，从来不是"思想者"。唯有把自己打造成合乎时宜的"操作者"，才有可能在严酷的现实利益竞争中分得一杯羹。前年去江苏，闻知该省高考强市南通，有学校居然每天排出18节课来。数据背后，其残酷为何如！抛开学生不提，就教师，其身心压抑疲惫，早已超越《劳动法》规定之极限。面对此种惨状，论及思想、自由及其花朵，无疑奢侈之至、荒谬之至！

教育行政化之苛刻，还表现在，基础学校中，普通教师对学校建设几乎没发言权可言。虽说，每所学校都设有"教代会"等民意机构，但事实上，学校从经费开销到管理层任命等关涉"权与钱"的大小事项，普通教师基本上不具备任何发言权。加班加点地劳作，成了普通教师群体唯一的权力，堪称"无权者的权力"。由于教育资源高度行政化，各色各等的管理者把持着

几乎所有的教育资源及其调配权，于是，对管理者的忌惮成了基础学校教师普遍的心理红线。如此，教师将"被塑造"成以下三种类型：拍马溜须型、唯唯诺诺型、孤愤落寞型。第一类，不会去追逐思想，因为他们就是冲着实惠去的；第二类，已经被现实磨平了棱角，混口安稳饭吃，即可；第三类，可贵而稀有，他们中将萌生出中国基础学校中最有思想力的教师，但他们却势必成为领导眼中的刺儿头，日子不会好过。

再说教材。说起来，全国人民一套教材的日子俱往矣，好事。但无论人教版、苏教版，覆盖所及，依然构成尾大不掉之垄断。这和以前并无二致，最广大的基础学校教师，依然处于本无所择、照本宣科的境地。从法理上讲，学校与教师唯一所应秉持的，无非真理的发现与传扬。所谓真理，无非有二：一为真相，二为信仰。现代民主政体中，信仰被视为公民个体的权利，学校与教育均无权干预，更遑论灌输。自由市场从来就不单纯是一个经济学概念，观念与思想亦然。当社会被视做马克思所言之"自由人共同体"的时候，个人便拥有了"社会目的"的神圣地位。所谓"国家为人而设立，而非人为国家而存在"是也。由此出发，彼处的学校——无论大学抑或基础学校，无不以成全拥有独到感受力与判断力之个人为己任。

如此说来，学生及其利益代言人家长、教师与学校，自有着选择乃至编纂教材的权利，自有着依照自己的立场和学养诠释文明的权利。而这样一些形形色色的言论——包含教材文本以及对教材文本的生成、处理与个性化诠释，均应作为现代教师无可让渡之权利。矗立其后的，自有"思想自由、言论自由"等一干基本人权概念。春秋战国时代，社会经济、政治格局多元，孔墨老韩，兀自开坛授徒，行走邦国，俨然一思想言论之"自由市场"，成就了中国思想史上唯一星空璀璨、众神狂欢的年代。遗憾在于，昙花一现之后，秦皇汉武，联袂绝杀，唐宗宋祖，坐井观天，中国思想从此凋零，繁华不再，流水落花去也！而真正意义上的教师，从此断种，风流无觅。

真正的教师，不一定是思想家——那些光荣称号，留待后世分封，并不亟待现在发生。但，作为教师，一定得有思想。有思想的前提，在于拥有思想的权利。这些权利，只能以自由自主地感受、评价、诠释世界与文明而来。以此观照，当代教师——尤其基础学校教师——其贫瘠悲惨为何如哉！照本宣科，罪责首先在"有本"。"本"的存在，罪责有三：其一，成全教师的懒惰，造就懒惰的教师；其二，封杀教师的思想，造就没思想的教师；其

三，使教育矮化为"教书"，使学习异化为"读书"，乃至"背书"。似乎，从来没人去想过这样一个问题——长此以往，这世界还会有"书"么？一个对"书"没有个人观点的教师，又怎么有资格"教书"！

"思想"是一种习惯，而当代教师的大部分，基本上从未培养出这样一种良好的习惯。以世纪之交刚从大学毕业的"新教师"来推算一下，12年前，也就是20世纪80年代末期读小学，那时，所谓的"应试教育"早已成了气候，"学习"一词，在他们的经验中，或许从来就等同于"做题"。他们做了教师，自然会轻车熟路地捡起自己曾经有过的经验，以之作为自己职业行为的准则。因为谁都很难超越自己的经验行事。一个学生丢了东西，怎么办？基础学校教师，在这种情势面前，经常得客串侦探和刑警队长的角色——破案。我曾经就职的一所学校的一位年轻女教师，当时就遇到过这样一个案例。她的办法很简单，让全班同学每人拿出一张纸，写上"自己认为"的小偷的名字。小偷是"选举"出来的么？这不是一个问题。问题是，这种"想当然"的处理策略，是谁教给她的？这起偷窃案件，如果真按照她的方式去判决，那么，必然会酝酿出一个微型的"人权事故"。

关于教育，关于基础学校，关于教师，有太多的话可以讲。篇幅所限，就此打住。打不住的，是对教育、学校和教师的热望。平庸的教育者，乃体制的产物。同时，这种平庸又将进一步强化某种本已腐朽的体制。"独立之人格，自由之思想"，陈寅恪先生70年前的热望，到了今天，我们还要将其束之高阁么？马克思先生对人类理想社会的解读，唯"自由人共同体"而已。胡适先生言道："为自己争自由，就是为国家争自由。"中国的进步与发展，中国教育的进步和发展，我想，其要义，尽在其中。

谁 说教师是队伍

　　很久以前，我所在学校有一位教导主任，口头禅动辄"打了一仗"。教书需要打仗么？似乎不。他言语之内涵，无非期中考试、运动会之类，奇怪吧！这些个没什么大不了的事情，到了他的口里，怎么就显得那么严峻呢？这类现象的背景，有人分析过，结论之一是，新中国的老干部，大都是马背上下来的，习惯了战争用语，非"打仗"无法过瘾，算是有来头。纳闷的是，此人和我年相若道相似，说这话的时候，也不过30岁出头。再说，他祖上代代务农，绝非"大院子弟"呀！

　　至此，你不得不佩服"文化传承"的厉害。近年来，国学泛起。我想，诸多所谓传统文化的泛起中，遭人忽略的，就有那位教导主任的风采。时至今日，在一些学校的官方文件中，依然存在着不少"战争年代"的经典用语。比如，把一些业绩优异者称做"标兵"。比如，不把教师叫教师，非要叫为"教师队伍"，才觉着过瘾。

　　队伍的本义，就是军队。引申义，为"有组织的群众行列"。国家要不要军队？现阶段，是要的。那么，是否整个国民都做军队？答案必然是否定的。教师群体，是否可以看做军队，抑或自我定位为军队或准军队？答案依然是否定的。中国有好多似是而非的概念，"群众"就是其中之一。为什么不说公民呢？每个公民都有他的个体权利，为了维护这些权利，会出现自发的公民组织。注意，只能是自发的，而非"他者"来组织的。至于"行列"，属于特指，游行之类而已，并不"普适"。

　　军队这玩意儿，就人类而言，可谓"生不带来，死不带去"，一个相对

短暂的历史概念而已。山顶洞时代，应该没有正规军。理想中的共产主义里，军队一定得消失才对。套用当今比较时髦的学术语言，大约只能界定为"必要的恶"之类。在过去的一些肃杀年代，曾有人号召"全国人民学人民解放军"。枉揣圣意，大约军队是最爱听最高统帅的话的，所以，恨不得全国人民都那么听话，那么"一切行动听指挥"。历史证明，军队备受推崇的年代，往往是一个专制横行人权凋敝的年代。

就一个国家而言，军队是属于"全民的"，还是属于"某个团体的"？目前世界通则是，属于前者。这个问题现在不讨论，因为，基本不需要讨论。我感兴趣的是，为什么在中国甚至中国基础教育界，总有那么一些人，依然那么推崇军队，依然喜好把教师称做"队伍"。有一点，喜欢把教师称做队伍的人，绝大部分总是以统帅自居的，起码也是以"小队长"自居的。昆德拉说过，人类最强烈的欲望，无非性欲和权力欲。可以推测，即使目前看上去尚且手无寸柄的那些人，只要他喜欢大呼小叫"教师队伍"，哪天他做了教导主任，立马就会感觉特好，觉着自己混出个人样来了。

教师自是教师，队伍自是队伍。队伍不是教师，教师不是队伍，是谓"钉是钉，铆是铆"。从职业人的视角看去，大不了"社会分工不同"而已。但是，在中国，根据需要，每个阶段都少不了喊出一些口号，比如，前些年的"尊重知识，尊重人才"。我曾经傻想过，好险啊，幸亏，咱还有点儿知识，或许，尚可忝列人才之列，否则不就得不到尊重了！现在想来，最好别提什么"尊重人才"，尊重人即可。一个社会，如果只有所谓人才方可受到尊重，那么，"非人才"呢？是否在宪政国家中，目不识丁者就没有投票权？如此下去，"法律面前人人平等"岂不是一句空话！

就教师自身的职业特点来说，最可怕的，便在于把教师搞成队伍。教师是面对学术的一群人，学术呢，最讲究的便是个性与多元，所谓"发他人所未发，言他人所讳言"。从自身出发，第 N 只眼睛看世界，百草齐茂，百花齐放，家家说话，百家争鸣，才会有学术的繁荣，才会有教育的发展。把教师管死了，管成一个个"小兵"，让他们什么想法都没有，临事，跟爱国电影中的小兵似的，只会高喊"首长，您就下命令吧"，行么？我想，到了那个时候，干脆别办学啦，要办，只办黄埔军校就行啦。

当下，中国教育界众多叶公纷纷表态，好龙好龙特好龙。学生怎么发展？主体性发展、个性化发展，都没错。可是，对于学生发展的重要因

素——教师，却苛刻苛刻再苛刻。想想，如果不能造就"个性充分发展"的教师群体，又何来学生的个性化与个性化的学生呢？所以呀，还是不要说什么"教师队伍"，更不要以师长旅长自居，动辄便妄想"统——把"大家的思想，时不时便大发其喊"一二一"的雅兴。话语背后，淫威不止啊！殊不知，极权和威权中，不会有中国的未来，不会有中国教育的未来，也不会有中国教师的健康成长。

也 说 "亲其师而信其道"

中国人的重大能耐之一，就是面对现代社会的众多概念与辉煌，总能找出"古已有之"的佐证。比如，足球、民主，提溜出自孔子至高述一干人等，民族自尊心、自信心便可得到极大的满足，至于"无权的大多数"和中国足球队，那自然不必提及啦。

很久以来，多次聆听一些专家学者有关《学记》的报告，言其如何通过对《学记》的解读，使中国及其悠久的教育传统赢得广泛的国际尊重之类的神话。近年来，书刊网络，很多人引用据说"出自《学记》"的一句话，试图觅得一些"新理念"的古老支撑，颇为费心。其中之一，就是所谓"亲其师而信其道"。

太多的人都说本句"出自《学记》"。慢慢地，令我怀疑自己的记忆力是否出了问题。《学记》我是读过的，好像没有这样一句话，更没有"只有亲其师才能信其道"抑或"由于亲其师所以信其道"这样的因果格局。

于是，便去查《学记》原文，将相关文字转贴于下：

> 大学之教也，时教必有正业，退息必有居学。不学操缦，不能安弦；不学博依，不能安诗；不学杂服，不能安礼；不兴其艺，不能乐学。故君子之于学也，藏焉修焉，息焉游焉。夫然后安其学而亲其师，乐其友而信其道，是以虽离师辅而不反也。《兑命》曰："敬孙务时敏，厥修乃来"，其此之谓乎。

再粘贴译注于下，参照阅读：

　　大学的教育活动，按时令进行，各有正式课业；休息的时候，也有课外作业。课外不学杂乐，课内就不可能把琴弹好；课外不学习音律，课内就不能学好诗文；课外不学好洒扫应对的知识，课内就学不好礼仪。可见，不学习各种杂艺，就不可能乐于对待所学的正课。所以，君子对待学习，课内受业要学好正课；在家休息，要学好各种杂艺。唯其这样，才能安心学习，亲近师长，乐于与同学交朋友，并深信所学之道，就算以后离开师长辅导，也不会违背所学的道理。《兑命》篇中说只有专心致志、谦逊恭敬，时时刻刻敏捷地求学，在学业上才能有所成就，就是说的这个道理啊！

译注不一定准确，但我懒得自己去校正。想，反正八九不离十，凑合着看吧。

不难发现，《学记》中，"安其学，亲其师；乐其友，信其道"同为"藏焉修焉，息焉游焉"的结果，同为对君子从事学习活动的基本要求。四者之间，纯属并列关系，并没有拿"亲其师"作为"信其道"的前提，它们之间，并不存在"因果联系"。

在《学记》的理论体系中，"道"乃本体所在，其下，无论"师"还是"生"，都是"道"的奴仆，根本不存在信"师之道"的余地。正像我们的教育方针，规定为"培养有社会主义觉悟的劳动者与接班人"——培养者与被培养者都属"客体"，真正的"主体"，大约还是"社会主义"那样的概念与意识形态之类的东东。人，尤其个人，在中国教育的过去和现在，都是缺位的。

所以，赋予"亲其师"与"信其道"以因果联系，纯属于今人的自作多情，抑或以讹传讹，抑或属于明知故犯的机会主义行为。

请允许我从最后一种可能说起——"亲其师而信其道"一定对么？

"亲"，大约可以解读为"亲近"，应该属于"情感范畴"的事儿。而"道"，大致应该解读为"原理、道理"等，应该属于"客观规律"范畴的事儿。

小时候，听我奶奶讲，大地是驮在一头巨大的神牛的背上的。而牛，是需要翻身挠痒痒的。大神牛翻身的时候，就会发生地震。我和我奶奶是很亲近的，是否，我该相信她老人家的宇宙观，从而拒哥白尼的现代宇宙观于度外呢？这样做的首要后果，就是我地理高考不会取得相关分数。其次的后果，就是我将遭到男女同学的强烈嘲笑，拉大我与现代文明之间的距离，更别说想娶一个城里美女做媳妇了。至于理性与否，倒在其次。

再假如，如果我是上海陈良宇先生的得意门生，关系铁得不得了。陈良宇先生用他的并不一致的言行告诉我，上海最广大老百姓赖以安度晚年的社保基金是可以挪用的，是可以被某些个人据为己有的。你说，我是否该出于我与"陈老师"的"亲近"，而放弃从小所受到的"党和人民的教育"，转而加入陈老师的"经理人团队"，以剥夺人民所有为己任呢？那样的话，起码，这个长假，我恐怕不能平静地坐在这里写文章了。

人与人之间，应该友好相处，不假。自然，包括学生和教师。至于教师所持之"道"要不要相信，那得诉诸人类文化，将其置于科学与理性的坐标，慎重权衡才对。我的观点是，亲近某人，与信某人的道，是两码事，不应该混为一谈。

"亲其师，信其道"本来不是《学记》的观点，已经以讹传讹了。这说明使用这句"语录体"的人，大部分并没看过《学记》原文，即使看过，也没进行过起码的逻辑分析。语录体甚嚣尘上的民族，距离真正的学术，何止十万八千里！

当今的教育者中，相当一部分患有形形色色的机会主义毛病。那句话，看起来可以为我所用，操作起来有助于我"工作目标"的达成，先拿来用再说。我想，"亲其师而信其道"的命运，也大抵如此。

于是乎，在这样一个"正确的原则"的指引之下，老师们大可各显神通，软硬兼施，想方设法，和学生"套近乎"，让学生"亲近"自己。不亲近？好办，感动他小人家。想想，人家连中国都能感动，感动一两个顽劣不化的小家伙，那还不是小菜一碟呀！

你上课睡觉，好办，我嘘寒问暖——是不是病了？一定要多休息呀！顺水推舟装病？也好办，我回家给你煲汤来，且亲自送到你床前。人都是感情动物，当年，你师母就是在这样迅猛强劲而又润物细无声的"感情攻势"面前缴械投降的，哈哈！

不得不亲其师了吧，那，自然就得信其道。其道是什么？两个字：听

话！于是乎，我的班级、我的分数、我的业绩，我的所有所有，障碍扫除，一帆风顺。

至于，我的教育是否真正成就了你们的思想自由与个人意志？对不起，俺根本没想过。

名师的五要五不要

关于名师，想说的很多。但杂志社只给我排出 1500 字的篇幅，只有长话短说。俺深知，大家都是教师，对谁指指点点都是不妥的。鉴于名师已成社会公器，冒昧说几句吧。进入脑海的，是若干个"要不要"。仅提出，并不予展开。

不要多吃多占。名师的多吃多占现象相当严重，甚至非常严重。社会资源是有限的，而一些名师的贪婪却很是无厌。先进教师是我的，特等奖金是我的，外出交流是我的，提拔做官也是我的。总之，名师的虎皮一上身，所有好处都是我的。朱棣文《在哈佛大学毕业典礼上的演讲》中的一句话，送给这等名师比较适合，他说："不要把桌上的钱都拿走。"

不要急于扯旗。中国的教育模式名目之多，绝对世界第一。那么，中国教育是否世界第一呢？地球人都知道。这里面，名师们负有不可推卸的责任。上了几节自我感觉不错、大伙儿评价还好的课，就急于扯旗，上书"某某教育"之类烫金大字，招摇过市。借鉴先贤也不打个招呼，一副天下独门唯我原创的派头。实质上，形式逻辑的关都没过。

不要孜孜做官。很多名师，出名之后，便有了做官的资本。加之运作之效，官儿也就到手了。做官之后，掌控资源的能耐更强了，"集天下英才"简直小菜一碟，"出成绩"也就比别人容易很多。以名捞官，以官保名，师不师，教不教，均可旱涝保收。我想，这大约就是传说中最美妙的"双赢"吧。

不要做催泪弹。一些名师说起自己得意的课，总喜欢拿学生们"流出了热泪"说事，一派"感动中国"的成就感，挥之不去。在一些论者的标准里，学生是否流泪了，大约也是判断教师教学是否具备"人文色彩"的因素吧。在我看来，"健康情感"是不需要培养的，只要不伤害即可。某名师全国上名课，所到之处，号啕一片。滑稽啊！

不要工于表演。说一些名师是上好的演员，并没有半点冤枉他们。以前流行"教师主导"的时候，他们挤眉弄眼、声泪俱下。现在时兴"学生主体"了，他们见风使舵使课堂鼎沸。从刘姥姥到林黛玉，没他们不能演的角色，也没他们不能演成功的角色。我想，教师首先是人，凡是人，总有着他相对恒定的个性心理特征。真嗓子说话，人之底线也。

以上，凑出来"五不要"；接着，再凑齐"五要"。

要尊重公民权利。中国从来就不缺乏体制所需要的人才，而中国真正意义上的进步，却只有指望一代公民的出现。中国的孩子普遍被剥夺了休息权，却没几个名师看得见，遑论发挥自己的影响力，为孩子们获得基本人权鼓与呼。一些名师操作中的尊重学生，无非是将硬性控制化为软的就范。公民权利意识的觉醒，名师们任重道远哦！

要不断刷新知识。听语文课的时候，"水可载舟，亦可覆舟"不绝于耳。听物理课的时候，牛顿后面，愣是听不到联系一下普朗克、爱因斯坦和玻尔，哪怕几句。历史老师，从来自信满满，张口闭口历史规律，愣是对"测不准原理"充耳不闻。刷新知识，不只是一个学科概念，更是一个跨学科概念。名师们，备课时先上维基百科瞧瞧，好么？

要读一遍教育史。读了，便基本知道水有多深。读了，便不会过分胡说八道。名师们大都喜欢说创新，我呀，只想悄悄地提个醒——不知旧，焉知新！"太阳底下没新鲜事。"如此，我们才可能规避奢谈创新的陷阱。再则，每个时代，人类都有障碍，教育都有命题。读了，当可借鉴勇气、智慧和经验。善莫大焉！

要勇于质疑体制。质疑是一个学人应有的品质，发自感受，基于良心，绝非作秀，更不是跟体制撒娇要糖吃。目前中国大局，正处于权利与权力的博弈之中。耳闻一些名师，对加剧教育与社会不公的重点中学现象，非但不扼腕，反而面有得色，我不知说什么好！真的名师，必将如蔡元培、胡适、殷海光诸君，矗立于社会洪流，而为其中流砥柱。

要敢拿教材开刀。教材的"繁难偏旧"是大家深有体会的，但我从来没在哪个名师的演讲中，听到身体力行的讨伐。名副其实的名师，应该具备刷新现行教材的眼界、胆略与智慧。牛奶中含有三聚氰胺，咱再怎么讲究"喝法"，再怎么作香甜状，都是没用的。荼毒子弟的事儿，该改弦更张啦！

我是一个没有理想的人，对名师概念也显得迟钝。听过几节课，见过几个人而已。10年前，某博导级名师在我校讲坛上说："没考上博士就没资格对博士说三道四，否则，便是酸葡萄主义。"听完之后，几个人笑笑，庆幸道，幸亏没读那种博士。博导此说，大约是想激发俺们知耻后勇——勇于范进中举、硕士、博士、壮士、烈士一路读下去的吧，没承想，却种瓜得豆。

基本的自知之明

　　有生以来，遇到过许许多多则名人名言。其中一些，是人家强迫你记住的；另一些，是自己强迫自己记住的。总之，这些东西，记得并不牢靠。那天，我给学生介绍尹丽川的一首诗，里面有一个很精彩的句子。这一点，我和学生取得了愉快的共识。下课前，我说："好吧，咱们背诵一下诗中那个好句子。"

　　"一个女孩要经过怎样的经验和泪水，才能长成一个大妈！"享受着少男少女们铿锵明亮的声音，我说："没错吧，好的句子是不用费力气背诵的。更多真相在于，不是我们记忆力不好，是他们写得太臭！"此说，极大地鼓舞了同学们的志气，极大地打击了权威话语及其拙劣的制造者，又替学生们找到了"背不会"的借口。一箭三雕，自然深受欢迎。是的，美女尹丽川的这句大白话，比那些"天将降大任"的名言警句深刻多了。

　　是人都爱吹牛。说起来，吹牛其实是每个人最基本的精神需求，关涉一个生命"自我肯定"的神圣奥秘。我儿子早在 4 岁的时候，便动辄"我小时候"如何如何，让人忍俊不禁。子如其父，我自然也是吹牛好手。想想，编一个精彩故事——或仅只细节，神游其中，俨然王子公主，简直过十关斩十二将，多爽！与此同时，渐渐地，我具备了发现别人吹牛的能力，并且，基本上不会放弃在心里悄悄鄙夷对方的机遇——唯独只是例外了自己。

　　直到有一天，我读到一句话："人，经常会被自己的谎言感动得热泪盈眶。"目前为止，我只知道这是一句法国谚语。至于是从书上看来的呢，还是从别人口里听说的，无从考证。反正，不是我头脑里固有的，也不是从天上掉下来的。由于没接触过任何法国人，也不懂法语，所以，也不是哪个法国人耳提面命的。但有一点是肯定的，非我原创。还有，没下任何背诵的工夫。再有，想忘也忘不了。

据说，人类生活中少不了谎言。谎言的一部分，后来，被人类文明定义为"美言"了。中国古语俗语中，早就有"美言几句"之说为证。同事一起去对面的小饭馆吃东西，老 M 便朝服务员大叫："靓女啊，上茶!"茶是上了，至于服务员究竟靓不靓，没人会追究的;妻子买了件新行头，隆重披挂起来，你当然得巧舌如簧一番，仅仅出于所谓"教养"么? 非也! 其中起码的逻辑在于，一个想可爱的女人一定是可爱的。所谓"女人由于可爱而美丽"，说的就是这个理儿。

按我的经验，绝大部分人发表"重要谎言"的目的均比较单纯，可谓出于善意。问题是，只凭善意就可以"说无赦"了么? 于此，我想套用一句鲁迅先生的绕口令，所谓"再善意的谎言毕竟还是谎言"。接着，我设想了很多很多，甚至，女皇面首——年轻小伙张易之、张昌宗兄弟俩强装欢颜，艰难应付局面的不堪历程。略去那些"非法权力"的占有者愚蠢的"美言迷信"，以及背后权力吞噬的智商的悲剧，最后，我将焦点会聚于自己，会聚于自己的职业。

伟人曾经写出过"一唱雄鸡天下白"的诗句。是否，此前此后，从来就有着一些自我感觉超良好的雄鸡自豪地认为，如果自个不那么"唱"几声，简直"天不生雄鸡，万古如长夜"，呵呵! 之所以这样调侃，非为别人，只因自己。记得第一次带高三语文结束以后的那个暑假，我和同事们整天忙于大吃大喝。那时，高考远不似现在这么"好考"，考上的学生，其家里往往要隆重举办"谢师宴"。我和同事们便成了义不容辞的食客。吃得很忙很累很辛苦，有时候，一天得赶好几个场子。酒桌上，免不了受用学生及其家长的恭维。开始的时候，还有些不自然，听得多了，便只剩下受用了。

学生说："多亏老师的培养。"家长说："都是老师教得好。"于是，老师便成了一只只感觉特良好的雄鸡。美酒满腹，美言盈耳，简直"两个文明一起抓"。其实，如果静下心来面对一下，想想，我们真有那么不得了么? 起码，我的结论是，不至于。就我个人而言，这里面还有另外一层背景，那就是，我向来没把自己的"所谓成功"寄托在学生身上。后来的后来，随着自己渐渐年长，对教师的自恋与机构的忽悠认识得越来越明白，渐渐地，拥有

教师角色之民间立场篇

了作为一个职业教师的基本的自知之明。其基本内容在于，学生的就是学生的，咱绝不贪天之功为己功。

　　一个星期以前，我又参加了一次"类谢师宴"。M 同学大学毕业，考上了国家机关公务员，即将进入外交部。回来，找几个老师坐坐聊聊。收到邮件，本没打算要去，因为没给 M 同学带过几节课。后来，M 同学强调了我辅导她参加电视台辩论赛夺冠的"丰功伟绩"，还有，我想了解一下国家机关公务员考试以及外交部诸类概念。去了以后，被安排在 M 同学外婆旁就餐。与外婆女士交谈一席之后，我想，我找到了 M 同学为何具备如簧巧舌的遗传依据。外婆女士今年已经 70 多岁了，精神矍铄、反应敏捷、视野开阔、逻辑严谨、话语流畅。最后，即席致辞的时候，我表达了这个意思，我说，或许，M 同学最应该庆幸的，是上帝给她派来了这样一位外婆……并不是我们，并不是老师！

监考，还是扫厕所

监考，还是扫厕所？一个并不哈姆雷特的问题。似乎一个风马牛不相及的问题，一个无厘头的问题。总而言之，一个不是问题的问题。

无聊，抑或相当无聊的时候，让我们选择说废话吧！无可回避的选择，无可选择的选择。很久很久以前，被监考折磨得百无聊赖的时候，我自言自语——校长啊，我宁愿一个人把全校的厕所承包下来打扫 3 天，你不要安排我监考，行么？

自言自语，在考场上。不记得是期中还是期末了，但那种天地玄黄的感觉，至今还是那么切近，那么呼之欲出。考场上，只是一个人腹诽。下来后，便说给狐朋狗友们听。优美的女教师们，当然不会公然赞同。破罐子破摔的丑男们，笑得哈哈哈的。

没跟校长说。在我的经验中，理解了监考苦楚的人，一般都当不了校长。对牛弹琴，固然是弹琴者的愚蠢。对校长说那么"人文"的心里话，大致也算不上多么聪明。校长也就算了，最让我看着伤心的，是一些雄赳赳气昂昂的监考者，俨然一副掌握生杀巨柄的德性，似乎手握皇帝老儿御赐之尚方宝剑，陡然就牛起来了。

话说回来，监考毕竟是一件异常枯燥的事情。比如我，某年月日高考监考，居然在考场上睡着了。体育教师张红的弟弟在考场上，回去告诉她姐姐——你们学校那位小胡子老师，双目炯炯了 20 分钟，然后，就在讲台上打鼾了，交卷前 20 分钟才醒过来。"我会打鼾么？纯属诬陷啊！"不过，还好，鼾声不大，没把巡视员们给惊动过来。

我不爱监考，并不代表着不爱教书。说起来，学校里，我最爱干的活儿，就是上课啦！我想，大凡酷爱自由尤其是酷爱自由表达的主儿，应该都会喜欢上课。教学目的、教学重点、教学难点、教学步骤，所有所有这一切，都是写给教案的。教案呢，是用来对付检查的。我知道也很钦佩那些拿着教案字句对照的优秀教师们，我所能做的，就是信马由缰地教书，将教案打入冷宫。

不知数理化该怎么教，反正，教语文我有我的歪道理。备课是要的，但不是面对具体课文的那点儿雕虫小技。我心目中的备课，是宏大而细微的，渗透到教师生活方式里面的那种浩瀚无比的备课。林黛玉进贾府有什么了不起，《红楼梦》乃至"红学"里面遛几圈，不就小菜一碟啦！好啦，不吹啦，继续聊监考。

难啊！主题思想，段落大意。开起小差的念头，止不住地逃逸。这不，又叫我想起公安局刑警队那位朋友，瘦瘦小小的，眼睛比老鼠的还贼亮。当时，我和王军都喜欢摄影，苦于钱少胶卷贵，苦啊！刑警队那位朋友倒好，彩卷整天海用。一次，当面表白了对他职业的艳羡之意。没承想，他老鼠眼睛一眯，颇为沧桑地吐了口烟圈，说道："你们光看见贼喝酒，没看见贼挨打啊！"

一席话之后，我还真是不羡慕他了。原来啊，他是刑警队照相的。照些什么呢？犯罪现场。刑警队处理的，基本上都属于刑事案件。那种现场，红红白白，但绝非桃花红梨花白。连纯粹生物学意义上的腐朽糜烂，都得亲临现场去拍摄。正常人想起来都会反胃。怪不得，这小子经常口口声声说当老师好。看来，不全是客气哦！

在此类参照物面前，我倒是乐于承认，我所从事的工作，还真有那么点儿"太阳底下最辉煌"的意思。不过，监考例外。监考嘛，说起来也是凡事一桩。监考的时候，你得有一种在我看来极不健康的心态，就是那种拒绝信任一切人的心态去工作。在标准的监考者眼里，每一个人都是作弊嫌疑人——起码存在作弊动机。

韩非说："人主之患，在于信人。信人，则制于人。"这里的"信"，是真诚的意思。课堂上，我提了个问题："同学们，你们判断一下，皇帝们幸福么？"答案没有让我失望，学生们纷纷摇头，不认为皇帝老儿们有多么幸福。当然，我也不认为他们幸福。如果有谁非要把我和我的学生归到"酸葡萄主义者"行列。我想，我会像流行歌曲所唱的那样，一笑而过！

不过，监考时的一些花絮，倒是能够极大地改善一些监考者的无聊状态。比如，有人偷看，有人传夹带，这时，窝囊半生的英雄们，便有了用武之地。万一有学生被抓而不服——其实不是不服，而是把问题想象得过于严重，闹将起来，总会引得一些人围观。总有一些老师，期中期末考完很久了，还在给同事们描述某某作弊被抓的窘态，津津有味地讲着，绘声绘色不止。

似乎确凿，古代的时候，科举考试中照样夹带成风。为了遏制作弊，考官们绞尽脑汁。在开封考试，天寒地冻，考生们都穿着羊皮袄上考场，里面容易夹带。聪明的考官们便让这届考生反穿着羊皮袄答卷。想想看，那是一个多么壮观滑稽的场景啊！满腹经纶的羊儿啊，谁敢说咱是草包？

现在，文明社会了，厕所不叫厕所，叫更衣室，叫洗手间，甚至叫化妆间。只是，学校还是学校，监考还是监考。监考还是那么无聊，无聊总是盼望点儿动静，学生总会有人出点儿状况。好啊！这样一来，不就有聊了么？

当老师好么，不好么？一个并不哈姆雷特的问题，一个仿佛无厘头的问题。贪婪是人的本质属性，也理应是教师们的本质属性——包括我。于是，广告词曾经说过无数遍——没有最好，只有更好！于是，再次，贪婪地想啊想——如果只教书，不监考，那该多好哇！

教师 "非专业化成长" 更为可贵

　　开学的时候，我照例向全校教师发出倡议——有关开设文化专题课的倡议，忽悠志同道合者一起开设专题讲座，供高一学生选修。我校开设文化专题课的历史算是比较悠久了，最早，算是俺一个人开设的，在 1997～1998 学年度。到了 2001 年，学校设立了教科室，也有了校本课程这个正式称谓，还是我一个人开。当时，算是校本必修课。2004 年秋，借新课程的东风，正式成为选修课，加入的教师也多了，采用 "教师自荐，学生选修" 的形式。《南方都市报》对此曾经有过报道。由于内容和形式均具有相当的新意和厚度，我将其称做我校校本课程的 "旗舰项目"。

　　今年，倡议发出以后，照例有许多老师踊跃加盟。开出了从哲学、历史学、社会学、心理学、数学理论、科技前沿到经济学等一干课程。选择了 16 个专题推荐给学生，最后，有 14 位教师开课。被 "选掉" 的老师有几位，说起来，倒不一定是那几位老师的课题不精彩。比如，美学与乌托邦两个专题便很有意思，但在选课中却不怎么受理解，最后人数太少没法开课，只有忍痛割爱。不过，在组织课程资源的过程中，给我留下最深印象的，却是一开始就被我选掉的一个老师——生物教师 P。

　　报名的时候，P 老师给我发过一个邮件。留在我的工作文档中，一直没舍得删去。现在，把它贴过来。全文如下：

　　　　子虚老师，您好！我想做一个新的尝试，开设体育舞蹈课——
　　有氧拉丁，但和我的学科没多大关系，希望得到您的支持。这是我

的一项狂热爱好，并愿意和学生们一起分享。谢谢！

由于文化专题课课程定位的原因，P老师的课没开成。我曾经找她聊过，打算把她和她的课程推荐至我校体艺组的"体艺选修课"中去，后来也未果，但她以及她的课程却给我留下了深刻的印象。我愿使用以下10个字来表述：蒙昧的勇气，可贵的热情。

仿伟人语，戏谑一下：一个生物教师，不忌隔行，醉心拉丁，妄想把自己的狂热爱好传递给自己的学生，这是一种什么精神！会出现的疑问在于，她是否是一位专业很烂的教师，只好旁逸斜出，不务正业？请放心，这位生物教师的专业能力也是一流的，前不久，获得了广州市优秀青年教师大奖，为证。我曾经听过她的一节课，课堂上，她知识娴熟、思维敏捷、妙语连珠，学生反应上佳。从她的眼神里，你可以发现她对自己所从事专业的热爱与自豪。我的评价是，一位专业能力强、有活力的女教师。

记得，当时她还到我办公室来过一趟，专门聊有氧拉丁之事。说起拉丁，她的眼里便闪烁出一种单纯而迷幻的光彩，看得出，她确实热爱这项运动，很热爱。她说，她从小就喜欢舞蹈，学了拉丁舞之后，更是迷恋有加。她坚信，一定有很多女生男生会喜欢上这一舞蹈的，因为，它的确是一项属于青春的运动，一项属于青春的艺术！中文系出身的我，琢磨了半辈子语言，我的经验里，凡是一开口就说起"我从小"如何如何的人，一般有三个特点：其一，够童真；其二，够坦率；其三，够自爱。一个自我感觉不佳的人，怎么会具备教育者的魅力？一个个性不够坦率的人，怎么能够与学生顺畅沟通？至于做一个教师而不失童真，当然更是好事。

后来，这事没做成。因为，当时已有"体艺校本课程"，主要由体育组艺术组牵头。我这里的文化专题课，不便安排这类课程。明白这个架构以后，P老师便放弃了，尽管还是觉着遗憾。无论怎么说，那天的谈话是令人愉快的。我很高兴，认识了一位颇有才艺天分的生物女教师。以前，虽说也知道她，但我所知道的，仅姓名而已。一个人认识另一个人，是要有机缘的。这种机缘，一般都出现在一些非正式场合。一个生物教师，异想天开，意欲"夺了"体育、艺术教师的饭碗，这是一桩多么不谙世事多么富于勇气的事儿啊！

一个运行正常的社会，在我看来，其指标之一，就是能够最大限度地存留人性中的纯净与天真。去年暑假，我去了英国，整天没事，少不了在多吉栈桥处看美女。一杯咖啡，半晌时光，感慨无限。最大的感慨是，英国美女的表情，那么自然，那么悠然，那么纯真。她们脸上，阳光一览无余，焦虑未曾降临。大约用不着忍受书包与分数的折磨，故而，才能如彼的鲜亮，如彼的滋润。不像我们，学校里，从女学生到女教师，个个被考试与分数折磨得花容失色。更有一些学校，校规残忍，总务主任携德育主任，手执大剪刀，从小榆树的翠绿树冠到小女孩的飘逸秀发，都给"咔嚓"得一般齐，这才过瘾，这才道德！P老师30多岁了，还能保留着如此心境，如此热爱生活，难得啊！我看，这不就是一个很有价值的教育学研究命题么？

考试与分数，并未给中国人带来诺贝尔奖，这是不争的事实。考试与分数，却让中国的女教师与女学生失去了应有的美丽，也是不争的事实。这种美丽的失却，不仅表现在外表上，更体现于心灵中。中国的教育，大喊小叫，想让学生"全面发展"。纵观我们四周，有几个教师全面发展了呢？我对"全面发展"的理解，并非数理化语文政治都考100分。我的意思是，大家怎样才能够秉持一种开放的心态，寻求一种丰富的人生。语文教师都要被之乎者也埋葬了，数学教师也要被抛物线给抛离了，所有的教师都在研究ABCD选择题，却失去了为自我选择丰富生活的能力，悲剧啊！如此背景下，遇到一位醉心于有氧拉丁且想将它与自己学生分享的生物教师，多么难得！

中国大学分科过于细密，专业壁垒森严，导致学人们普遍视野狭窄，不能触类旁通，不仅局限了中国科学的发展，亦严重影响了学人们自身的精神境界与内在修为。一次聚会上，几个老北大毕业生感慨上届常委构成，戏谑什么"满清王朝北大荒"，的确事实。伟人最喜欢的是工科，其次理科，最讨厌的就是文科，自有他的理由。而这些，却深刻影响了中国大学的办学方向，至今流弊未竟。外语系的学生，只练"口语片子"，不攻西方经典，典型的有技术没文化。鲁迅，一医学专科肄业学生，最后成了一流文学教授、一流文学家。是的，教师专业化成长固然重要，但教师旁逸斜出的"非专业化成长"更为可贵。所有这些，均构成我对P老师此人此举万分欣喜的充分理由。是为记。

要 找到教师的"最近发展区"

教师培训是部门常规工作。可不，教师例会又要开设一场讲座。

讲座的内容出于学校工作需要——本期，我们打算开展"公民教育"，以达成对传统德育工作的拓展，也希望通过此举实现德育的优化与新的"生成和增长"。

延请 X 君作为主讲者，来主持我们的第一讲。

并非迷信学者，也非"外来和尚好念经"。延请 X 君的原因有二：其一，看过他的文章《从"我很重要"到"你很重要"》，我和同事 S 君等均很以为然。其二，认识 X 君，这样，实现深度沟通显然比较容易。假期就此事和 X 君有过交流，他答应了。

中午就讲座之事和 X 君通话，我们达成的共识有：理性客观呈现，不高喊口号，不提简单结论——中性呈现材料，并把理性思考的范式交给听众，人家自然会做结论的。其中提到"如何让教师听得下去听得懂"的问题。当时，我说："我们得找到教师的最近发展区才行。"

我为什么会这样敏感呢？

长久以来，我在学校会议上讲话之后，总有些人喊着听不懂。我知道，凡是大喊大叫"听不懂"的家伙，大多都是已经听懂的主儿。只因为大家均属"生前友好"——我们的常用语——故而用这种异乎寻常的方式表达某种亲密罢了。

但我也深深知道，我的讲话真令有些教师"听不懂"，并且，比例还不小。反思原因，起码存在如下因素：其一，集会上讲话人多，时间被分割，

无法从容展开；其二，我怕展开占用太多时间，而教师们都很忙；其三，往往命题宏大，不容易展开；其四，自己患有严重的"系统嗜好症"；其五，教师面对的问题和研究者并不一致，很多人缺乏接受与思考的期待。

"最近发展区"这个概念，我是从一位心理学出身的同事口中听到的。当时，她的话是针对学生而言。说者无心听者有意，我当时只是觉得与自己有关。其实，此前我并未接触过这个概念，但仅凭"字面分析"，我想，我应该已经领会了它的内涵。

上网查看，相关信息果然不少。抄录一段：

> 最近发展区理论是由苏联教育家维果茨基提出来的。维果茨基的研究表明：教育对儿童的发展能起到主导作用和促进作用，但需要确定儿童发展的两种水平：一种是已经达到的发展水平；另一种是儿童可能达到的发展水平，表现为"儿童还不能独立地完成任务，但在成人的帮助下，在集体活动中，通过模仿，却能够完成这些任务"。这两种水平之间的距离，就是"最近发展区"。把握"最近发展区"，能加速学生的发展。

我在想，教师也需要发展，教师在学习中照样存在一个"最近发展区"的命题。

有效的培训，必须得找到教师的"最近发展区"。

即兴想了想，也没想出什么终极结论。但还是有一些思绪的只鳞片羽浮现出来。

其一，得研究教师的真正需要，了解他们在琢磨什么，把握他们的潜在兴奋点。

其二，得想方设法把你想要讲的理念和教师的日常工作和生活联系起来。

其三，得研究教师知识和观念的现状，了解他们现有的知识结构和思维惯性。

其四，得往"等号左边"回溯，让你的理论支撑和教师的思维现状对接才行。

其五，尽可能感性呈现，必要时得放慢节奏。

其六，选材要下工夫，不可随意为之。把基础教育的"备课"原则做一下迁移，大约应该叫做"备学生"。

　　大约，凡是涉及学习，施教者都将面临一个研究"最近发展区"的命题。

　　我做得到么？不能，起码现在不能。但并不妨碍我思考这个问题。

自由结合：教研组生成之天方夜谭

　　活在新世纪，活在新世纪的中国，活在新世纪的中国基础学校，本来就比较痛苦。而现在，寒假前夕，各校的中基层管理者们，又迎来了一个痛苦高发期。因为，各校都在进行考评工作。

　　不敢过于乐观地评估广大中国学校基层干部们的思想觉悟所能抵达的高度，因为，还是有极少数管理者会为手中的"权力"终于有了一年两度的用武之时而摩拳擦掌。想想，现在，能够给其他人"打分"了，多么美好的时刻呀！如果真没人这样想，那中国就不是中国了。

　　但可以肯定的是，管理者中，痛苦者应该远多于幸福者。这也是我对中国未来抱以有限乐观的理由之一。无论怎么说，官味渐淡，人味趋浓，毕竟已成大众品位了嘛。可喜可贺！

　　其实，我并不想对教研组长怎样"合理打分"说点什么。其一，我并没有什么锦囊妙计；其二，这种事躲都躲不及，谁说谁傻。考评打分是中基层管理者的"高危工作"，谁不知道呀！

　　请捂住鼻子，佩戴防毒面具更佳。让我们先回顾一项工作，以前的全中国妇女，曾经很敬业地从事过的一项日常工作——裹脚。什么是裹脚？不用论证，就是裹上那只曾被强力折断的小脚丫。怎么裹？时间、地点、材料，独立完成还是"合作学习"？似乎，都是学问。我不是说所有学问都像裹脚一样，没准，就蜕变为那种"很有味道"的学问。人世间空气再新鲜，很臭的学问还是有的，天长地久地存在着。

　　我为什么要说有关妇女裹脚的学问属于那种"很臭的学问"呢？理由很

简单，因为，这些学问与学问者从来不先想想：妇女为什么非得裹脚不可呢？也不会略微延伸一下，想到：不裹行么？

于是，我想到，现在，中国基础学校所施行的这种"教研组建制"，一定是必要且合理的么？另一个问题，这种建制形式一定是唯一合理的么？

据说，中国基础教育界足以傲视美国同行的法宝之一，就在于普遍推行着的"教研组建制"。据说，教研组简直给教师的所谓专业化成长提供了源源不断的交流契机，不只个人成长，而且同伴互助。中国基础学校的教研组，个个都已经或即将成为"学习化组织"，简直形势一片大好，不是小好，也不是中好！

或许，飞机比汽车好，汽车比自行车好。但我们必须意识到，任何的好，都是存在代价的。自行车相撞，大约不会死人。汽车撞车，可就没那么轻松了。拍拍土就走人，行吗？至于飞机事故，用"死无葬身之地"来形容，应该不存在夸张的嫌疑。

当然，教研组是不错，有它的好处。但我们也不能不看到，教研组对教师学术个性的局限、羁绊甚至扼杀。以前的教研组，相对比较松散，现在，教研组作为一级"紧箍咒"，越念越起劲。公开课要评奖，要计入教研组业绩表，于是，对上课教师的"集体打造"便势在必行。因为，你代表的不只你个人呀！于是，备课二字之前，被加上了集体二字，美其名曰"集体备课"。一加一当然大于一，于是乎，大家一起来商议一个方案，肯定好过自己单独琢磨。教案统一，教学设计统一，流程统一，作业统一。大一统的思路，在基础学校广为流行，其势头，猛过 SARS 不止。

按我个人心得，及对学术生成的理解。学术只能是"个人的"，而非"集体的"。个性而非共性，能作为学术的本质属性。当然，我并不是要倡导封闭，正好相反，我历来就是开放的最坚定的鼓吹者。我只是想说——与他人的交流和研究是必要的，但这种研究与交流，只能是非正式的、自发的、非机制强加的。据此，将推导出——学术必须是自由的。

解散教研组，在中国，不可能也没必要。还是让我们回到前面的思索——由学校行政力所保障并推动的"教研组建制"，一定是必要且合理的么？另一个问题，这种建制形式一定是唯一合理的么？

相信，对此，每个人都会有自己的回答。我的回答，想用一个设想来呈现。

我的设想是——开学后，学校宣布，自由组建教研组。每个老师，都有发起的权利，也有参加某教研组的权利。依据学校教师多寡，教研组人数的下限可以设定为 5～10 人不等。我设想的教研组，不一定只按照学科编排，完全可以跨学科。最重要的是，参与者必须是"臭味相投"者，有话可说者。这些人在一起，嬉笑怒骂中都是教研，都是科研，都是读书。既是工作，同时也是休息。这才叫超越工作，超越中自有快乐，自有成长，也自有学术。我想，真学术的第一步，就是大家说真话，而不是在"一级组织"的主持下，俨然地坐着，各自说一些不着边际不痛不痒的官话，演绎一些外交辞令。

　　学校会"失控"么？这本身就是一个"假命题"。教师中蕴藏着巨大的"做学问"的积极性，只是，这些积极性被冷冰冰的行政机制给抹杀了。管理问题是另一个问题，设置出方案，一点也不难。所谓管理，不就是服务么？想好好服务，老师们自然乐于被你管理。至于"教研组长津贴"，自由组合的教师们自然会推出他们的"头儿"，既作为学术沙龙的召集人，又作为民意代表。当然，谁也别搞终身制。

今日教育之民间立场

提 防备课过度

"备课过度"是我刚才想出来的一个短语。

大家都知道，备好课是上好课的前提和基础。现在更是提出了一系列"备法"——备教材、备学生之外，又加上了备教法、备理念。于是乎，一些老师便在备课上下足了工夫，不只钻研教材，精选习题，连上课提哪几个问题，问题由哪个学生来回答，是否要号召学生"掌声鼓励"，都赫然进入了备课笔记。上课前，自当踌躇满志，一副有备无患的架势，比善解牛的庖丁先生还要牛。

对这种做派，我颇有腹诽。构成理据的关键词有二：自由；偶然。

尽管存在这样那样的毛病和缺陷，但长久以来，我仍然觉得自己算是一位敬业的教师。我也曾经向更为敬业的老师们学习过，也曾经像他们那样"做足工夫"，但上课的效果却不很理想。这种不理想，首先表现为课堂艰涩，失去了往日的流畅。其次，就是自己失去了一个教师应有的课堂冲动。想想，每个环节都"设计"到了，甚至连用几分钟都固定下来了，所有的答案都写出来了，一点儿也不能越雷池半步，还会有什么冲动。想来想去，我的结论是，世界上最美好的事物，存在一个共同点，那就是自由。所有美好的感受，无不从自由而发。听钢琴大师演奏，最美妙的，不是贝多芬的乐谱，而是大师们对乐谱的个性化诠释，所谓对华彩乐段的自由演绎。再说，真正的课堂，永远存在美妙绝伦的未知世界。未知，是对人有限性的恶意挑战，更构成对人的无限性的善意诱发。我觉得，感觉最好的课堂里，必然得存在"现在发生时"的困惑和发现，以及随之而来的突破和超越。唯此，教

师和学生才会同时享受到从情感到智力的"快感"。

和大宇宙一样，小课堂中也充满着偶然。你原计划打算提问 A 同学，但在课堂上，你发现，B 同学从来没闪亮过的眼睛，今天居然神采奕奕起来了。对了，没准，今天这个提问，对 A 同学来讲，只是一次例行公事，没任何刺激和冲动，但对 B 同学，或许能成为建立他与学科全新关系的契机——千年等一回的契机！环节，是需要讲究的，但环节的僵化，在预先准备好的课堂上，是难以避免的。如果我们不再奉行"进度主体"，我们将发现，学科思想、人与学科的关系、人与人的关系，由此而来的人与世界的关系，才是我们在每一节课中最应该关注的核心所在。留心每一个能够展示学科魅力的偶然，也留心每一个可能激发学生兴趣和潜能的偶然，留出足够的时空，予以充分的放大，以达成强化。这才是最最要紧的。

有诗为证：程序诚可贵，自由价更高。混沌偶然开，天地新纪元！

那么，老师应该怎样备课呢？归结于下：

其一，博览群书，夯实知识厚度；其二，钻研经典，把握学科思想；其三，追踪前沿，瞩目最新资讯；其四，放眼教育，观念、过程、方法；其五，文史哲学，洞察文明变迁；其六，心理人文，人格健康开放；其七，童心永驻，和学生一起成长。

姑且命为宏观备课，工夫当在课外。

较之刚才所诟病之"备课过度"，俨然比过度还要过度啊！

给 集体备课泼点冷水

据上海教科院顾泠沅教授介绍，国际社会对我国基础学校的教研组建制极为赞叹。美国佬总结了好久，终于明白，美国和中国基础教育之所以出现"差距"，就在于美国学校没有教研组，老师们无从"找到组织"，所以，专业发展显得缓慢。

学习是需要的。美国人可以向中国人学习，中国人之间当然更应该互相学习。教师面对问题展开研讨，使自己的心智成为一个"开放体系"，接受来自四面八方的碰撞与交汇，感受云蒸霞蔚，领略气象万千，从而提高文化素养，提升专业能力。好事！

教研组建制继续细分，便出现了备课组。上同一年级课的老师，面对同样的教材，一起研讨的共同话题更为近切，所以，便有了"备课组活动"的必要。教材解读、教法选择、教学进程等，都可以作为老师们之间相互交流的对象和内容，有利于相互学习，共同提高。

但是，近年来的发展，却搞出来一个新名词——集体备课。

如果"集体备课"仅限于上述诸项，我不会提出任何异议。问题是，一些学校在集体备课中强调统一，要求"高度一致"——统一教案，统一课件，统一习题，统一作业量，理据为"发挥集体智慧"及"减轻学生负担"云云。

中华民族历来有着浓重的"大一统情结"。从"人民公社"到"国有企业"，经济上的大一统，给社会发展带来的好处似乎并不大。于是，回过头来，与时俱进，重新捡起市场经济的法宝。当然，经济与教育之间，一些举

措并不能类比移植。只是想以此说明，大一统不一定就好。

回到备课。备课属于典型的学术活动，个性化是学术的本质和灵魂。无论是教材解读、教法选择还是教学进程，都应该允许每一个老师保留并发挥自己的个性。如果教学也存在"标准化答案"，那根本就不必有教师个体的存在，由中央电视台聘请几位"标准教师"，通过信息网络包下全国所有学校的课程算了，天天搞现场直播即可。

备课组作为一个教师的学术组织，存在着通往"学术共同体"的宽阔路径。但我们也不能不看到，在"集体备课"的旗帜下，教师个人的学术自由和教育想象力正面临被剥夺被取消的严重危险。不遵从"集体备课"原则的教师，将会承受来自组织的强大压力。最终，会导致整个基础学校学术自由的消失，导致教育创造力的萎缩。

"集体"可以作为教师个体备课的资源之一而体现其存在价值，但不必强求集体备课。况且，教学过程中，除了学术之外，还渗透着教师的阅历、学养、情感、智力构成特点等不必统一也无法统一的元素，而这些，正好构成学科知识背后强大的人格资源和个性魅力。强求统一，只能导致教师教学的平面化和苍白。

中学教师在想什么：只敢说自己

我曾经写过一篇文字，题目叫做《一个人变坏的初始标志》，写了几千字。有感于某些曾经那么朴素的人，后来，不幸被权力濡染、上瘾，应了鲁迅先生"一阔脸就变"的不祥预言。欷歔之余，写下的最后一句是，"我说，只说一句——一个人变坏，从漠视他人的感受开始！"

编辑给了一个题目——中学教师在思考什么。叫俺谈谈。

"谈谈"不难，反而，颇有些投我所好的效果。妻子经常调侃我的说法是，"简直贫农的儿子，贫啊！"回想我小时候，沉默寡言，现在，大约是到了报仇的时候，贫话如滔滔江水连绵不绝啊！所谓"谈谈"，不就是贫几下子么，何惧之有。近些年来，博客上贫了近千篇，乐此不疲。

但"中学教师在想什么"这个命题，我却不敢贸然作答。倒不是怕做不对——俺从来不怕"试错"的，只是，中学教师这个概念怎大了点儿，俺扛不起。曾经开写"中国话语"系列，其中有一篇就叫做《我代表》。现代宪政有一个基本原则，那就是，未经授权的"我代表"都是没有法理依据的。于是乎，便在"中学教师在想什么"后面，缀上"只敢说自己"五个字。开聊。

昨天，为学校"百家讲坛"之事，与一世界级跨国公司中国华南区高管约谈，想蛊惑她前来为我校学生开讲，侃侃 IT 行业的前沿与未来走向。我说："所谓学校，其实就是一个成长平台。为师生发展提供尽可能优质的知识资源，乃现代学校的主要使命。"这里面，关涉我对教育与学校的本质观念，当然，也关乎我的教师观。既然，引发事物变化的因素无非物质、能量

与信息，那么，力促信息的共享和流动，当为教育、学校与教师的核心使命所在。

对各行各业的从业者，社会大众是有其各异的心理预期的。比如，市场经济时代的今天，社会上那些智商最高的人士，主要都流向了商界。利益导向使然，我们别不服气。

我的题目，对约稿函略有篡改，将"思考什么"偷换成了"想什么"。在我看来，"思考"一词过于俨然，过于阵势，不如"想"字来得通俗亲切。说到这里，大家千万别上了观念的当，以为中学教师就一定那么正经，那么煞有介事。昨天中午去饭堂吃饭，迟了点儿。路上，遇到已经吃完了饭的同事G，他神神秘秘的样子，说有悄悄话告我。"行，说吧。"我把耳朵凑了过去。"看前面，美女哦！"一脸坏笑。我往前面一看，果然，一美女风姿绰约，姗姗而行。大家相视一笑，各走各路。

当然，他说的美女并非某美女学生。不拿学生开玩笑，底线也。昨天，区里在我校礼堂举行全区小学生舞蹈选拔赛，小美女云集，美女教师也云集。于是，赏心悦目之余，大家开开玩笑。

一个概念：中学教师可以想或云思考美女么？答曰：基本人权，当然可以。非要有文化一点，也行：发乎欣赏，止于审美。仅此而已。废话啊！

继续废下去。说起美女，我想，和全世界古往今来的所有男性人类一样，中学男教师们还是很想很想的。只是，作为一种稀缺资源，美女想不想我们，却不很乐观。起码，在我刚上班的时候，20世纪80年代，中学女教师中稍微靓丽一点儿的，大都不乐意嫁给中学男教师。而中学男教师们娶回来的老婆，基本上，美女绝迹。现在，情形好多了。有很多美女视金钱地位如粪土，勇于嫁给中学男教师。思考到这里，不禁鼓掌！热烈鼓掌！

中国是一个讲究爱国的国度。这里，我得稍微啰唆几句。啰唆的主题是，站在历史制高点兼道德制高点的位置，继续鼓动美女们嫁给中学男教师。众所周知，教师职业和公务员并不相同。不同在于，它需要灵感。而美女是最能激发教师灵感的。如果教师们的智慧和灵感如滔滔江水连绵不绝起来，那，中学课堂，该是多么好玩啊！顺推下去，我们的中学生们，该有多么聪明啊！青睐教师，成就人才，事关民族大义，请美女们踊跃响应哦！

说完色，再说食。告子曾经说过："食色，性也。"告子没孔子有名，但这句话却很有名。前些天，一个教师QQ群在讨论工资的事儿，很多Q友拿自己的工资和公务员的相提并论，并论的结局是，颇为忿忿然。尽管，坊间流行"态度决定一切"的说辞，但是，我不相信这些鬼话。鬼话，一般都是用在一些事不关己、不痛不痒的场合的，万一挨上了自己，痛痒难忍啊，只有说人话了。

不止网络，现实中，经常掺和有关教师待遇的非正式聊天。不是非聊不可，但往往会提起这一壶。那天，几个教师，几个别人，一起吃饭聊天。教师们免不了诉苦，什么没黑没明，没上班下班，作业批不完，心操碎了，云云。一旁人支招道："没事啊，别那么苦着自己，职业人而已！"没承想，安慰不了在场的教师同人，变本加厉起来，诉苦风潮，逐浪高。

我很是赞同在场的一位同事的说法。她说："不同啊！职业人概念，我们知道的，但我们和其他职业人不同。你们所面对的，或许只是物品和利润，这好办，少赚点而已。我们面对的，却是一个个孩子。他们的未来，他们背后的整个家庭的指望。虽说，应试教育很恶心，但关乎孩子们的前程，我们只有恶心自己了——说服自己接受这种恶心。"她说出了我们这些中学教师的处境，说出了我们的狼狈与无奈，还有，或许没法纯粹起来的高尚。

谁都有一颗红亮的心，谁都有一本难念的经。中学教师之谓乎？

那天，一位刚入职的语文教师来我办公室探讨一个问题，提到"浅池深淘"这个比喻。我眼前一亮："好啊，很好的说法。"她说："好是好，我还是不很清晰。"我说："继续比喻吧。叫我看，就是教师设计的课堂讨论平台，门槛要低——每个人都能够跨得过去，有话可说；同时，又要具备兼容高难度动作的空间，就是说——不设天花板。"我们都乐起来了。我知道，这属于正宗且地道的真正意义上的职业人的微笑和会心。

教师在思考什么，抑或，教师在想什么？一个比宇宙还要广袤辽远的命题。啰唆了几句，一看，已经超过了编辑规定的 2500 字，就此打住。我回答了问题么，还是没有？我不知道。最后，再次，以个人的名义，感谢杂志。感谢她的这个命题，能够在乎我们这些普通中学教师的感受。谢谢哦！

Jin Ri Jiao Yu Zhi Min Jian Li Chang

学生培养之民间立场篇

女孩子，你们为谁而容

上语文拓展课，遭遇"士为知己者死，女为悦己者容"一句。

我问："你们说说看，士与所谓知己者，权利与义务对等么？"学生们摇头。有发言者说，"不对等。一方只需要'知己'一下，而士却得付出生命的代价。"

我对发言者给予了一番大肆吹捧。然后，说："是的。不止如此，我们还不难看到，士的以死相报，也是很有选择的。比如，比他社会地位低的人，就算再怎么知遇他，他也不会为对方献身的。士人以死相效的对象，一定得具备两个条件：其一，社会地位要高；其二，对自己得有所谓知遇之恩。"

接着，谈到"女为悦己者容"。

先将"女为悦己者容"写在黑板上，然后，在"悦己者"三字下面画一道横线。横线下面，写下三个字——"己悦者"。我说："妇女节快到了，我得给各位女同学送点儿礼物。下面几分钟，男生旁听，课堂，只留给女生。"

我接着说："现在，请女同学辨析一组词，'悦己者'与'己悦者'。请大家先举举手，凭自己的直觉，来表态——你是喜欢'悦己者'还是喜欢'己悦者'？"

手，刷刷就举起来了。表态的结果是，半对半。

我说："这是一对比较敏感的词汇，我就不在课堂上为难大家了。好了，还是让我们通过几组假说来完成判断吧。同学们还小，只有老师来现身说法，无私奉献啦！

众所周知，我是一已婚人士。关于我和妻子的关系，存在着这样几种可能：其一，相爱；其二，我爱她，她不爱我；其三，她爱我，我不爱她；其四，不相爱。

假如，待会儿下课以后，回家，妻子很冷静地告诉我，她已经不再爱我，想了很久，还是分手的好——大家别笑，得想，这种可能在生活中存在还是不存在。对了，是可能存在的——如果我爱她，这消息对我绝对是晴天霹雳。如果我不爱她，那就叫谢天谢地。对吧？

再假设，如果，我去对面市场购物。市场上那位卖菜的大嫂，直对我叫，说她不爱我——又笑。其实，这种可能也不是不可能存在。市场上好多豆腐西施，鲁迅说的——那很简单，我会说，谢谢，谢天谢地！

数学课上，大家经常研究一个又一个数学模型，但生活中，却没有接受假说的思想准备，真是不可思议啊！捷克小说家米兰·昆德拉先生说，所谓小说，在他看来，就是设想人类生活的各种可能呀，在各种可能的情态下的各种可能的反应。我们不能拒绝假说，尤其是有关人生的假说。

最起码，假说是一种极佳的智力训练形式。人生假说的训练，将增进我们应对人生的能力。你们说是吗？

让我们回到假说原型。原型中，妻子代表着'我爱的人'，卖菜的大嫂代表着'我不爱的人'。二者的共同点在于，都表示不爱我。但对前者的表示，我在沮丧之余，应尽力挽回才是。对后者，依然只能真诚地表示谢天谢地。

我相信，在这个熙熙攘攘的多元世界里，每一个人都有自己喜欢的人，同时，作为硬币的另一面，每一个人也都存在被谁喜欢的可能。无论男孩女孩，当他们第一次听见有人说出'我爱你'这样一个火辣辣的字眼的时候，这个时候注定会成为她或他人生中的重要时刻。

听到这个字眼，其实不难。但这点，对有些人——尤其是生长在相对封闭的社会中的人，或者，生活阅历相对贫乏的人来说，却属于情感生活乃至整个人生的重大考验。

继续我们的假说，我退出，让一个抽象的女孩子登场，做主人公。假设这个女孩子接到了某个男孩子的求爱信号，接到之时，也就意味着选择开始。选择中，女孩子自身的理智与对情感的理解，将决定这则司空见惯的故事的流向与结局。

此类情境中，女孩子对'悦己者'与'己悦者'一组概念的理解，已然成为影响其抉择的关键词。

本能地在乎'悦己者'的女孩子，在这个世界上大有人在。对于这一点，有人从女性在情感生活中的所谓'被动性'角度去诠释，有他的道理。但，如果我们愿意从人类历史发展的视角去看的话，不难发现，正如伏波娃所挑明的，'女人是被造的'，不是上帝，只是文化。甚至，不难上溯到人类进入父系氏族公社以后的生产与生活方式的演进。总之，这世界上，本来就没有什么一定是天经地义的，包括感情生活中的男性女性的不同角色期待，都受制于人类一定发展阶段的生产生活方式。

波伏娃看透了这个'局'，但，更多的女孩子没有看透。于是，一句'我爱你'便往往拥有了无往不胜的神力，如同威力强大的氢弹，炸得女孩子们晕头晕脑。晕头晕脑的时候，自我往往缺席，理性往往缺失，于是，便有了'爱情是盲目的'诸如此类的说法。

现在，故事的发展，便与该女孩子的'命运'息息相关。如果说出这番话的男孩还真是不错——从身体到心灵都相当健康，那么，被'我爱你'击穿的女孩子，没准还真会收获所谓爱情。渐渐地，爱上这个男孩，甚至，走向白头偕老。

问题是，世界上有好男孩，也有'坏男孩'。每个人，都带着自己生命与文化的印迹走来，走向爱情与生活。即使再好的男孩，也存在着将来活得猪狗不如的可能。一些'运气'不好的女孩，或许，就是被那样一声'我爱你'误导，从而走上命运悲惨的人生道路。未可知啊！

'悦己者'得逞的故事，并不一定与爱情无缘。我要说的是，这种故事中的女孩子，比较缺乏一个人应有的'主体意识'。她们的命运，从一开始就是被动的，客观上，往往是随波逐流的。仅此而已。

同理，在乎'己悦者'的女孩子，她们的命运与生活中，并不一定就存在唾手可得的幸福。并没有哪个上帝可以保证，此举一定通往所谓的'真正的爱情'。但是，第一感觉选择'己悦者'的女孩子，一定是一个明白自己需要的人，一个在情感生活中拥有'主体精神'的人。

听到'我爱你'的时候，她们应该不会被轰得迷迷糊糊。当然，无论是谁，听到这三个字，内心还是会高兴的。只是，她们会想另外一个问题——他喜欢我，不错；问题是，我是否也同样喜欢他？

女孩子总是喜欢打扮的。这里面的'打扮',即'女为悦己者容'中所言之'容',一个很优美的行为动词。至于女孩子为什么喜欢打扮,究竟,社会使然还是种性使然还是二者都有份儿,目前,似乎还是不得而知。但,为什么打扮,为谁打扮,还是应该去思索去面对的——哪怕,这种面对,最终没有结论。

课堂上,有才女推导到了'女权主义'。对此,我深表佩服。作为对根深蒂固的男权社会的有效'反动',女权主义是一种很有价值的主义。我个人,乐意'中性看待'这类主义。很简单,男性要有自己的权利,女性,也应该拥有自己的权利。时间有限,不再展开啦!"

我历来认为,一些概念,一些讨论,不一定要有结果。关于课堂,有一个我深以为然的说法,就是"解决问题属传统课堂目标,生成问题才是现代课堂的根本目标"。虽有偏颇之嫌,但也不无道理。于是,我想,我课堂上的这段插曲,也应该算得上是"生成问题"吧。

简而言之,一句话——女孩子,你们为谁而容?

"学生自治"，能否成为我们的教育共识

在我的教育理想中，"学生自治"一直作为关键词之一而存在着。

我的文字，很少引用名人名言，但杜威是个例外。多年前，对杜威的作品进行阅读之后，"学校即社会"便占据了我的大脑，至今，还没有第二个教育思想家能够成功刷新。

什么是社会？在我看来，最简明的解释，就是"人群"二字。由于人从来就是一种群居动物，所以，社会性实为人之本质属性。此点早成共识，不需要特别论证。

问题是，在中国学校尤其是基础学校，经常有"为了学生将来顺利进入社会"之类说法。显然，在一些学校和教育者眼里，学校尤其是基础学校，根本不算社会。校门以外，才是社会。于是，孩子们所处的学校，好听点，叫"象牙塔"，俨然一尘不染；难听点，可称之为"××圈"，安全圈养起来，完事。

学校的作用，根据我国的"教育方针"，当为"培养社会主义建设者与接班人"。教师的作用，很多人还是喜欢韩愈那句话，所谓"传道授业解惑"。对此，我不想发表什么评论。只想提出两点，大家一起商榷。

其一，建设者与接班人的说法，我不想正面置评。只是，首先提请大家思考一个简单问题——学生作为一个人，其作为社会人的主体性怎么在"教育方针"里予以体现？其次，这一"教育方针"建立在一个假设之上，假设所有学生的利益是共同的，没有任何冲突的。这点真实么？

其二，假设"授业"属于纯知识概念——其实还是靠不住的，那么，

"道"与"惑"经常会具备强烈的"社会属性"。这种社会性的出发点与归宿，往往落点在"利益"之上。而面对利益冲突的时候，任凭学校和教师有天大能耐，我看，那些惑，也是解不了的。因为，任何"灵魂深处"的革命，均无法取代现实利益的胜利和失败。

我要提请大家注意的核心在于，我们能否首先把学生看做一个"经济人"和"社会人"，而不单纯将其看成一个"学习人"？

历史已经证明，民主政体是人类文明运行至今所能找到的"最不坏"的社会制度。在我看来，其要旨有三：其一，承认每一个"个人"的意志和利益，且没有谁的意志和利益可以凌驾于他人之上；其二，每一个人都有参与社会生活，直接或通过代言人行使管理社会的权利；其三，利益多元化的各个人群，需要沟通、协商、妥协以寻求多方均可接受的"最不坏"的利益格局。

多年之前，我执教的那所学校里，初三一批毕业生出校门的时候，一伙人高唱着一首广告歌曲，"我们是害虫，我们是害虫……"一度传为"佳话"。那是我职业生涯中的一次重大事件，至今，我还是这样认为。是的，即使从一些贪官的自白中，都不难发现我们教育的失败。一些人身为高官，有关民主政体与公民社会的常识，居然一点儿不懂。作为教师抑或学校，我想，首先应该反思的，是我们的教育。

不能说教育是万能的，但良好的"指向民主社会"的教育肯定有助于吏政清廉，这是肯定的。那么，怎样使"民主"不至于沦为"仅仅一个名词"的地位，应该是我们所有教师和学校的天职和使命所在。教育必须是"指向民主"的，并且，只有通过民主的教育，才可能实现教育的民主，从而，使中华民族——世界上最庞大的族群最终享有真正优质的民主。我知道，几乎每一个教师都向往民主，但在我们的具体工作中——工作机制与工作过程中，往往，却试图以专制的手段实现民主教育。现实中，这种想法和做法，简直罄竹难书啊！

我们所有的，就是一遍遍地背诵"民主的定义"。背诵的唯一效益，就是考试的时候照搬上去，拿到高分。我们的学生在学校生活中，从来就没有运作过民主，当然，也没有享受过民主。学生们作为一个人的"与生俱来"的主体精神，被学校体制和教育抹杀殆尽。久而久之，在他们心目中，民主便成了一句谎言，一句似乎很漂亮的假话。

社会，当然需要规则。这些规则从哪里来，只能从每一个社会成员的需要而来。学校教育的过程，应该是孩子们体味这种需要，从而抵达"自我治理"的一个漫长过程。期间，自然会出现一些问题，但即使成人社会也是有问题的。我们的各级学校，醉心于表面的"安定团结"，结果，失去了真正能够使未来公民成长成熟的所有机遇。铁板一块的重压之下，学校死水无澜，俨然"有效管理"。问题是，这是怎样的一种"管理者缺位"的被彻底异化的管理呀！

一所学校的主体是谁？学生。学校教育的服务对象是谁？学生。学校运作中真正的管理者是谁？还是学生。

一个真正健康的可保长治久安的社会，一定是一个实现了公民自治的社会。一所真正为中华民族未来负责的学校，一定得从"学生自治"起步。

"学生自治"，能否成为我们的教育共识？

教师坐班，坐断了"学生自治"的路

中国教育多口号。"为了一切孩子"之下，我们有了重点校重点班建制；"为了孩子的一切"之下，我们有了德智体美劳全面发展的方针。"一切为了孩子"之下，基本上没有哪个教师胆敢"冒道德之大不韪"，公然拒绝把自己的"一切"献给学生。尽管，很多学生并不很领情。

教师日均工作时间普遍超过 8 小时，这是事实。一些教师为了让学生考得高点儿再高点儿，自觉自愿地"无私奉献"，也是事实。很多基础学校，为了"纪律良好"，在时间安排上，用教师，把学生所有可能的空闲时间全部塞满了。即使寄宿学校的晚自习，都安排了教师坐班——教师轮流坐在讲台上，作为"纪律"的维持会长。据我所知，一些高中学校，学生普遍被要求上晚自习。问题是，自习并不姓"自"。自主学习，在中国基础学校，基本上还只是一句口号。很多教育者，只是拿它和课堂教学作点儿区别罢了。学生在下面写作业，教师在讲台上批改作业兼"维持秩序"，这，大概是中国基础学校自习课的惯常格局吧。

从自由、时间、利益成本上来核算，几乎每个教师都反对自习课坐班。但是，并没有谁胆敢明目张胆地抵制。自古以来，中国人都是"君子耻言利"，教师纵有一千个不高兴，也得打起一千零一份的精神，坐在讲台上，维持晚自习秩序。说得冠冕堂皇一点，可以认为是"为学生的学习和发展服务"。我可以肯定，一些教师尽管心里不愿意，但还是认同的，因为，这样做，对学生的学习和发展总是有好处呀！其实，我们还可以这样想，就算把教师利益和自由抛在脑后，这种"坐班制"，真的有利于学生的成长和发展么？

可以想象的是，晚自习没有教师坐班，让学生上名副其实的"自习"，肯定比"教师在场"要显得乱一些。这种"乱"，看在管理者眼里，他们往往会做出一个"纪律松懈"的结论。我经常在想一个问题——所谓"纪律"是教育工作的最终价值么？思考的答案是否定的。即使一些管理者经常拿来作比的战争，纪律的作用也仅仅是帮助取胜而已。学生在学校，学习不是一切，成长才是最重要的，学会社会生活的观念和技能才是最重要的。如果我们所强调的所谓纪律对此造成妨碍，我看，即意味着我们的观念需要修正，且应该作比较大的修正。

杜威先生说得很清晰："学校即社会，教育即成长。"一个班级，就是一个社会的雏形。究竟靠什么力量，以谁为主体来构建和运作这个"小社会"呢？目前，以"教师坐班"为表征的运作体系，明摆着是以"社会之外"的力量来形成和维系班级的"社会秩序"的。放而大之，一个社会——比如中国——能够靠中国之外的哪些力量来形成与维系秩序么？显然不能。漫长的专制社会里，皇帝和政府往往充当着一个"社会之上"的角色，呵护和辖制着社会系统的运作。至此，"教师坐班制"的性质，已经昭然若揭。

伟人说过："人的正确思想不是从天上掉下来的。"同理，人的错误思想亦然。如果，我们愿意承认"教师坐班"是错误的，那么，让我们来追溯一下其思想、文化及社会根源。看过很多部以吸血鬼为题材的欧美电影，里面，吸血鬼的可怕，不止在于其自身"武功高强"，更在于，被它吸过血的人，立马会成为另一个吸血鬼。中国是一个有着漫长专制历史的国度，在那里，民众被迫接受着一种"自己未曾授权"的统治，久而久之，丧失了对统治的反思和观照能力，当然，也可以说从来未曾拥有过这种能力。虽然说，世界已经进入了"民主政治"时代，但在许多国人——包括教师——心目中，民主还仅是一个漂亮却轻飘的词汇。

一个社会，自然要有秩序。问题是，秩序从何而来？一个简明的答案在于，秩序，只能从社会成员自身的利益而来，作为每一个社会成员的利益保障而存在。有人会说，教师不去坐在教室里，自习课还不乱成一锅粥，这不是有悖于学生利益么？说得对，让我们再想下去。教室里成了那样，应该不符合最广大同学的利益，这样，他们为了自己的利益，必然"穷则思变"。这种要求建立秩序的力量，正好是一个社会健康运作的最强大的原动力所

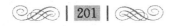

在。我想，教师以及学校组织的作用，就在于给予学生发现自己"利益所在"的机遇，并提供他们实现和保障自己利益的必要帮助。

乱了，他们会急。好吧，召开同学大会，大家一起来商议解决。这个商议的过程，用现代政体术语来解释，就是"共和"这个概念，就是"民主"这个概念。让各类同学——想乱的和不想乱的——都来发言，都在一个公共平台上摊开自己的想法，大家辩论，辩论完了之后，大家投票。在这样一个基础上，自然会形成一个能够代表班级根本利益的"主流意见"。这个主流意见以及附于其后的"可行性方案"，就是这个班级关于晚自习纪律的班级法律。注意，同样作为具有约束力的"准法规"，这样形成和运作的路径和渠道，与"教师坐班"的弹压，完全不同。我想，"班级社会"的形成，大致如此吧。如此"培养"出来的学生，应该更接近于民主社会合格公民的标准。

今日教育之民间立场

郑 重提议：让孩子们全面上网

关于中国基础教育，我自有千言万语想说。

如果只让说一句，我会说：让孩子们上网！

近日，国产三代战机歼十成军，装备部队。各路军迷无不弹冠相庆，奔走相告。似乎，中华民族的崛起已指日可待——进入歼十驾驶舱，按按电钮，即可一飞冲天。

同为中国人，我当然理解国人对"强大"的渴望。同样，对歼十成军之事，也乐观其成。只是，我的欣喜程度，远没有各代军迷们那么高涨。我想，即使传说中的"四代重歼"上天了，也不能代表着咱中华民族就随之繁荣昌盛了。

作为教师，我所关注的，还在教育。我想，即使不是教师，也应该存在一个基本判断，那就是，教育，远远重于兵器。

在我看来，迄今为止的人类文明史，最不文明乃至反文明的尴尬之一，就在于，任何重大且富于延伸潜力的科学成果，都最先运用到兵器制造上了。

中国人发明了火药，可是，长久以来，只是用来制造鞭炮，以增添节日喜庆气氛。众多论者为此痛心疾首，为咱老祖宗的不争气和蒙昧扼腕不止。

我想，无论是有心还是无意，一个民族"爱好和平"总是没错的。由于没想起来把科技发明运用到军事领域而落败，那肯定错不在我。《非常道》的作者余世存先生发明了一个新词汇——类人孩，按他的说法，人类中的相当一部分心智发育非常欠完善，虽说披着一张人皮来到了这个世界，其实，

只能判定其为"像人类"一族而已。

当然，余先生的高论有它危险的地方，搞不好，似有"超人哲学"之嫌疑。但，如果把它看做一则警世通言，用来提醒人类文明现状的缺憾，未尝不可。

无论怎么说，科学技术还是重要的。将其界定为"第一生产力"，我是赞同的。我想要提请大家关注的命题是，如何以最快捷的速度、最强劲的力度，把这些个"第一生产力"的好钢，用在和平发展的刀刃上。我坚信一点，随着人类的发展，理性必将逐渐取代野蛮。促成这一历史性变革的核心力量，不在别处，正在教育之中。

联合国教科文组织曾经发布过一份重要文件，名曰《教育——财富蕴藏其中》。如果我有研究和发布权，我将组织研究并发布另一份报告，名为《教育——和平与发展蕴藏其中》。对这个命题的正当性、普适性和永恒价值，我有着充分的信心。

题目有了，有志趣有时间兼有资源者，自然可以去研究。如果这提法不幸属我首创，我宣布，无条件转让共享，分文不取。

中国教育界知名教育家与教育活动家吕型伟先生，一直在呼吁教育，包括基础教育，要注意利用网络。我觉得，他的说法很有前瞻色彩。

宏观讲，引发事物变化的因素有三——物质、能量、信息。具备引发教育变化核心因素资格的，无非信息。怎样有效汇集信息，使用信息，应该是中国教育目前面临的最重要命题。

政治课枯燥么？是的，要背诵的条文的确非常枯燥，且没用。但，网上各类鲜活的政治学案例却一点儿也不枯燥。人文抽象吧？也是。如果只关注书本上流传千年而已无法与现代生活共鸣的文字，就如同"假命题"充斥的辩论赛一样，除了收获所谓方法，我们还能指望得到什么好东西！

杜威说，"学校即社会，教育即成长。"而我们的学校，我们的教师，却只能捧着"数十年如一日"的课本，皓首穷经。自己一副木乃伊像，还能指望学生得到什么实质性的成长么？显然不能。

而解构这一切的材料和力量，不在别处，就在网络之中。

在我看来，普通大众对网络的恐惧集中于两点：其一，黄毒；其二，耽误应试。

我当然明白，目前有关中国基础教育的任何设想，都不能忽视"应试"

今日教育之民间立场

二字。至于应试教育怎样怎样不好，这不是这篇文字所要面对的，暂且略去。让我们在"承认应试"的前提下，来寻求网络与教育的和谐之道。

我的设想是：有条件的学校，可以人手一台电脑，甚至，用以取代沉重的书包。有条件的学区乃至整个城市，都可以这样运作。

黄毒？简单。只要建立起"无法外联"的局域网——学校的、连校的、学区的乃至整个城市的，即可彻底隔绝。

应试？综合素质得到提升的学生，其应试能力自然不会下降，此为其一；大量提供有关学科的有效学习资源，让课堂网络化，学习个性化，时间自主化，自然足可提升应试能力，此为其二。

这些均属于"与现实达成妥协"层面的答案，远非我提案的高线。让我们坚信，镣铐是永恒的，非仅应试；理性是求实的，舞且精彩；而理想，则必须具备超越的视野与雄心。我们尽管大胆假设，只要不忘小心求证。

这个概念的后面，应该存在一个大社会层面的巨无霸式的支撑系统。

就教育内部来讲，教师权威和教材权威将面临前所未有的严峻挑战，要说明的是，这正是中国教育浴火重生的大好机遇；学生的个性化学习与个性化成长将具备真正的可行性平台，教育的结构性功能性改革将势在必行；教师与学校的角色，将由"传道、授业、解惑"而步入"资源组织者、筛选者、提供者和保障者"的新身份；教师与教师、学校与学校乃至整个教育界，必将成为一个名副其实的"学习共同体"而共存共荣；教育向教育者、学习者和社会的全面开放将成为应有之义。

必要性与可行性论证，不是这篇小小文字所能承载得了的。这里所传达的，只是自己最直接最感性的愿望——甚至，谈不上像样的理性展开。

只是，郑重提议：让孩子们全面上网！

人 生之于虚拟胜利

　　毋庸置疑，人生是需要胜利的。

　　尽管，经常与朋友感叹——大成功让我们敬畏命运的力量，小成功才让我们得意于自己的聪明。但，这可不怎么合乎社会的标准。社会判定一个人的成就，有如现在的考试。分数是最重要的，考高分就是潇洒。至于那分数是否历经"头悬梁，锥刺骨"，历经极不潇洒的过程而来，没人追究。

　　小胜利充斥着我们的生活。比如，需要一个小物件而不得的时候，灵机一动，找到手边的另一个，成功替代。这些事情，我愿意将其名之为"私人的胜利"。与之相对的，大约就应该叫做"社会的胜利"。

　　"社会的胜利"之所以更为难得，是因为你的胜利需要得到社会的承认。社会是谁？社会就是他人。一个人玩牌，没有胜利；一个人玩棋，也没有胜利。所有的棋牌游戏，"与他人玩"是基本的规则设定。君不见，祖国大地的每一个大街小巷，无不支满牌桌，鹤发红颜怡然自乐者，求胜利也。至于中小学生及大龄青年们近年来迷上盛大无比的网络游戏，亦可作此解。

　　玩牌者之中，存在赌博行为者，少之又少。那么，广大人民群众为什么那么执迷呢？其中的奥妙就在于它能够提供胜利。至于这种胜利是由于手气而来的时运之功，还是由于牌技使然的人事之力，对玩家来说，并不重要。重要的是游戏为他们提供了胜利。或许，这种胜利并不带来现实中所看重的财富的增长、地位的提升，但仅只胜利本身，也就足够让他们欣喜了。既不带来财富，也不带来地位，故而，大可将此种胜利归入"虚拟胜利"。

　　"虚拟胜利"乃人生胜利的基本形式，亦作为其最普适的形式而存在。

它的存在，使得许许多多形形色色的人生失败者能够于轻易间得到补偿与替代，从而担负着平息情绪安抚人心稳定社会的功效，其功莫大。众所周知，美女向来属于一种稀缺资源，全校男生海了去了，但校花只有一位。追逐失败怎么办？简单，去玩网游吧。随着你过关斩将一路凯歌，你的情绪终于有了宣泄的对象，觅得令你惬意的出口。起码，从现在发生时的时空看来，这种宣泄属于那种"无害宣泄"。

尽管，生活中也有成功如小平同志者终生爱好桥牌的例子，但在我的经验中，心无旁骛执著一念溺于某种游戏者，定然是某种意义上的人生失败者。譬如溺于网游的学生，几乎都是学业上的失败者。固然，你可以说由于溺于网游才导致成绩跳水，但跳出这种因果循环的怪圈，不难推论，各路玩家内心最深刻的冲动，莫过于获得他们所期待的胜利。所有的简单指责都是徒劳的。学校和教师唯一所能做的，大约是帮助他们觅得一条通往"现实胜利"的道路。简单的禁止，无异于将他们推入彻底失败的深渊。连最后一点虚拟的亮光也屏蔽了，而他们又没法找到现实的胜利，其残忍为何如哉！

当然，你会说，游戏中不也有失败的时候么？不假。但没有哪种游戏会设定只有某一方才会胜利，另一方只有失败的份儿。也就是说，参与者都有获胜的机会。较之现实社会，其貌迥然相异。堂皇如某全球精英大会报告，亦宣称——世界上80%的贡献，是20%的人提交的，最广大的人民群众，大约只有醉生梦死的份儿。报告残忍地宣称，这部分人，只能被界定为"垃圾人群"，让他们玩游戏去吧。10年过去了，首富还是比尔·盖茨。富豪榜排名会有些许的变动，但李嘉诚的名字不会在一夜之间被子虚先生替代。不会。如果以李嘉诚为指标，我等芸芸众生的失败，其惨痛为何如哉？万劫不复！

假设，一个膀宽腰圆的青年，在财富场上挑战耄耋之年的李嘉诚先生，无异于蚍蜉撼树。因为，李嘉诚先生早已进入"以钱赚钱"的境界，规范说法云"资本运作"。鼠标一按，财富滚滚，而那位青年，只有到东莞某镇的小工厂卖力气打工的份儿。每月800元人民币，猴年马月才能获得向李嘉诚先生叫板的资格，不可想象。让我们再作想象，想象穷青年和李嘉诚先生一同坐在牌桌前，即使技术再差，运气再背，一夜下来，也不至于一把不和吧。

游戏及其规则里，蕴涵着人类社会最深刻的慈悲和无奈。或许可以这样

说，不抵达无奈，人们根本无法体味什么叫真正的慈悲。胜利是稀缺的，艰难的，无法复制的，而游戏却唾手可得，其中的胜利价廉物美。无从面对失败的时候，让我们逃避。无法赢得胜利的时候，让我们虚拟。至此，你还要义正词严地詈骂那些可怜的逃学孩子吗？

回到教育，我想说的，有如下几句：

其一，提供"多元胜利"的平台和机遇，应该作为教育走向人道的基本命题，而不应该延续此前及目前左右了人类社会几千年的陋习，只让个别人胜利，而把最广大的"准人民群众"推向失败的深渊于不顾。

其二，设计"让每一个孩子都走向胜利"的教育及社会机制。移植"人人生而平等"，转换为"人人生而胜利"。不能构筑一套每一个人都拥有现实胜利的教育及社会机制，肯定是社会与文明自身的缺憾。而这种缺憾只让广大"失败者"来承担，是不公平的。在这一点上，游戏的规则机制或可作为一个重要的参照。

其三，切近言之，不要简单指责那些溺于虚拟游戏的孩子们和大孩子们。指责是容易的，也是最简单的，从而也是粗暴的，不人道的。学校和教育，应该帮助他们觅得一条通往"现实胜利"的道路，而不是一味地"恨铁不成钢"。

教 室后面的黑板

不敢贪天之功归己有。下面的想法，受杜朗口中学教改报道的启发。

杜朗口中学教改，有很多招数。其中之一就是，把教室周围的四面墙壁变成同学们的"发表园地"。从记者拍摄的照片上可以发现，杜朗口中学的教室四周，都是黑板。上课的时候，熙熙攘攘，所有学生都在讨论，在演算，在发表，在动。可谓把"学生主体"真正落到了实处。

当然，我想到了我们的学校。我们学校的教室，显然比杜朗口中学的更为敞亮。敞亮的原因，是窗户大。对外的那面墙，都是玻璃窗。靠过道的那面墙，也全被窗户占领。讲台的那面墙，一个大黑板就占领了。也就是说，如果我们要学杜朗口，只有在教室后面的那面墙上做文章了。

我们学校教室后面的黑板，利用率奇低。主要是让学生用来出黑板报。一学期下来，也就出那么几次。一般是年级组检查，然后评分。出的内容，大致是教师节元旦之类的应景。教师节，各班黑板报异口同声吹捧老师。上课的时候，我曾经调侃道："我有那么伟大么？"同学们一笑了之。当然，期中考之后，黑板报上定当出现"班级前几名"的英名芳名。我想，主要是想引起别的同学的羡慕，以发挥榜样的力量。

黑板报这个东西，究竟是从哪里传来的？在我印象中，好像与解放军有关。似乎，我军军营中，这类"宣传阵地"历来不少。我童年的时候，经常被老师指派去"办黑板报"，抄一些连自己都不懂的文字上去。黑板报上也画画，一般都是一些宣传画。

历史的惯性是顽强的。已经新世纪了，黑板报的调子基本上没变。虽说，我们不再画那些革命漫画，但是，黑板报上依然没有几句真朴之言，都是宣传。当然，黑板报和许多媒体的命运一样，出来以后，便无人问津。我想，正眼瞧黑板报的老师和学生，应该没几个。

黑板报的另外一个问题，就是占用空间不小，呈现信息寥寥。你想，那么大的字，加上修饰和花边，呈现的信息当然非常之有限。

所以，说黑板报是个摆设，应该不算过分。

摆设下去，"资源闲置"应可算是最起码的罪过。那么，教室后面的黑板以至整个后墙该怎么规划使用，便成了一个问题。

我们学校里，也有一些很有"资源意识"的教师。他们在教室后面的黑板两侧开设学生作品发表专栏，遇到有好的学生作品，便张贴出来，以激励先进，激发后进。当然，也有的教室后面黑板的两侧，全部被各科教师张贴的习题及答案给占领了。这两种行为，与我所设想的用场，还是存在很大距离的。

我设想的用场有二：把教室后面那面墙，变成学生成长资源的拓展园地和学生自由发表的园地。

其一，学生成长资源的拓展园地。

我说"成长资源"而不说"学习资源"，因为，在我看来，"成长"这个概念远远大于狭义的"在校学习"，更不能等同于"课程学习"。在我想象中，后面可以张贴很多东西，就像班级日报一样。可以由学生贴，也可以由教师贴。只要贴得整齐即可。至于贴什么，绝对自由，师生们感兴趣的即可。现在，网络发达，资讯开放，凡是对学生成长有价值的东西，都可以张贴。比如，我那天看到一则消息，说美国总统布什的女儿居然租不到房子，我看，就可以把这个贴上去，让学生读读想想。张贴的一个原则，就是不许贴练习题及其答案。否则，便失去了"拓展"的初衷。当然，贴的时候，也应该有规则、有序。张贴者应该在文本后面注明张贴日期，超过三天的，自然可以被新帖替换，而不必通知原帖主人。

其二，学生自由发表的园地。

我说的自由发表，有言论自由的意思。班上同学人人平等，个个有发表自己作品的权利。什么是作品？不一定是作文，更不要求"好作文"。只要自己想说话，写出来贴上去即可。提倡"真命题"讨论，提倡回帖。回帖也要打印出来，有名有姓地张贴。底线是，不许骂人。我看，即使出现一些问

今日教育之民间立场

题，用"中国特色"来诠释，也属于"前进中的问题"而已，不必大惊小怪。我教作文的时候，说过一句"名言"——只要学生想写了，就等于"写好了"。现在，我还这样认为。

通过这样两种小举措，我对充分调动学生中"沉默的大多数"的学习积极性，提高他们的成长质量，充满信心。

教育是需要开拓资源的，教育必须是自由的。无论资源开拓还是自由成长，必须是以"学生为主体"的。

这两条，是我上述建议的基本出发点和归宿。

即使，黑板上出现了学生"用文字吵架"的现象，也没什么大不了。

学生培养之民间立场篇

学 生不是橡皮泥

请允许我先拿橡皮泥说事儿。

孩子小的时候，喜欢玩橡皮泥。于是，买回来几盒橡皮泥给他，看着他不断地捏下去，变幻乌云苍狗、人物器物、唐老鸭米老鼠，都由孩子的小心思小手指来决定。整个过程中，橡皮泥是完全被动的。无论被捏成什么形状或什么形状都不是，橡皮泥都是无辜的。

思考"塑造健全人格"问题，怎么就想到了捏橡皮泥呢？

让我们看看二者的同与异：

其一，都属于"人的实践活动"。无论是捏橡皮泥，还是塑造健全人格，都含有浓重的"塑造"色彩。其二，两个活动的主体都是人，但客体却不同。"塑造健全人格"针对学生（一般而言）；捏橡皮泥针对物——橡皮泥。其三，细细想来，"塑造健全人格"的教育活动，应该包含两个方面的主体——他人（职业教育者）与自己（自我教育者）。

这种比较，来自一个显而易见的担忧。担忧什么呢？

传统文化的定位之中，教师被赋予"教书育人"的社会角色。"育"谁呢？当然是育学生。提及"塑造健全人格"，我想，在一些教师的习惯意识里，可能而本能的反应，或许是这样一句话——我来塑造你的人格。

更进一步的发展，或许便成了——我指挥，你执行；我说，你做。

如此，在整个教育活动中，学生便沦为橡皮泥，只有"被塑造"的份儿。

尽管，出于社会、历史、文化以及个人选择的原因，拥有绝对的"健全人格"对每一个人来讲，不啻为一个美丽动人的梦幻。但，人们还是像希腊神话里的西西弗斯一样，总是一再地，妄想着，把石头滚上坡，一次又一次，向理想中完美人格的顶峰，不懈攀登。

在这个美好的里程中，我们——学校和教师，必须明白一个事实，那就是——每一个人，都是他自己人格的最重要的塑造者，而不是他人。

联合国教科文组织文件《学会生存》中说："未来的学校要把教育的对象变成自己教育自己的主体，受教育的人必须成为教育他自己的人，别人的教育必须成为这个人自己的教育。"

一句话：学生，并不等于橡皮泥！

如此，便出现了另一个问题——在学生"塑造健全人格"的历程中，学校和教师是否多余，是否无足轻重？答案，当然是否定的。

就学校而言，我的理解是——学校是学生成长的基本背景之一。正如杜威先生所言，"学校即社会"。学校是谁的社会呢？学校就是教师及学生的社会。学校为学生的健康成长，提供着必要的物质、文化及情感资源。这些资源的质量，直接影响着学生的生命质量，影响着学生人格成长的价值与方向。

就教师而言，教师是学生学校生活中价值独具的人。教师的情感态度价值观，时时刻刻濡染催化着学生的人格选择与人格形成。教师对学生的影响，不只是传授知识，而是全方位全维度的。古人有言，"身教胜于言教"，所说的，并非否定知识教育，而是在强调教师"人格素质"的教育价值——其价值，一点儿也不比知识逊色。

如此，学校和教师方可取得"学生人格塑造者之一"的基本资格。

马克思在《1844年经济学—哲学手稿》中指出："自由自觉的活动恰恰就是人的类的特性。"马斯洛在他的人的需要层次理论中指出，人最高层次的需要在于自我实现。

将其引入教育学领域，或许的推导结论在于：其一，学生既是受教育者又是自我教育者。学生主体地位确立的标志是学生成为自己教育自己的人，成为自由自觉发展的人。其二，教育就是要促进"个人同他自己的关系的根本改变"，即从被动转为主动，从盲目转为自觉，实现了这两个转变，教育

才算是真正的成功了。

当然，质量再高的橡皮泥，也不是人，也不会具备"自由自觉"的特性和能力，也不会萌生任何"自我意识"，更别提"自我实现"啦！

由是，如何激发和调动学生"塑造健全人格"的内驱力，大约，是决定我们工作效果乃至成败的关键所在。

今日教育之民间立场

这 就是我们的基础教育

"小嘴巴，不说话；小眼睛，看老师！"L君3岁的小女儿站在沙发上，正色警告我们。神情俨然，字正腔圆。

我们为谁？L君和他的朋友们。背景是，X君做东，提供饭局平台，一帮朋友吃饭聊天。L君带来了他的小女儿，其心思玲珑，小舌如簧。令我们这些没有女儿的心生艳羡，眼热不已。

大约，大人们聊天太投入，忽略了孩子。孩子吃饱后，便开始了一系列骚扰活动。上蹿下跳，甚至，钻进台布底下捣鼓。自私的大人们只是沉迷于自己的话语，而那些话语，孩子是听不懂的。于是，孩子便爬上了沙发，站起来发话。

听到这两句之后，大人们都愣了。我的结论是，这就是我们的基础教育——从幼儿园开始的基础教育。

克林顿时代，美国政府曾经"关门停业"，对此，电视台采访小朋友，一个小孩子很自然地说："他们（指总统和议员们）拿了工资却做不好工作，应该把他们给解雇了。"

关于这则消息，有论者言道——这，就是美国的基础教育。

美国的基础教育，源自于美国的国家理念，及此理念下建构、生成、运作的基本制度。反映在教育上，表现在，他们的教育以培养合众国合格公民为皈依，而非一味培养"听话者"。

同样是小孩子，美国孩子的眼里，政府及其工作人员是公民雇佣的，是

由纳税人花钱养活着的，他们的身份，一点儿也不神秘，和你我他一样，都是普通之至的工作人员。

于是，"拿了工资却做不好工作，应该把他们给解雇了"便成为自然而然的结论。

虽说"进步"了许久，但具有几千年专制社会传统的中国，其基础教育，依然如故。教育者在懵懂之间，依然以"听话与否"作为好孩子坏孩子的评判标准。这种教育所培养的，依然是顺民、臣民，而非现代公民。

嘴巴，除了进食而外，最大的功能就是说话。说话与否，乃人与动物的本质区别所在。说话干什么？交流也。交换信息，交流思想，明了彼此立场，达成彼此间的理解与包容，以达成社会的和谐。我想，这些应该是嘴巴的最重要价值。

眼睛的最大作用，就是看。看自然，看他人，看社会，无所不可看。科学家说，一个人接收外界的信息，99％以上来自视觉管道。闭目塞听的人，基本上属于一个残疾人。闭关锁国的国家，不折不扣属于落后国家。而我们多年以来所奉行的开放政策，绝对属于对封闭的反动。

而我们的孩子在童蒙时期所受到的基础教育，却是"小嘴巴，不说话；小眼睛，看老师！"奈何！

无论是嘴巴还是眼睛，其功能，在我们的教育里，都遭到了不同程度的阉割和扭曲。嘴巴存，但它的说话功能被屏蔽，走向反动，要求它"不说话"。眼睛也存在，但不许看大千世界，不许观宇宙风云，只许"看老师"。

老师为谁？现成规范与权威是也。谁不允许孩子们说话，孩子的老师是也。按道理讲，老师是孩子成长的服务者，为孩子提供更多更好的"说与看"的机遇和平台，应该是教育及其从业者——教师的基本使命。但，我们的教育和老师却不是这样。

不许孩子们"自己看"的教育，其实，已经剥夺了孩子们自我发展的基本凭据。自然，老师会把自己看到的信息教给孩子，但，这样的教育和老师，却无法把世界教给学生，也无法教会孩子们看世界的途径与方法。孩子们接收到的所有信息，都经过老师的过滤。问题是，谁给了老师这么荒谬的权力！当然，老师们是"无辜"的，因为，他们，或许只是为了"方便管理"而已。

不许孩子们"自己说"，就是不允许孩子们发表自己对世界的看法和观点。长此以往下去，中国的孩子便不会再有自己的个性。中华民族，也无法成为一个有见解的民族。言论自由乃人类普适原则，也是一个国家真正走向民主自由的保障所在。如此下去，中华民族牛年马月才能真正站起来？

　　童稚的孩子，说出这么扭曲的话，这就是我们的基础教育。

姚 明不是我的学生

姚明不是我的学生，正如赵薇不是我的学生，一样。

虽然，我也爱打篮球，堪称一个篮球爱好者。但，我对姚明的关注，却与篮球无干。

很早很早以前，一次篮球赛后，大伙聊天，聊到各种运动之比较。彼此看看，左右想想，做出一个不无片面的结论出来——那些小球，羽毛球乒乓球之类"运动"，双方所孜孜者，无非"斗心眼"，无非"使坏"，一不光明，二不磊落。大凡好篮球如我辈者，未必一定四肢发达，普遍而言头脑简单。

众所周知，姚明属于那种横空出世的主儿。20 岁出头，即名满全球，财富比肩。少年得志，嚣张轻狂，均为应有之义。没承想，这位仁兄倒是老成得可以。接受记者采访的时候，居然说出"咱是个做力气活儿的"一句，让我等不能不倒抽一口凉气——厉害啊！

理所当然，姚明获得了全国各阶层人民高度一致的喜爱，也博得了全世界所有"爱好和平"人民的喜爱。商家知道，这种喜爱是值钱的，相当值钱。于是，姚明的广告身价节节见长。前段时间，有新闻言及姚明拒绝丰田广告的事儿。

日本丰田公司几次三番找到火箭队的老板亚历山大，目的只有一个，希望他帮忙跟姚明牵上线，让姚明出任丰田的形象代言人。丰田公司一直是火箭队的球场赞助商，火箭队的主场球馆就叫"丰田中心"，所以，老板自然也愿意成全这桩美事，更何况，丰田公司在开始行动之前，已经为姚明准备了一份丰厚的广告合同——价值人民币 1.6 亿。但是，结果出乎所有人的意料，姚明几乎没有任何商量的余地，就是两个字：不行。而且，不负责提供任何解释。

这下，无疑给各代"愤青"打了一针强心针。一时间，论坛上充斥着"姚明是属于世界的，但姚明首先是属于中国的"之类的壮语豪言。俨然，就差中宣部发个红头文件，号召全国人民向姚明学习了。

丰田之所以愿意出大价钱，原因只有一个——姚明值钱。

众所周知，13岁，"小巨人"姚明（姚明新闻，姚明说吧）就与耐克开始合作。如今，他代言的品牌已扩展到了12个——联通、搜狐、VISA、苹果电脑、佳得乐、MIG手机短讯、UPPER－DECK球星卡、SOR-RENT手机游戏、GARMIN卫星定位系统、锐步和百事可乐，总收入超过1.2亿美元。

世界级球星海了去了，为什么只有姚明的广告合约那么多呢？答案很简单：姚明是属于中国的世界级球星。但，这句话需要进一步解释。

这个世界上，每一位商家，无不对拥有13亿人口的中国大市场垂涎三尺。姚明呢？篮球不错，打到了篮球王国兼唯一超级大国的美国，尚且战绩突出前途见好。姚明的身份和业绩，对一个曾经获得过"东亚病夫"称号、尚处于发展中国家地位的古老民族来说，其文化符号价值，怎么估计也不为过。于是乎，姚明成了全中国各阶层人民的开心果。

许多中国人"仇富"，新世纪以来，有增无减，理由多多，但，我敢保证，没人仇姚明的富。很简单，姚明单枪匹马杀到美国，传奇般地成了"火箭头"，大把大把赚美国佬的金钱，痛快！

于是，在中国，姚明获得了众口一词的赞誉，大众认同高度一致，没有水分。

一个大国，拥有着世界最大的未经充分开发的消费者群体，而这些潜在的消费者，都喜欢同一个人并以之为豪。任何一个商家，都梦想着，把自己的商标和这个纤尘不染的美好名字联系起来。然后，利用人性中普遍存在的"移情"的弱点，坐等红利滚滚来。

我想，无论锐步，还是丰田，都是这样想的。这属于商人的正常思维，无可厚非。那么，姚明怎么面对1.6亿的大单呢？

我想，即使有钱如姚明，1.6亿也不是一个小数目，动心，是正常的。问题是，动心而不动手，却凸显出姚明的道行。对姚明"拒签丰田大单"这种似乎大义凛然的行为，我并不愿意立马解释为"民族气节"。起码，不在第一时间做如是说。

我是教师。所以，我更乐意说的一句话是——姚明数学不错，逻辑清晰。数学解释——姚明同学深谙"等号左边"的知识。他知道，与其说自己值钱，还不如说身后 13 亿潜在消费者值钱。逻辑解释——大前提：姚明是中国人所爱的；小前提：（假设）丰田是姚明所爱的；然后，偷换概念预期结论：丰田是中国人所爱的！姚明同学的聪明在于，他知道，大前提没了，一切推论就都没了。于是，姚明同学不和丰田公司签单。

我的说法，既不贬低姚明，也不贬低爱国主义。我倒觉得，我这样，才算是真正实实在在地宣传爱国主义。姚明拒签丰田广告的事件告诉我们，明星背后的祖国，对明星的成就和身价，真的很重要。想想，如果姚明是马尔代夫球员，找他签广告的厂商绝对没这么多。

这样的时候，不禁郁闷，像姚明同学这样德智体全面发展的好同学，怎么就不是我的学生呢？想归想，姚明不是我的学生是铁定的事实。只好，把他的故事——如此这般，告诉我的学生。同时，开个班会，语重心长地告诫学生们，学好数学，学好逻辑，一样也不能少！

节 目质量：快乐才是硬指标

昆德拉说什么人生最重要的两件事，无非政治与性。女权主义者却说，性才是最大的政治——性压迫之实质，乃在于政治压迫。类推之，在潘金莲们看来，性应该是最大的政治。我想。

一些时候，最大的政治大约不是性，也不是政治本身，而是其他一些好玩的事情，比如节目。临近元旦，大把的孩子，在排练元旦晚会要演出的节目。于是，这几天，节目成了学校里最大的政治，暂时，排到分数之前。

关于分数，即使在学校，其声誉，也属臭名昭著之族。当然，这也属中国国情。推而广之，令人感慨。是否，在中国，只有臭名昭著者——如分数，才可能是重要者——亦如分数！

中国人是很聪明的，从来就知道事物的用场。大家都知道，没有用场的事，属于不该去做的事。不该去做的事，被中国人名之为"没有意义"的事。当然，有些事，它本身似乎没有意义，但做了之后却会产生许多重大意义。于是，中国人还得去做，尽管做的时候，表情那么痛苦。

听音乐应该是快乐的，否则哪有"三月不知肉味"的说辞？读书，也应该是快乐的，难怪，金圣叹先生大呼不亦快哉！为了分数的读书，大约不很快乐甚而很不快乐，于是，中国中小学校园从来就是书声琅琅兼怨声载道。代代学子，学子呆呆，只顾怨声载道，全然忘记了韩愈先生所孜孜的"文以载道"，顺便，把所谓诺贝尔奖也给忘到九霄云外去了。

众所周知，有孩子是很快乐的。但中国人对孩子的金贵，全然在于对家族乃至民族的责任感，有那句"不孝有三，无后为大"为证。但却没人根据

221

如此这般的词汇排布，说出点儿什么"不快有三，无性为大"的混账话出来。如果有谁胆敢捏造出这句话来，我保准一马当先予以痛斥。谁叫我从来就是一位正人君子呢？

回到元旦，回到节目。在国人眼里，节目是一定得讲求质量的。在我看来，学生表演节目的核心价值，就在于从中获得快乐。正如，学习的终极价值，就在于丰富人的心性一样。直到今天，学习依然被国人视做"改变命运"的工具和必需程序，内中，包含着学习与人性的双重异化和无限悲哀。即使，作为人类"现阶段"不得不接受的无奈现实，但也不该视红肿之痛若桃花之艳呀！

酝酿一个念头，编织一个情节，设计一个造型，编造一段台词，演绎一出梦幻，如此，等等，就是节目。然后，去投入，去扮演，去渲染，无中生有，有声有色。我想，这当是我心目中最好玩的节目，也是最有价值的节目。至于技巧，至于经典，那些，当然只能居于其次，与再次。总之，节目有没有质量，有怎样的质量，最重要的指标，应该只是一个问题：今天，你快乐了没有？

牺牲快乐的质量，与牺牲公正的 GDP 一样。在面对节目质量这个概念的时候，我想模仿总设计师，轻轻说一句话——快乐才是硬指标！

学 生需要"浅薄的快乐"么

我曾经写过一篇文字，曰《名词最要命》。刚才，与 LY 谈话的时候，这个命题又闯进脑际，进入得那么顽强。

校本选修"文化专题课"要准备本学期第二轮了，开始"备料"。近日，就开课事宜，与多位教师聊天，展开"非正式沟通"。早上来上班，去了 LY 办公室。发现她在，便做鬼祟状，悄悄接近她办公桌，启动"气声唱法"，吓她一小跳，无事生非一番，彼此哈哈大笑，然后，到我办公室，开始谈正事。

就音乐的文化拓展谈开，互动聊天，话题越来越集中，最后，聚焦于"中外音乐人推介"这个点上，拍手叫好，一个令人兴奋的课程点，不错！兴奋之余，LY 有点儿担心，说，"你们都讲这个论那个论的，我的选题是否显得有些浅薄？"接着诠释道，"学生修我的课，快乐则快乐，但不够深度呀！"音乐教师 LY 是我多年的朋友了，我说话也不客气，脱口而出，"LY 啊，你对教育的理解存在重大问题呀！"

从童年起，我最惧怕的汉语词汇之一，就是"深刻"。小学时，即使小学教师，其思潮都相当"极左"。下课后，混迹于小伙伴之间，奋勇摔跤。结果，没听见铃声，迟到了。给老师写了检查——相当于魏书生先生的"说明书"，老师草草一瞥，说："写得不够深刻。"于是，重写。挖空心思，想着怎样才"够深刻"。于是乎，给自己罗列许多吓人的罪名，诸如"没有严格要求自己""忘记了自己是毛主席的红小兵"等，才得以过关。当然，我属于那种屡教不改的主儿，写检查的篇数、字数越来越多。大约，比班上一些乖乖女生在公开场合说过的话还要多吧。

快乐总是无敌的，快乐的诱惑，足以让人赴汤蹈火，区区检查区区说明书算得了什么！于是，不断地保证，不断地犯错，不断地成长。俗话说，"钢铁，就是这样炼成的。"在"犯错"与"保证"之间，我是没有什么诚信可言的。因为，保证的当时就知道，那一定是不会做到的。不是不想做到，而是没法做到——尽管心里时常为之惴惴。阿弥陀佛！

随着年龄和学习阅历的增长，便开始主动接受古今中外各路"异端邪说"的毒害。"受毒害"的重大成果之一，就是不会再对快乐产生负罪感，慢慢地，连那丝惴惴不安都给取消了。"我想唱歌可又不敢唱，小声哼哼还得东张西望"之类的窝囊事儿，渐渐离我而去。快乐就快乐着吧，没什么大不了，谁想在雪地上撒点儿野？咖啡热了，沙拉不来？慢。爱如潮水！

说起爱，中国人习惯的审美趣味，并非爱，乃是苦恋。我曾经严肃地想过这个问题，结论是，中华民族，经历的灾难过于深重了，于是，渐渐地，人们都失去了对快乐爱情的正常期待，失去了这样一种天经地义的能力。

鲁迅说过，"悲剧就是把人生最美好最有价值的东西打碎给人看。"有些人没读懂其中的泣血抗议。倒觉得，哦，原来，最美好的东西最有价值的东西，命中注定是要被打碎的呀！我认为，悲剧和悲情是不同的。悲剧，乃一种激烈抗争的方式；而悲情，却属于一种自怨自艾的叹息。有如祥林嫂，不断地重复着阿毛的故事。而已！

回到快乐，回到浅薄。这两个词，是否让你回到恋爱的时光？沉浸于纯粹的恋爱状态的男女，应该是最快乐的人。这点，应该没人会提出反对。请你再想想，恋爱热吻之时，你说了些什么？会说出"批判的道德与道德的批判"那种超强思辩的句子么？不会，绝对不会。呢喃如雏鸟，流畅如清风。不少说话，但，尽是些无法写入物理学经济学市场营销学等"显学"之中的废话，百分之二百的废话。恋爱中的人儿，你们，沉溺于其中的，不正是所谓"浅薄的快乐"么？

回到教育——我不敢说教育学。

书山有路何为径？勤；学海无涯谁作舟？苦。头干吗？悬梁；锥作甚？刺骨。这些，充满着虐待与自虐等不健康"情结"的做派，几千年来，被中国人和中国教育奉为万千学子的行为楷模。前几天，与一些校长交谈。校长们谈到中国教育界某当代英雄的"私房话"。说出来，保证吓你一跳。

那位名人，以一个成功的教育管理者的身份，全国各地四处开讲，介绍所谓先进经验。可是，在他治下，对下属的校长们讲的，却是这样一句——抓高考一定要抓出血来！

换一个国家，换一个人，任他想象力再怎么丰富，也不可能想出来，这句话竟然可以拿来说教育。至于"谁的血"之类深刻的问题，我也不想条分缕析，我必须回避那种恐怖之至的深刻。因为，那太令人痛苦了。

尽管，给学生讲音乐，无论罗大佑，还是周杰伦。

快乐，从来就是浅薄的。而教育，不就是为了让人学会快乐么？

我 的词典里没有"聪明"这个词

昨天，与小朋友聊天。聊天，当然得谈起一些谁谁。我注意到他的出息，因为，他经常平静而由衷地说起谁谁非常聪明云云。我说："不错嘛，挺大方的嘛！"他听懂了我的意思，笑笑，说："是的，过了这么久，没白过，终于能心平气和地说人家聪明了！"说得很放松。接着，他强调说："原来，说别人聪明也是不容易的，需要资格的。"我笑了。笑完之后，正色言道："不过，你注意到没有，我的词典里没有聪明这个词。"他寻思片刻，说："是哦，你好像从来不拿聪明评价谁的。"

做教师久了，"聪明"一词，随意派发，学生得意，家长高兴。相当程度上，已经被操作成了一种伎俩，起码，作为伎俩的零件。这里面，有着对人性之"普遍弱点"的洞悉和利用。无论是谁，国王抑或乞丐，都是喜听好话的。好话，心理学上叫承认，教育学上叫激励。激励不够，还得搞出一个什么机制出来，才过瘾。于是，在新时期，基础教育的各类课堂里，不乏好话连篇，难免"谎花"盛开。而这些言不由衷的花朵，据说，都属于教育改革的丰硕成果。

聪明，词典上的解释是：智力发达，记忆和理解能力强。这样解来，未免抽象。叫我看来，无非耳聪目明，而已。耳朵和眼睛，乃人类接收和捕捉外部信息的基本工具。人类接收外界信息的主要渠道，无非耳朵与眼睛。说起来，耳朵的能耐，比眼睛还是差很远的。95％以上的信息，是通过视觉影像来接收的。很简单，如果在聋和瞎之间有所选择的话，我想，残疾人都宁可做聋子，而不是瞎子。

关于信息，就作为主体的人而言，接收和捕捉还是大有不同的。前者被动，后者主动。一个人各方面能力越强，其"捕捉"的主动性也就越强，效果也就越好。谈聪明，为什么我要扯到信息上去？很简单，物理学告诉我们，宇宙中，能够引发事物变化者，无非有三——物质、能量和信息。世界和社会中，充斥着物质和能量的交换，但，只就教育而言，堪称本质运作的，还是信息的流动，而非物质与能量。

其实，每个人，每时每刻，无不捕捉和接收着外界信息。当然，还有宗教人士人文人士玄玄地说："更重要的在于倾听'灵魂的呼唤'。"如果真有灵魂，灵魂真会呼唤么？我看，玄！我的理解是，所谓"灵魂的呼唤"，无非你对此前接收的外界信息的整理内化与自我输出罢了，没什么好神秘的。一句话，所谓聪明不聪明，还是一个关涉信息接收与信息捕捉的事儿。

信息是存在质量的。我这里所言的，是要将"质"与"量"分开的一个概念。一个人聪明与否，决定因素在于他所接收的信息的量。一个认识500个汉字的中国人，与一个认识5000个汉字的中国人，他们对中国的认识、理解和把握的程度，绝对不可能相同。同时，我们还发现，同样认识5000个汉字的中国人，其对中国的认识、理解和把握能力也不尽相同，往往，差之甚远。这里，便存在着一个拥有信息的"质"的问题。

于是，同样长着一副膝盖，硬是有人选择了下跪。据"优秀"传统诠释，人长着膝盖不就是为了下跪的么？枉揣圣意，是否，在一些人的观念里，另一些人的膝盖，不给他们下跪，长着干吗！至于那些有关"膝盖用场"的信息，肯定，还是一些人一些学说给他们灌输的。所以，信息之"质"，事体重大啊！

希望，每一个人关于"膝盖用场"的概念，不妨学学刘翔，将它视做"跨越高度"的助力器；而非效法另一些人，将其贬斥为"成就低度"的下坠阀。这点，可以理解为我对人性与社会的"核心价值观"。扯得远了点么？不远。我要说的，还是"有关聪明"。

咱们本来就是研讨聪明来着，"膝盖用场"只是一个喻体而已。如果说聪明也属人体器官，我想，那肯定是那种比较抽象的器官，而膝盖，就很具体了。膝盖上有"跨越高度"与"成就低度"之说，其用场之反差，何止南辕北辙，着实不小。那么，聪明呢？我想，其用场指向，就看人的选择了。小偷轻舒玉指，刀片过有痕，钱币去无觉，何等胆大心细，难道不是聪明之一种？同样，爱因斯坦独坐一隅，甘冒德意志党国大众之大不韪，其"愚蠢"为何如哉！从小跟小偷"学艺"，与追随爱因斯坦做学问，其间"信息之质"的差异，岂止天壤！

我的词典里没有聪明这个词，并不是说我反对聪明或与聪明势不两立。我的意思很简明，简明到三句话：其一，聪明是靠不住的——拿聪明说事，其必曰，于己于人无益，于国于家无望；其二，聪明的前提，在于广泛占有信息——广泛到无边无际无始无终，广泛到你自己都感到绝望；其三，信息是需要甄别的——并非所有的信息都会让你聪明起来，一些信息，如同古墓腐尸，观之恶心，吸之中毒，提防远离为上。说到这里，不知小朋友听懂没有？没听懂的话，咱们下次再说。

今日教育之民间立场

校 本课程：尹丽川的诗——《手》教学随笔

　　教学尹丽川的《那天上午》之后，学生对诗歌这一文学体裁的期待，应该有所刷新了。"理解是文学的宗教"这句话被我要求记录，应该是绝大部分学生都记录了。我将其解读为，"理解人性，理解人在各种情境之下可能的情态和反应。"当然，"对上眼"的同学，应该记录得更多。

　　我应该还说过——所有文学体裁和作品均会历经一个从江湖而庙堂的过程，绝无例外，价值观的颠覆，美学观念的颠覆，以及诗学观念的颠覆，人类永远处于一个颠覆的时代。颠覆就是进步，对应着由专制而民主由小脚而天足由我们而我，不一而足。说真的，我只拿一页讲义去上课，究竟讲了什么，即兴很重要很重要，连我自己也无法还原的。

　　我有些出自个人体验的教学感受——教师备课绝对不能"过于充分"，充分过度了，便透支了上课的发现和发挥，会失却现场冲动，肯定讲得味同嚼蜡。最佳的上课状态，不在复述的工夫，而在"重新发现"的乐趣。这个重新发现者，就是教师自己嘛！

　　上课前，再次要求全班背诵尹丽川的名句，"一个女孩，需要多少年的经验和泪水，才能长成一个大妈！"男女生生龙活虎，背诵得够流畅。为了"打击"一下他们那种"与我无关"的轻飘飘的感觉，我说："别那么轻松！尹丽川同学可轻松不起来。"我猜想，那个时候一直困扰着她的问题中，就有一个——如何才能逃避做那样一个大妈的命运的命题，很严肃的命题哦！当然，这个命题，对我而言，怎么努力都没意义的。

　　我说："今天，我们再看尹丽川的另一首诗《手》。如果说上篇中尹丽川塑造了两位彪悍大妈的形象的话，那么，这篇中，她呈现给我们的，却是一位可怜大妈的命运。当然，无论可怜还是彪悍，都不是她想要的。好吧，下面从容分解。

你的手常年在一筐圆白菜中，找出最值的那个。
都是一块钱，你可有三个孩子……

先写上两个名词——社会地位、经济地位，咱们再讲。

在一句话中很形象很具体地刻画出一个人的这两个地位，难么？够难，但尹丽川做到了。大家去过菜市场么？有，好。没有，批评。

你妈妈会在小贩的菜筐中翻腾 20 分钟去找最大的那个包菜么？不会的。这是由你们家庭的收入决定的。而这位大妈会，经常。

经常到什么程度呢？常年！

为什么会这样呢？都是一块钱，在劣质蔬菜中，寻找‘性价比’最高的那一个。这样的人，钱少，地位低。

尹丽川的《手》的主人公，就是这样一个阶层的妇女。遍地都是。

孩子多么？才 3 个，不多啊！也就是说，孩子多不是家境贫困的理由，不构成理由。那么，为什么呢？

你的手在食堂，擦几十张饭桌，油腻是洗不掉的哟……

再写一个词汇——高端职业与低端职业。

说明一下，我的课堂，会有很多语文之外的词汇，大家要写下来，不吃亏的。

这位大妈的职业属于什么？当然是低端职业。

问一个常识性问题——是我工资高还是广州酒家首席厨师工资高？首席厨师高。好，回答正确。我在一班上课的时候，那帮傻孩子，绝大部分竟然认为我的工资会高过广州酒家首席厨师的！在这点上，大家比重点班的学生强。

擦桌子为什么低端？技术门槛低呀！注意记录——技术门槛。

比如这份讲义，你就不能随便找一个人来讲都比我讲得好，但是，如果需要一个扫地的人，街上随便拉一个或许就行。

'擦饭桌'与前面的'挑白菜'有联系么？对，说得对，联系紧密，因果联系。大家要注意这种联系，潜在的联系。

一双'油腻洗不掉的'手，她老公会特别喜欢么？别回答，儿童不宜。

回家拿起毛衣针，女儿还皱眉；妈，把电视关了，我在做功课……

知道毛衣针么？现在，即使乡下女人，都不怎么做针线活儿了。我是在乡下度过的童年，当时，我奶奶那一辈儿女性的一个重大使命，就是要管全家老小的缝补浆洗，纳鞋底不算，纺线织布是常事，忙啊累啊！

那个时候，哄孩子们的玩具，往往是腰里别一把木头削的刀剑，或者，拿桃木做成弓箭玩。女孩子呢，七八岁就开始干女工的活儿啦。现在想来，她们当时做出来的两三寸长的小绣花鞋，简直是精美艺术品，不可多得啊！

你们的妈妈每天回家织毛衣么？当然不。那么，这位大妈的行为又意味着什么呢？我想，意味着她和时代的脱节——没别的事情可干，也意味着她家庭经济条件的局促。我想，是可以这样理解的。

一个人社会地位低、经济地位低，从事着一份可有可无的低端职业，是否，就必然和幸福无缘了呢？非也。

叫我说，人生最重要的幸福来源在于家庭。如果她有一个和睦的家庭，那也没问题。所谓家庭幸福，我想，主要在于家庭成员之间的亲密程度。

写字——家庭成员，每个人生命中的最重要他人！

第一个'重要他人'出现了，她的女儿。俗话说，女儿是妈妈的小棉袄。这是一个美好心愿，合乎大部分人对母女关系的预期。或许，也合乎大部分的事实。但是，起码，不合乎这位可怜的大妈身上发生的事实。

请注意'皱眉'二字。一般而言，这种表情的出现，属于有意识表情还是无意识表情？是的，属于无意识表情。

请记录——无意识的身体语言，往往表现着人们内心世界真实的秘密！

在我的经验中，皱眉绝对属于一种厌恶，起码不耐烦。女儿和妈妈的关系，就是这样一种情形。女儿对妈妈的话语，非但不友好，甚至有些恶声恶气。起码，我是这样理解的。

还有一点，你回家做作业的时候，你妈妈一定不能看电视么？不是。对了，刚才那位同学说得对。这是一个居住条件问题，一个经济学问题。说明，他们家住的房绝对不会是三室两厅，主人居室应该没有电视。就这么简单。

母女这条情感线不怎么健康，那么，其他的呢？

你的手忙来忙去，扯住丈夫的衣角。丈夫最终没走，比以前更瞧你不起……

在我的印象中，越是显得'忙'的主妇，在丈夫心目中，越是没有位置。当然，这是大家若干年以后或会体味的事情。不展开。

'扯丈夫衣角'干吗呀？地球人都知道，有麻烦啦，丈夫不要她了！有同学说包二奶，知识面很宽么？我要说，这并不属于信息。信息，是一个人对世界作出的角度新颖、自我独具的解读，而非大路货色。

有人说离婚，差不多。离了么？没有。但我要说，离婚并不是婚姻的最差结局。在我看来，最差的结局，就是这位可怜大妈的那种所谓婚姻——让人家瞧不起，比离婚还要差无数倍！

研究语文，就得存在语言维度。注意两点：

其一，那个'最终'。证明，尝试走了好多好多次，起码不止一次。要是成功人士，早就走了，可惜不是，出去也没人答理。于是，又回来了。无奈的婚姻，无奈的生活。大家首先不必拿普通的道德标尺去丈量。可以想象，她丈夫，在这桩婚姻中，有幸福可言么？玄！

其二，那个'比以前'，还有'更'。人，得在尊严中活着。这是人生幸福的基本要素。但是，这位大妈却没有，丁点儿也无。丈夫，以前就瞧她不起，现在，变本加厉啊！当然，她扯对方衣角的行径，让人家有了瞧不起的理由和依据。

问题是，不扯行么？那可是她无奈人生的最后一根稻草啊！

儿女们大了，你手里捧着孙子。直到来了，身体强壮的保姆……

'被需要'是人生的快乐之一，它宣示着一个基本事实，那就是，你还是有用的，你是被别人需要的。

孩子长大，存在一个断乳期。青春期，又存在一个心理断乳期。这些时期，都是一个人成长的重要关卡。

其实，大人，为人父母者，也有着这样的'心理关卡'。比如'儿女大了'的时候，一些父母便会倍加失落。因为，下一代独立了，他们，没用了，不重要了。

这位大妈，就在这样的关卡上徘徊着。还好，又来了一茬人，孙子来了。

她'捧'着孙子。这是有关形体语言的表述。这种表述，有它的意味。我关注的是一个普遍性的命题——老人为什么那么喜欢孩子？

就这位大妈来说，天真的孙子不会歧视她，不会像女儿那样吼她，也不会像丈夫那样瞧不起她。起码，现在不会。

儿子请保姆来看孩子，表象上，是为了让她'享福'。其实呢？

不妨想一个问题，这孩子，能一直让她带么？对了，大家摇头，我也摇头。好吧，我给大家讲一个故事吧。

我比同学们现在的年龄大不了多少的时候，有一个姓肖的女同事生孩子了。不久，带孩子便成了一个问题。当时，保姆这个职业还没有兴起来，她和丈夫双方的父母都不在那个城市。怎么办？终于，她找到了一个校工的老婆，没工作的，替她带孩子。问题是，不到一个月，她又把孩子领回来了。

我的肖姓同事为什么不让那女人带孩子了呢？很简单。她说：'我发现，孩子跟了那女人一段时间之后，一见垃圾堆就欢呼着扑过去，开始捡起垃圾来。'原来，校工的老婆没城里户口，经济状况不好，经常带着孩子去捡垃圾。马上，孩子也就学会了。

可以想象的是，孩子捡垃圾还会得到她的表扬，激励之下，不捡垃圾才怪。

于是，儿子深谋远虑，宁可让妈妈'享清福'，花钱也得请保姆。

你伸手想摸摸儿子的脸，扑空了，儿子出门办公了……

首先要注意到的是，这位大妈虽然自己一生乏善可陈，并不幸福，但儿子发展得还不错。我注意到了'出门办公'这条信息。也就是说，她属于典型的蓝领阶层，儿子呢，俨然已成功混迹白领阶层。

问同学们一个问题，男同学来回答——上高一的你们，还和妈妈拥抱么？有。好的，太好了！这就是时代的进步。在我们这一代，母亲的普遍遗憾之一，就在于，儿子断奶之后，便也切断了和母亲的所有身体接触。够残忍吧？但，这是中国社会普遍的事实。不信，你可以回家观察你爸爸和你奶奶的关系，看能否发现他们之间发生亲昵的拥抱。

于是，这位大妈伸出了手——我怀疑她所能做到的，或许，只是'想伸出手'而已。据我所知，在中国，伸出手是不被允许的。于是，'摸儿子的脸'，只能作为一个温馨而狂热的梦想而存留，存留成，她自己生命中一个不可能实现的醉心而奢侈的秘密。

你讪讪地笑着，坐到窗边，俯视这个城市飘扬的尿布……

讪讪的意思，尴尬？不准确，不对。难为情？对了。

妈妈想摸摸儿子的脸，需要难为情么？不需要，现在看来，正常之至，难为情什么呀！

人对怎样的人才会难为情呢？很简单，对自己喜欢的人。从上面的分析不难看出，这位大妈，与女儿与丈夫的关系，基本上一团糟。到目前为止，尹丽川所提供的信息中，不难发现，儿子和孙子，是她生命中两道最为亮丽的彩虹。可以这样说说么？

虽说，儿子不让她带孙子，但儿子还是很友好地对待自己的妈妈。一般意义上，这个儿子，的确够得上一个好儿子了。更为重要的是，儿子做了白领，有钱请保姆，在她那个阶层的人看来，俨然成功人士。这样的儿子，会给妈妈长脸的，会让妈妈感到自豪的。

'伸手想摸摸儿子的脸'，居然。多么疯狂的念头！没准，她这样想着想着，就笑了。难为情的笑啊！

同时，她也幸福着，能够有这样一个大胆狂热的念头，或许，整个下午，整个一生，她都会满足，都会幸福的。多么甜蜜的笑！

在她那一代人的美学观念里，一个女人，一个害羞的女人，一个羞红了脸的女人，才是真正的女人，至美的女人。

每个人的内心世界都是丰富的。这种丰富，与薪水无关，与地位无关，与高端低端无关。

所谓文学，就是这样一些细腻而温润的东东。不是么？让我们去体味、去收藏每一个人内心的秘密，哪怕，他和她，是多么的卑微！

那位大妈，你为什么会看到尿布呢？我想，她想起了她可爱天真的小孙子。

那简直是一定的！

你张开十指，你都忘了，这些年怎么能就这样，从指缝中流走……

岁月，总是一再地，流逝，流逝着。

这些年，多么沧桑的，一声叹息啊！

不解读了。如果我是韩国导演，我想，我应该会拍出一部很长很长的电视连续剧。

300 集不止！

你不知道，今天下午，应该做些什么，直至天黑……

多年以前，有一首歌唱道，'我不知道，我不知道，我不知道！'

那部电视剧我看过，主人公命运多舛，但一直在求索之中。他所谓的'我不知道'，并不类同于这位大妈的'不知道'。

前者是在寻找答案，后者，却没有答案。真没有。

你上着课，惦记着篮球场。你想着，赶快下课吧，赶快！你脑子里已经设计好了奔向篮球场 3 号场地的最佳路线图。你设想着，全校男生之中，你会第一个到达。这样的时候，你知道么？

另一种情境。上课？没意思。打球？没兴趣。美味？没胃口。甚至，想不起来任何一件值得做的事情。你有过这样的时候么？没有，有。我有过。如果你没有，那你太幸运了。抑或，太白痴了！

知道不知道，这，就是传说中的无聊。

无聊二字，常用，但知道'聊'字正解的人，并不多。'聊'的本义，就是'精神寄托'的意思。无聊，就是指人没有精神寄托。或言，意义缺失。

或许，做点儿记录。请记录！

一个人，一个精神世界并不无限苍白的人，却面临着一个意义苍白的世界，一个沦为多余人的命运。

你能告诉她，告诉这位大妈应该做些什么吗……"

鱼 不 喝 水

近日，一些公事，一些私事，忙得昏头昏脑。快12点了，才下得楼来，往饭堂走。路边的篮球场、足球场，到处都是上体育课的学生。中学生打篮球，好多场地，甚至，有一人一球的奢侈。想起自己的小学时代，不禁黯然。我经常说一句话——咱上小学的时候，全校所有的体育器材，都在体育老师的门背后挂着。明白了么？

于是，我等虽然酷爱篮球，但技术粗糙总是没治，谁叫咱没条件练好童子功呢？再说，现在的孩子，大多经受着美国男子篮球职业联赛的耳濡目染。整天，脑子里回旋着的，尽是些科比、麦蒂类的鼎鼎大名，艾弗森、卡特辈的奇技淫巧。玩篮球的工夫，深不可测啊！一次，一帮教师和学生练半场，下来，纷纷慨叹被学生玩儿了一把。

很多时候，有意穿过篮球场去饭堂。原因有二：其一，顺便欣赏一下上篮球课的学生玩篮球的英姿。看到那些陌生的谁投进球去，偷偷咧嘴而笑，心里那个乐啊，无以言表。其二，奢望着，学生投篮，篮球长眼，行进间，一只篮球从天而降，正好，落在我的面前，位置绝佳。帮个忙，轻轻捡起来，抖擞抖擞精神，柔软柔软筋骨，起跳，投篮，万一，刷一声进了，那该多牛哇！

不过，那样好运气的日子很少很少。今天，压根儿就没从篮球场过。为什么呢？路上，就很好玩。好玩在于，小学部一年级有班级在路上上体育课。不是篮球，印象中，似乎也不是武术——武术 YNH 老师我们认得的。总之，是一个陌生的老师在上课。那群孩子，当然不熟悉，但，绝不陌生。

看看，一个小家伙，极度短发，脑勺下，却留着一绺长长的头发。广东孩子，很有一些是这样的。我知道，有说法的。

2001 年的时候，新校区才启用，我搬到新办公室还不久。课间休息的时候，过道里很是喧嚣。敲门，进来。这下好了，进来一大帮，都是小萝卜头，20 多颗。教高中惯了，门外一窝蜂涌进这么多奇小无比的孩子，心里那个稀罕啊，还真是愉快而新鲜，新鲜而愉快！看上去，个个憨态可掬稚气怡人，端的可爱！

"你们有什么事么？"我尽量学着当年董浩叔叔鞠萍姐姐的经典腔调，最大限度地避免吓着他们。这一问，倒好了，好几张小嘴同时发声——"我们找余老师啊！你见过他没有？"我说："我大概不认识你们的余老师。"小萝卜头们咧开嘴，哈哈大笑，笑道："你真没用，连我们余老师都不认识啊！哈哈哈哈！"我一听，禁不住乐了，跟着他们，也"哈哈哈哈"了一通。大家都乐着，不过，乐的原因和内涵各有不同罢了。

这一乐，似乎给他们发了许可证，办公室里愈加热闹了。有人，已经躺在我的木头沙发上了。接着，就有人公然开始了摔跤运动。翻书架的，拉抽屉的，动鼠标的，吵吵嚷嚷的，个个都不客气，简直宾至如归啊！更有甚者，爬上我的膝盖，一出手，就触上了我上唇一贯以来都蓄着的小胡子，"老师，你说，你留着这胡子干吗呀！"奶声奶气的调子，真让人新鲜透了！

得转移转移这帮孩子的注意力。我说："你们还找不找余老师啦？""找，当然找。"我又说："我就是余老师呀！"霎时，办公室里肃静无比。所有小萝卜头的目光，都聚焦到我身上了。片刻沉默，更大爆发。"你，你，你是余老师？！"好几根小手指头指着我，短暂的判断之后，他们异口同声地选择了否定。"你怎么会是余老师呢？"我说："就许你们老师姓余，我就不能姓？"

几个活跃分子迅速交换了一下眼色之后，小萝卜中的"头儿"模样的家伙发起诘难，"你是余老师？那你说，你叫余什么？"办公室里，七嘴八舌，都叫我说自己究竟是余什么？我早已存心逗逗他们，顺口说道："我，姓余，名字么？就叫……鱼不喝水！""鱼不喝水？鱼不喝水！哈哈哈哈，你真叫鱼不喝水？"我正色言道："是的。"

笑，笑歪鼻子，笑眯眼睛，腼腆而笑，捧腹而笑。之后的之后，他们终于走了，去找他们的班主任余老师去了。来如一窝蜂，去像一蜂窝。立马，办公室和过道都安静下来了，安静得令人想到寂寞。我坐在办公室，才替他们想事——谁是余老师呢？YGX？YSS？最终，没法判定。或许，那位老师本不姓余，而是姓于，姓俞，甚至可能姓鱼——娃娃鱼的鱼！娃娃鱼，不就是有着娃娃那样的童声的一种鱼么！

这事之后的第二天还是第三天，不记得了。我路过操场的时候，不远处上体育课的一群小孩子齐声大喊——"鱼，不，喝，水！"回头一看，认出来了，不就是那天在我办公室喧闹的那班孩子么？冲他们摆摆手，没有制止的意思，只是致意。结果，这摆手的动作便成了鼓励，孩子们继续大喊大叫——"鱼不喝水，鱼不喝水……"大有没完没了之势。我笑着，边笑边撤。体育老师也冲我笑笑，不用看都知道，肯定笑得很傻笑得很莫名其妙。

以后，好几年里，我路过操场的时候，偶或，会遇到这个班的孩子，重新邂逅"鱼不喝水"的欢呼雀跃。那样的时候，我内心，简直很傻很天真啦！多好的感觉。只是，我没想过去打听他们是哪个班的。要想打听的话，做得到。只是，觉着，这样就很好玩了。这个故事，我跟妻子讲过，也跟很多同事讲过。不过，我发现，跟中学尤其高中的同事讲起来，听众反应的剧烈程度，远胜过小学的同事们。

今天，没从篮球场经过。有意无意，邂逅一个小学一年级的班，在上体育课。不同的是，没有人喊叫"鱼不喝水"。落寞吗？有点儿。不过，屈指数来，从 2001 年到现在，7 年过去了。当年嚷嚷鱼不喝水的那一班孩子，应该，已经上了中学，都已经初二了。给初二孩子上过课，下面或许有当年嚷嚷过鱼不喝水的孩子，或许没有。我并不知晓。不知出于什么心情——落寞、记念还是炫耀，我把"鱼不喝水"的故事，又跟旁边一路同行的同事讲了一遍。

《名师工程》系列丛书

征 稿 启 事

　　《名师工程》系列丛书是西南师范大学出版社策划、组织出版的大型系列教育丛书。丛书以新课程下的新教学为背景，以促进施教者的教育能力为落脚点，以提高教育质量、提升教师水平为宗旨。

　　丛书首批推出的"名师讲述""教学提升""教学新突破""高中新课程""教师成长""大师讲坛""教育细节""创新语文教学""教育管理力""教师修炼""创新数学教学""教育通识""教育心理""创新课堂""思想者""名师名课""幼师提升""优化教学""教研提升""名校长核心思想系列""名校""高效课堂""班主任专业化"等系列，共120多个品种，其余系列也将陆续出版。为了让广大教师有一个交流、借鉴的机会，同时也为了给广大教师提供更多、更好的图书，《名师工程》系列丛书编辑出版委员会特向全国教育工作者征集稿件。

稿件要求：

1.主题鲜明、新颖，有独创性。

2.主题以提升教育能力为主，也可适当外延。

3.主题要有一定规模、有典型案例支撑。

4.案例要贴近教育实际，操作性强。

5.文章、书稿结构清晰，语言精彩。

　　书稿作者在选题确定之后，请及时与我们做好沟通，具体事宜确定好之后再进行创作；也欢迎用已经完稿的稿件投稿。一线教师如希望参与图书案例的创作，可联系我社策划机构，由策划机构备案，在适合的图书中参与创作。

　　真诚欢迎各位教师踊跃投稿。

联系方式：

西南师范大学出版社高教分社

电话：023-68254356　　　E-mail：zcj@swu.cn

西南师范大学出版社高教分社北京策划部

电话：010-68403096

E-mail：guodejun1973@163.com

西南师范大学出版社
《名师工程》系列丛书目录

系列	序号	书　　名	主编	定价
创新课堂系列	32	《如何实现三维目标——让学生与文本共鸣的诵读教学》	张连元	30.00
	33	《想说　会说　有话可说——突破作文瓶颈的三维教学法》	杨和平	30.00
	34	《综合课的整合创新教学》	周辉兵	30.00
	35	《如何打造学生喜欢的音乐课堂》	张　娟	30.00
	36	《理想课堂的构建与实施——一个教研员眼中的理想课堂》	张玉彬	30.00
	37	《小学语文：决定教学质量的关键策略》	李　楠	30.00
	38	《用〈论语〉思想提升数学教育智慧》	胡爱民	30.00
	39	《童化作文——浸润儿童心灵的作文教学》	吴　勇	30.00
创新数学教学系列	40	《小学数学：名师教学目标落实艺术》	余文森	30.00
	41	《小学数学：名师高效教学设计艺术》	余文森	30.00
	42	《小学数学：名师易错问题针对教学》	余文森	30.00
	43	《小学数学：名师魅力课堂激趣艺术》	余文森	30.00
	44	《小学数学：名师同课异教》	林高明　陈燕香	30.00
	45	《小学数学：名师抽象问题艺术教学》	余文森	30.00
教育通识系列	46	《做最受学生欢迎的老师》	赵馨　许俊仪	30.00
	47	《做有策略的校长——经典寓言与学校管理智慧》	宋运来	30.00
	48	《做有策略的教师——经典故事中的教育启示》	孙志毅	30.00
	49	《从学生那里学教书》	严育洪	30.00
	50	《突破平庸——提升教育质量的31个跳板》	严育洪	30.00
	51	《教育，诗意地栖居》	朱华忠	30.00
	52	《好班规打造好班级》	赵　凯	30.00
	53	《做学生成长的引领者——学生终身成长的素质培养》	田祥珍	30.00
	54	《如何管出好班级——突破班级管理的四大瓶颈》	刘令军	30.00
	55	《青春期性教育教师实用手册》	闵乐夫	30.00
教育心理系列	56	《做最好的心理导师——中学生心理健康咨询手册》	杨　东	30.00
	57	《每天学点教育心理学》	石国兴　白晋荣	30.00
	58	《学生心理拓展训练与指导》	徐岳敏	30.00
	59	《好心态成就好学生——学生心理问题剖析与对症教育》	李韦遴	30.00
教育管理力系列	60	《名校激励管理促进力》	周　兵	30.00
	61	《名校安全管理执行力》	袁先激	30.00
	62	《名校师资团队建设力》	赵圣华	30.00
	63	《名校危机管理应对力》	李明汉	30.00
	64	《名校校本研究创新力》	李春华	30.00
	65	《学校文化力建设策略》	袁先激	30.00
	66	《名校长核心教育力》	陶继新	30.00
	67	《名校长高绩效领导力》	周辉兵	30.00
	68	《名校行政管理细节力》	杨少春	30.00
	69	《名校教学管理提升力》	张　韬　戴诗银	30.00
	70	《名校学生管理教导力》	田福安	30.00
	71	《名校校园文化构建力》	岳春峰	30.00
创新语文教学系列	72	《小学语文：享受对话教学》	孙建锋	30.00
	73	《小学语文：名师教学目标落实艺术》	刘海涛　王林发	30.00
	74	《小学语文：名师魅力教学设计艺术》	刘海涛　王林发	30.00
	75	《小学语文：名师魅力课堂激趣艺术》	刘海涛　豆海湛	30.00
	76	《小学语文：单元整体教学构建艺术》	李怀源	30.00
	77	《小学作文：名师情趣课堂创设艺术》	张化万	30.00

系列	序号	书　　名	主编	定价
教育细节系列	78	《名师最具渲染力的口才细节》	高万祥	30.00
	79	《名师最有效的沟通细节》	李燕　徐波	30.00
	80	《名师最有效的激励细节》	张利　李波	30.00
	81	《名师培养学生好习惯的高效细节》	李文娟　郭香萍	30.00
	82	《名师人格教育的经典细节》	齐欣	30.00
	83	《名师营造课堂氛围的经典细节》	高帆　李秀华	30.00
	84	《名师最有效的赏识教育细节》	李慧军	30.00
	85	《名师最有效的批评细节》	沈旎	
大师讲坛系列	86	《大师谈教育心理》	肖川	30.00
	87	《大师谈教育激励》	肖川	30.00
	88	《大师谈教育沟通》	王斌兴　吴杰明	30.00
	89	《大师谈启蒙教育》	周宏	30.00
	90	《大师谈教育管理》	樊雁	30.00
	91	《大师谈儿童人格塑造》	齐欣	30.00
	92	《大师谈儿童习惯培养》	唐西胜	30.00
	93	《大师谈儿童能力培养》	张启福	30.00
	94	《大师谈早恋与性教育》	闵乐夫	30.00
	95	《大师谈儿童情感教育》	张光林　张静	30.00
教师成长系列	96	《学学名师那些事》	孙志毅	30.00
	97	《给新教师的建议》	李镇西	30.00
	98	《教师心灵读本：成为有思想的教师》	肖川	30.00
	99	《教师心灵读本：教师，做反思的实践者》	肖川	
高中新课程系列	100	《高中新课程：教师角色转变细节》	缪水娟	30.00
	101	《高中新课程：班主任新兵法细节》	李国汉　杨连山	30.00
	102	《高中新课程：教学管理创新细节》	陈文	30.00
	103	《高中新课程：更有效的评价细节》	李淑华	30.00
教学新突破系列	104	《把教学目标落实到位——名师优质课堂的效率管理》	冯增俊	30.00
	105	《拿什么调动学生——名师生态课堂的情绪管理》	胡涛	30.00
	106	《零距离施教——名师和谐师生关系的构建艺术》	贺斌	30.00
	107	《一个都不能落——名师提升学困生的针对教学》	侯一波	30.00
	108	《让学习变得更轻松——名师最能吸引学生的情境设计》	施建平	30.00
	109	《让知识变得更易学——名师改造难学知识的优化艺术》	周维强	30.00
教学提升系列	110	《方法总比问题多——名师转变棘手学生的施教艺术》	杨志军	30.00
	111	《用特色吸引学生——名师最受欢迎的特色教学艺术》	卞金祥	30.00
	112	《让学生爱上课堂——名师高效课堂的引导艺术》	邓涛	30.00
	113	《拿什么打开思路——名师最吸引学生的课堂切入点》	马友文	30.00
	114	《没有记不牢的知识——名师最能提升学生记忆效果的秘诀》	谢定兰	30.00
	115	《让学生的思维活起来——名师最激发潜能的课堂提问艺术》	严永金	30.00
名师讲述系列	116	《施教先施爱——名师讲述班主任的核心教导力》	杨连山　魏永田	30.00
	117	《在欢乐中成长——名师讲述最具活力的课堂愉快教学》	王斌兴	30.00
	118	《让学生做自己的老师 　　——名师讲述如何提升学生自主学习能力》	徐学福　房慧	30.00
	119	《引领学生高效学习 　　——名师讲述如何提高学生课堂学习效率》	刘世斌	30.00
	120	《教育从心灵开始——名师讲述最能感动学生的心灵教育》	张文质	30.00

图书在版编目（CIP）数据

今日教育之民间立场/子虚(扈永进)著. —重庆：西南
师范大学出版社，2011.7
（名师工程系列丛书）
ISBN 978-7-5621-5381-8

Ⅰ.①今… Ⅱ.①子… Ⅲ.①教育—文集
Ⅳ.①G4-53

中国版本图书馆 CIP 数据核字（2011）第 125970 号

名师工程系列丛书

编委会主任：马　立　宋乃庆
总策划：周安平
策　划：李远毅　卢　旭　郑持军　郭德军

今日教育之民间立场
子虚(扈永进)　著

责任编辑：钟小族　任占弟
封面设计：大象设计
出版发行：西南师范大学出版社
　　　　　地址：重庆市北碚区天生路 1 号
　　　　　邮编：400715　市场营销部电话：023-68868624
　　　　　http://www.xscbs.com
经　销：新华书店
印　刷：九洲财鑫印刷有限公司
开　本：787mm×1092mm　1/16
印　张：16.25
字　数：266 千字
版　次：2011 年 8 月　第 1 版
印　次：2011 年 8 月　第 1 次印刷
书　号：ISBN 978-7-5621-5381-8

定　价：30.00 元